Mester · Vom Stadion zur Arena

Klaus-Hendrik Mester

Vom Stadion zur Arena

Wenn Herz und Seele verschwinden – eine Hommage an alte Pilgerstätten deutschen Fußballs

Arete Verlag Hildesheim

Bibliografische Informationen
Die Deutsche Bibliothek verzeichnet diese Publikation in der Deutschen Nationalbibliografie; detaillierte bibliografische Daten sind im Internet über http://dnb.ddb.de abrufbar.

Umschlagfotos: Staatsarchiv Hamburg (Cover), Ansgar Spiertz (2 x Cover klein, hintere Umschlagsklappe), Klaus-Hendrik Mester (Cover klein, vordere Umschlagsklappe, Autorenfoto, 2 x U4), Stadtarchiv Düsseldorf (vordere Umschlagklappe), Bayer AG/Corporate History & Archives (vordere Umschlagsklappe), Dieter Kieweg (hintere Umschlagsklappe), Roland Gerlach (hintere Umschlagsklappe), F.C. Hansa Rostock (U4)
Layout/Satz/Umschlaggestaltung: Composizione Katrin Rampp, Kempten
Druck und Verarbeitung: Scandinavianbook, Bremen
ISBN 978-3-942468-73-2

Inhalt

Vorwort

Deutschland erlebt seit einigen Jahren eine unvergleichliche Fußball-Begeisterung. Die Fans strömen jedes Wochenende hunderttausendfach in die Arenen. TV-Sender überschwemmen die Zuschauer täglich mit Live-Spielen, Talkshows und Berichten. Die Fernsehgelder spülen in jeder Saison mehrere Millionen Euro in die Vereinskassen. Profispieler wechseln wie selbstverständlich für zweistellige Millionenbeträge den Club. Die Bundesligisten vermelden Jahresumsätze von insgesamt zwei Milliarden Euro. Der Profifußball boomt.

Viele Konsumenten fühlen sich wie im Paradies. Sie genießen auf dem bequemen Sofa beinahe rund um die Uhr Live-Begegnungen aus der ganzen Welt. Hochmoderne Arenen locken die Interessierten und lassen kaum Servicewünsche offen.

Noch bis Ende der 1980er-Jahre sah die bundesdeutsche Fußballwelt völlig anders aus. Zuschauerzuspruch, Medienberichterstattung und finanzielle Ausstattung der Vereine waren im Vergleich zu heute mäßig bis gering. Der Komfort in den zumeist mehrere Jahrzehnte alten Stadien war überschaubar. Die Laufbahn rund ums Spielfeld erschwerte die Sicht und insbesondere die treuen Anhänger in den Kurven mussten manchen Regen-, Hagel- und Schneeschauer über sich ergehen lassen, da lediglich die Haupttribünen überdacht waren.

Trotzdem sehnen manche Fußballfans die „gute alte Zeit“ zurück. Sie wünschen sich die familiäre Atmosphäre in den Vereinen, die Nähe zu den Stars und bezahlbare Eintrittskarten zurück.

Teil dieser alten Fußballwelt waren die Stadien. Ausladende, aber individuelle und weithin erkennbare Betonschüsseln mit am Ende marodem Charme dominierten die Architektur der Bundesliga. Unwillkürlich werden Erinnerungen an die markanten Flutlichtmasten wie die „Fliegenklatschen“ des Dortmunder Westfalenstadions oder an den Bökelberg – mitten im Wohngebiet in Möchengladbach-Eicken – wach. Heute muss der Stadion-Nostalgiker seinen Platz in charakterlosen, scheinbar genormten Arenen, die im Jahrestakt den Namen wechseln, einnehmen. Dabei haben Club und Stadionsponsor häufig genauso viele Berührungspunkte wie Eisbären und Pinguine.

Doch das Rad der Zeit lässt sich aus vielerlei Gründen nicht mehr zurückdrehen. Umso mehr lohnt sich ein Blick in die Vergangenheit, auf den Bökelberg, die Alm, das Waldstadion und Konsorten. Schön war sie, die Zeit in den alten, zugigen, aber unverwechselbaren Fußballtempeln.

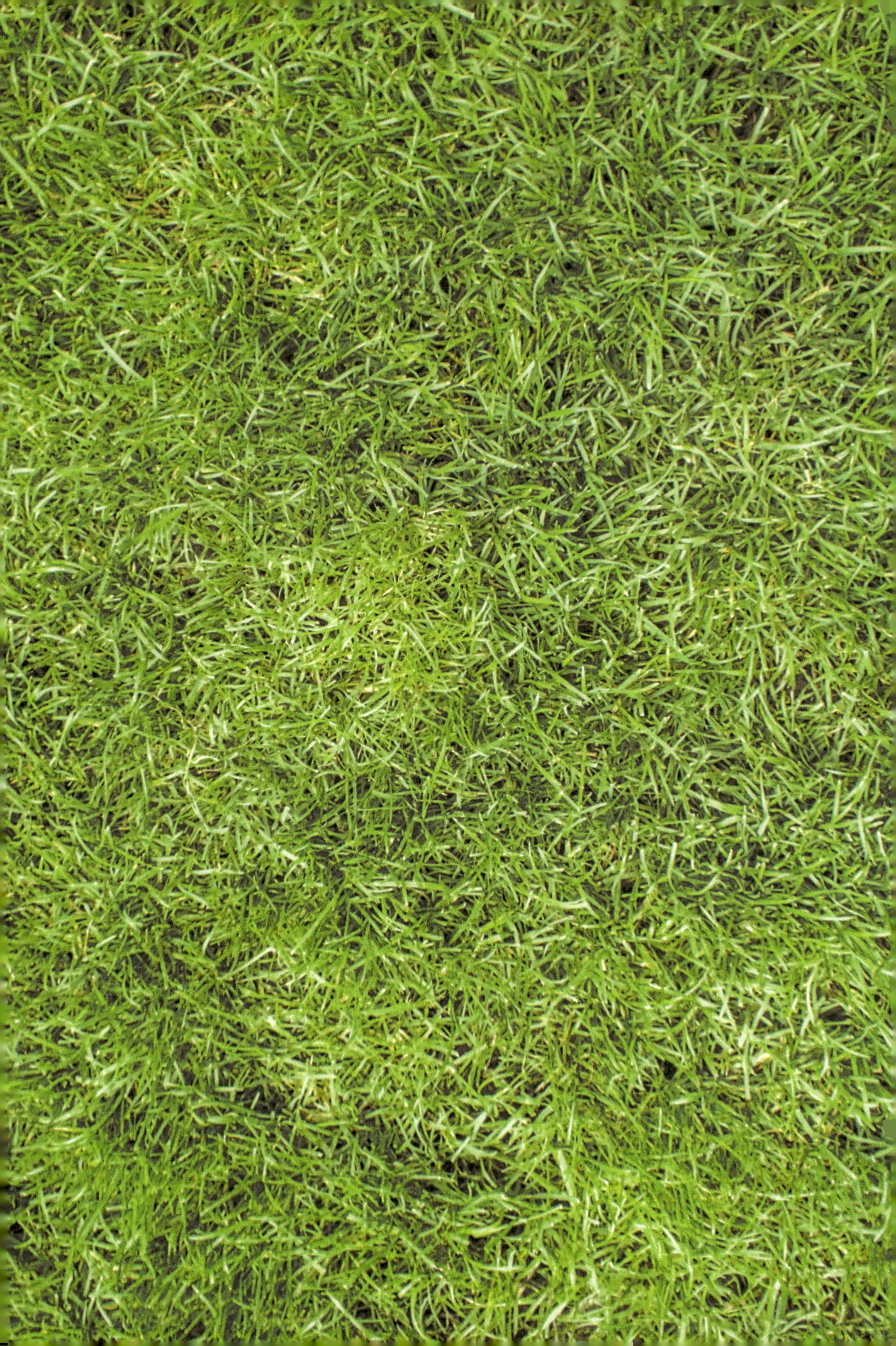

www.alemannia-aachen.de/archiv/tivolihistorie/

Aachen

Tivoli

Fassungsvermögen:	21.300 Zuschauer (Stand: 2009)
Eröffnung:	3.6.1928
Umbau:	1957, 1980
Abriss:	ab September 2011
Standort:	Krefelder Straße, 52070 Aachen

Besondere Spiele

National:	Alemannia Aachen – Bayern München 2:1 (DFB-Pokal-Viertelfinale, 4.2.2004, 20.400 Zuschauer)
	Alemannia Aachen – Borussia Mönchengladbach 1:0 (DFB-Pokal-Halbfinale, 17.3.2004, 20.400 Zuschauer)
	Alemannia Aachen – Bayern München 4:2 (DFB-Pokal-Achtelfinale, 20.12.2006, 20.800 Zuschauer)
Länderspiele:	Deutschland – Dänemark 7:0 (Damen-Länderspiel, 27.8.2000, 2.000 Zuschauer)
	Deutschland – Niederlande 4:1 (U21-Länderspiel, 19.11.2002, 3.150 Zuschauer)

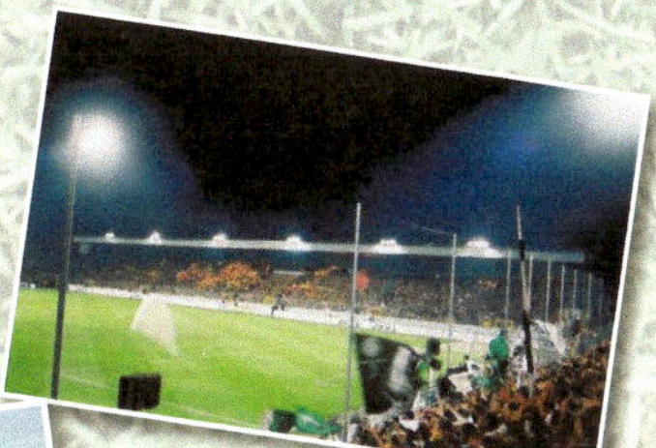

Aufgang zum Würselener Wall Foto: Ansgar Spiertz

Prallgefüllte Gegengerade (2004) Foto: Ansgar Spiertz

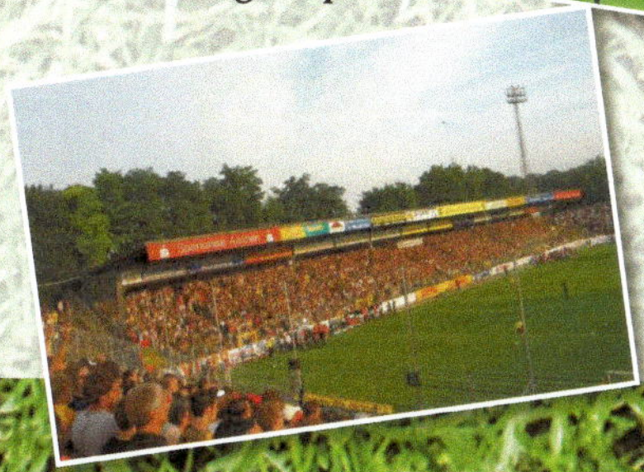

Flutlichtspiel Alemannia-Mönchengladbach (DFB-Pokal-Halbfinale, 2004) Foto: Ansgar Spiertz

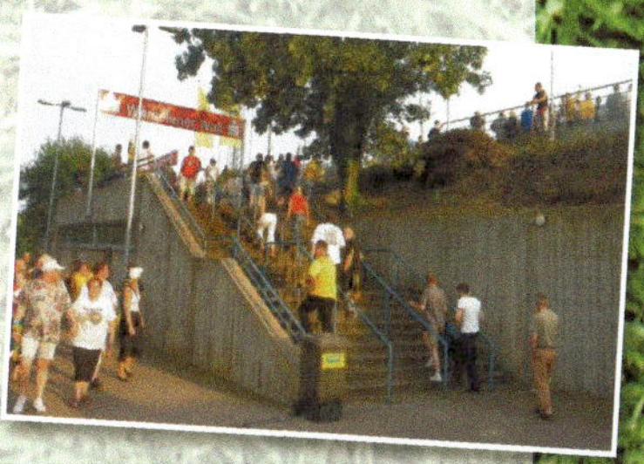

Auf den Traversen dem Regen ausgeliefert

„Heute ist alles gelb“, stellt Marcus Erberich kurz und knapp fest. In seiner Stimme klingt eine große Portion Ernüchterung mit. Die neue Sachlichkeit regiert in Aachens Sportpark Soers. Zwischen schickem Reiterstadion und austauschbaren Einrichtungsmärkten ragt das moderne Fußballstadion hoch in den Himmel. Das Meer gelber Sitzschalen auf den Tribünen sticht derart grell ins Auge, dass der Griff zur Sonnenbrille unausweichlich erscheint. An diese farbliche Reizüberflutung müssen sich eingefleischte Alemannia-Fans wie Marcus Erberich erst gewöhnen. Der neue Tivoli bietet seinen Besuchern aber beste Sicht und Top-Komfort. Dieser geht auf dem oberen Teil der „Sparkassen-Tribüne“ in Luxus über. Der Besucher nimmt in der Business-Lounge ein Lachshäppchen ein und nippt in der hippen Bar unter gedimmtem rosafarbenem Licht an seinem edlen Rotwein. Um den hellbraunen Thekentresen formieren sich legere Barhocker. Über den Köpfen des Publikums schwebt ein riesiges beiges Oval als Deckendekoration. Das Interieur gleicht einem Ufo, das mitten durch den Saturnring gleitet. Nach dem Genuss im spacigen VIP-Bereich lassen sich die Gesättigten auf dem Balkon in einen der 1.300 Polstersessel fallen. Das Spiel der Alemannia bietet ein nettes Rahmenprogramm. Zwischen Smalltalk mit Geschäftspartnern und der Einnahme kulinarischer Leckerbissen lässt sich ein kurzer Blick auf das Spielgeschehen einrichten.

Ein nostalgisches Stadion mit Ecken und Kanten sieht anders aus. Es stand bis vor einigen Jahren direkt nebenan: Der heiß geliebte alte Tivoli. Der holprige und nur selten sattgrüne Rasen ließ die gegnerische Elf häufig verzweifeln. Über Jahrzehnte hinweg breitete sich das Moos zwischen den Stehplatzstufen aus. Drei Stehplatztribünen umfassten das Spielfeld. Einzig die kleine Haupttribüne bot die Annehmlichkeiten eines Sitzplatzes. Nur an zwei Seiten schützte ein Dach die Besucher. Doch der Regen traf alle. Je nachdem, wie der Wind stand, schossen die Wassertropfen auch bis in die oberen Ränge der Tribünen.

Die Besucher standen nur wenige Meter vom Spielgeschehen entfernt. Der Tivoli zog die Zuschauer quasi auf das Spielfeld. Die Kinder und Jugendlichen fanden immer ihren Platz direkt unten an den Zäunen. Ansonsten hätten sie nur schwer einen Blick auf die Begegnung erhaschen können. Denn oft standen die Besucher dicht gedrängt auf den Traversen.

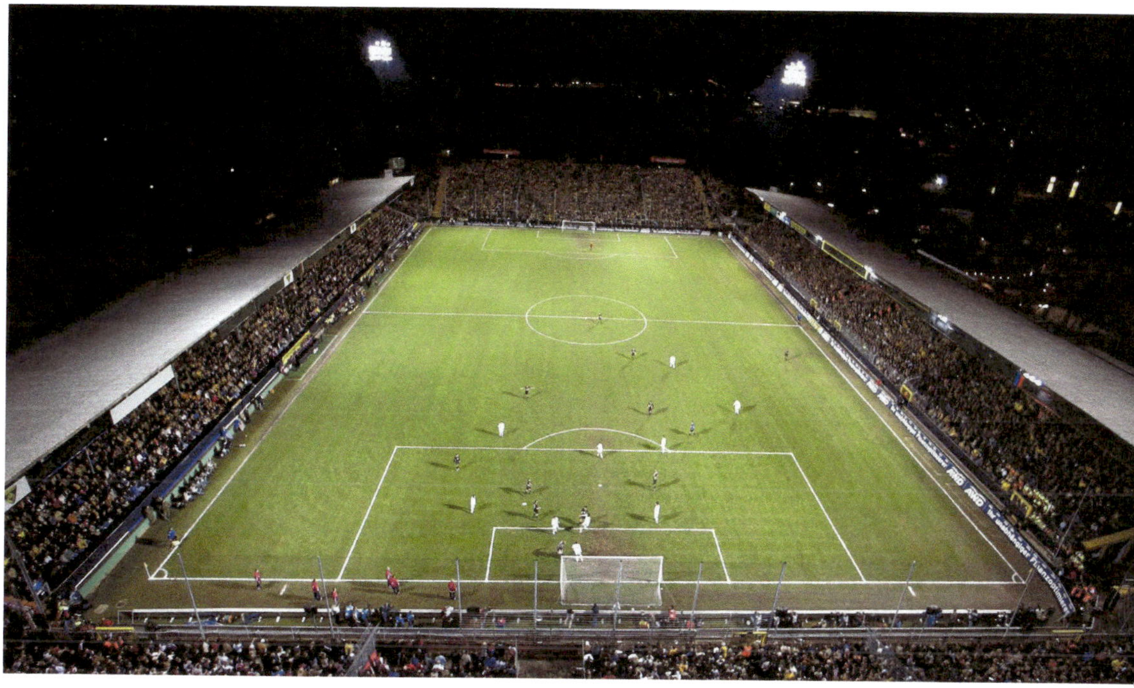

Ausverkauft: DFB-Pokal-Viertelfinale gegen Bayern München 2004 *Foto: imago/Baering*

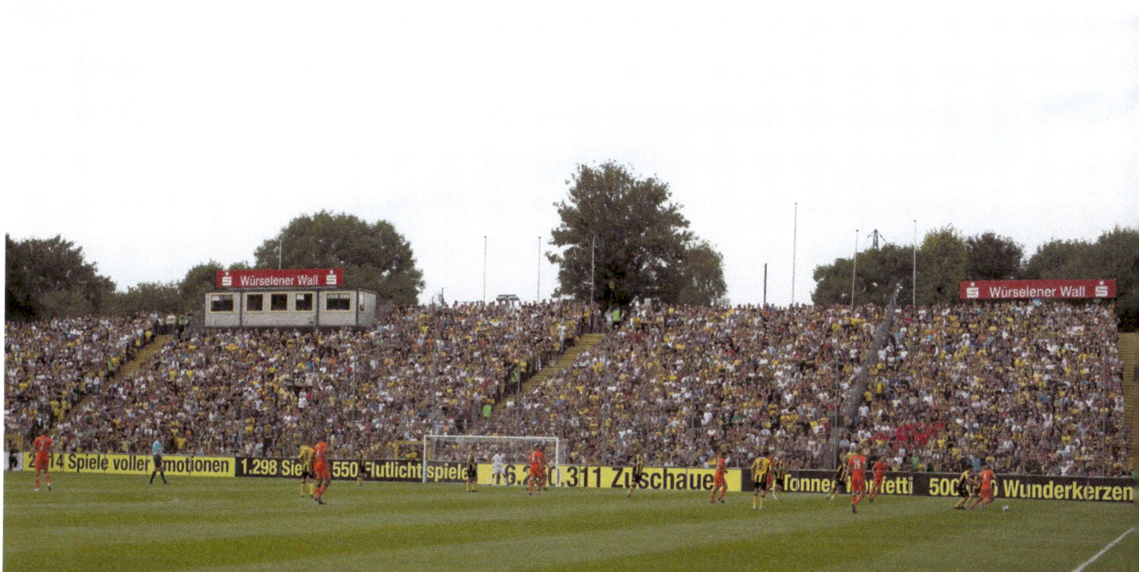

Abschied vom Tivoli und Würselener Wall im Juli 2009 *Foto: imago/Moritz Müller*

„Im Stadion hat jeder gestanden. Es war manchmal so eng, dass keiner beim Torjubel die Arme richtig nach oben reißen konnte. Das war wirklich so“, schwärmt Alemannia-Enthusiast Erberich. Er gründete das Fanzine „Ueberdachte“, blickt sowohl euphorisch als auch kritisch hinter die Kulissen der Alemannia und hängt dem Club seit frühester Kindheit glühend an. Die Fans standen sprichwörtlich Seite an Seite nebeneinander. Diese Masse führte zu einem intensiven Gefühl der Zusammengehörigkeit, die wiederum in stimmungsvollen, lauten, oft enthusiastischen Unterstützungsgesängen für die Mannschaft mündeten. Die Atmosphäre am Tivoli – der Name ist einem ehemaligen Gut in der Nähe entlehnt – galt als legendär. „Ich bin als kleiner Junge ganz klassisch mit meinem Opa und meinem Vater ins Stadion gegangen. Ich erinnere mich an mein erstes Spiel am Tivoli noch ganz genau. Ende der 1990er-Jahre empfing die Alemannia die Spielvereinigung Erkenschwick. Die Stimmung und das ganze ‚Drumherum‘ haben mich sofort in ihren Bann gezogen. Seitdem war ich dem Tivoli verfallen“, sinniert der Macher der „Ueberdachten“.

Beim Ansehen der Fernsehaufzeichnungen der beiden Pokalspiele gegen Rekordmeister Bayern München können Interessierte dieser einmaligen Atmosphäre des alten Tivoli nachspüren. In einigen TV-Sequenzen scheint das Stadion zu explodieren. Jeder, der nicht Bayern-Fan ist oder ein Herz aus Stein besitzt, wird mit einem Gänsehaut-Feeling erfüllt.

Neben marodem Charme, Enge und einer stimmungsvollen Atmosphäre hatte auch der Tivoli seinen speziellen Spieltagsgeruch. Er rundete das Bild des nostalgischen Stadions altmodischer, fast schon archaischer Prägung ab. Marcus Erberich vermisst ihn sehr: „Ich habe diesen Geruch von Bratwürstchen auf dem Grill sofort wieder in der Nase. Das gehörte einfach dazu. Gefühlt durchdrang er jeden Winkel des Tivoli. Besonders vor dem Spiel spürte ich so den Tivoli mit allen Sinnen. Vorfreude auf die Begegnung, einsetzende Fangesänge, die Enge, Fahnen und Schals – und der Bratwurstgeruch. Dieser Moment machte süchtig“.

Nicht nur die Architektur und die Fans sorgten für ein einzigartiges Fluidum. Auch einige Spieler trugen zum „Mythos Tivoli“ bei. Im provisorischen Spielertunnel herrschte eine bedrückende Enge. Zwei Spieler konnten kaum nebeneinander hergehen. Zum Usus gehörte es jedoch, dass Heim- und Gastelf zusammen auf das Spielfeld aufliefen, mit dem Schiedsrichter vorneweg. Nicht selten fuhren die Alemannen schon im Tunnel die Ellbogen aus, um ihr Revier abzustecken und den Gegner auf einen „ganz heißen Tanz“ einzustimmen.

Die monoton gelb gehaltenen Sitzschalen scheinen heute die individuellen Charaktere des einstigen Kultstadions zu überdecken. Der neue Tivoli versprüht die Aura eines sachlichen, einheitlichen und klinisch reinen Gebäudes. Das Flair der abgerissenen Kultstätte kann die neue Arena wohl nie erreichen. Doch manchmal keimt er auf, der Spirit des alten Tivoli. Dann kommt die mächtige Fankurve in Schwung und heizt den 22 Akteuren auf dem Spielfeld ordentlich ein. Alemannia-Fan Marcus Erberich fasst die Gefühle wohl vieler Anhänger zusammen: „Der Tivoli war ein wunderschönes Stadion. Ich sehe viele Fußballspiele, aber bisher habe ich noch kein schöneres entdeckt“.

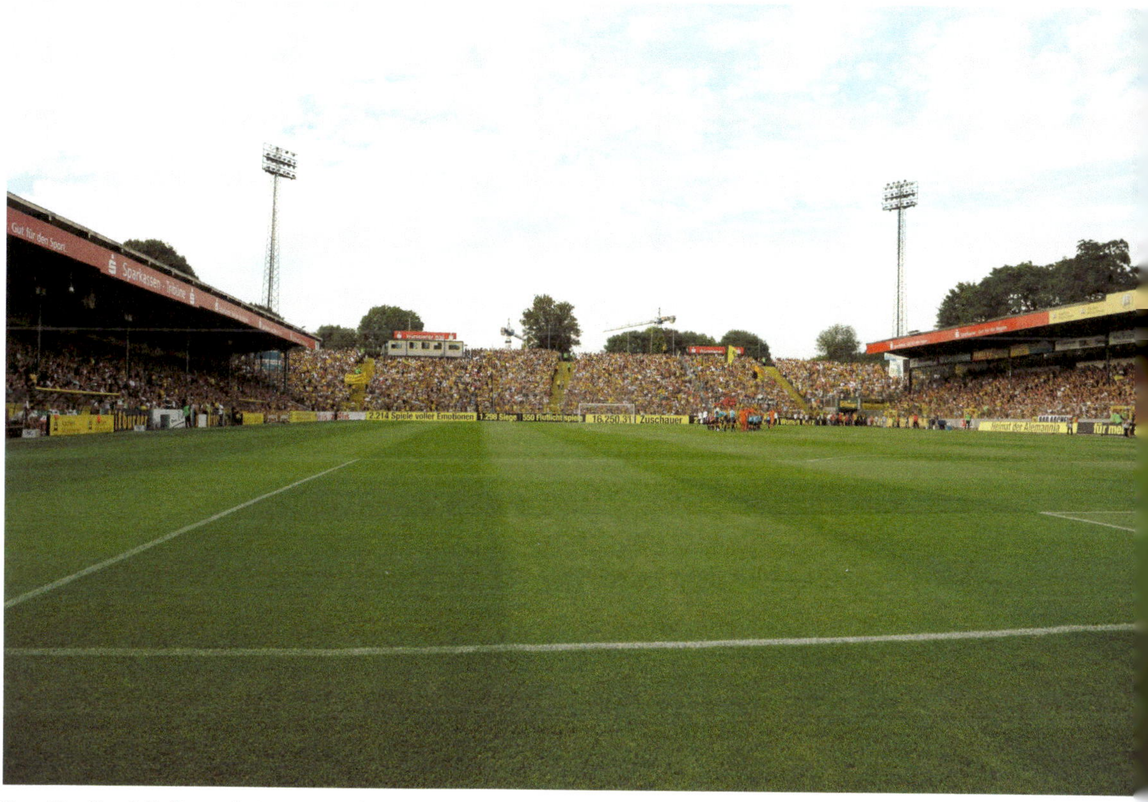

Der Tivoli schließt nach 2.214 Spielen voller Emotionen *Foto: imago/Team 2*

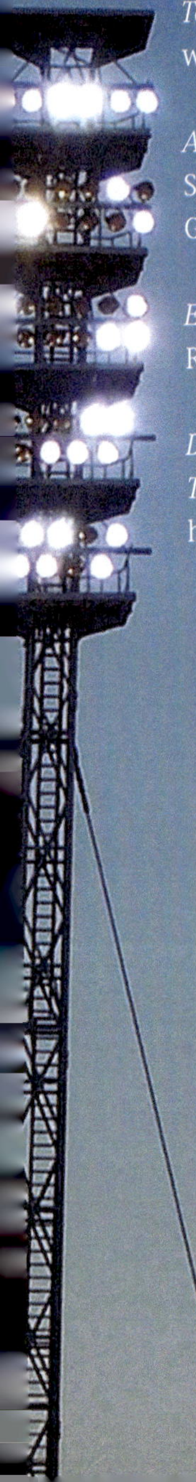

Hintergrundbild: © Verena N./pixelio.de

Weiterführende Informationen

Die Autoren lassen den alten Tivoli, insbesondere mit vielen Fotos, noch einmal aufleben:
Kolja Linden, Ralf Schröder und Thorsten Pracht: Der Tivoli – 100 Jahre legendäre Heimat für Alemannia Aachen; Göttingen 2008.

Die einzigartige Atmosphäre, gespickt mit historischen Rahmendaten, spiegelt dieser Text von Thorsten Pracht wider (Auszug aus dem oben genannten Buch):
www.alemannia-aachen.de/archiv/tivolihistorie/

Anekdoten und Storys rund um das alte Stadion und die neue Arena:
Sascha Theisen: Marmor, Stein und Eisen: Geschichten rund um den Aachener Tivoli; Göttingen 2012.

Einige atmosphärische Fotos mit Kurzbeschreibung des Stadions in:
Reinaldo Coddou H.: Fußballtempel; Mannheim 2009. S. 10 ff.

Das Fanzine „Ueberdachte" lädt zu einem Spaziergang durch die Ruinen des alten Tivoli ein:
http://ueberdachte.com/2014/06/15/ein-spaziergang-am-alten-tivoli/

www.fc-union-berlin.de/stadion/stadiongeschichte/

Berlin

Stadion „An der Alten Försterei“

Fassungsvermögen:	bis zu 25.500 (in den 1980er-Jahren)
Eröffnung:	1920
Umbau:	1952, 1968, 1979, 2000, 2008 sowie 2012 (Abriss und Neubau der Haupttribüne)
Standort:	An der Wuhlheide 263, 12555 Berlin

Besondere Spiele

National:	1. FC Union Berlin – FC Vorwärts Berlin 2:1 (FDGB-Pokal-Halbfinale, 22.5.1968)
	1. FC Union Berlin – Borussia Mönchengladbach 4:2 i. E. (DFB-Pokal-Halbfinale, 6.2.2001)
International:	1. FC Union Berlin – Bayer Uerdingen 3:2 (Intertoto-Cup, 21.6.1986)

DFB-Pokalspiel Union gegen SpVgg. Fürth (2000). Foto: Angar Spiertz

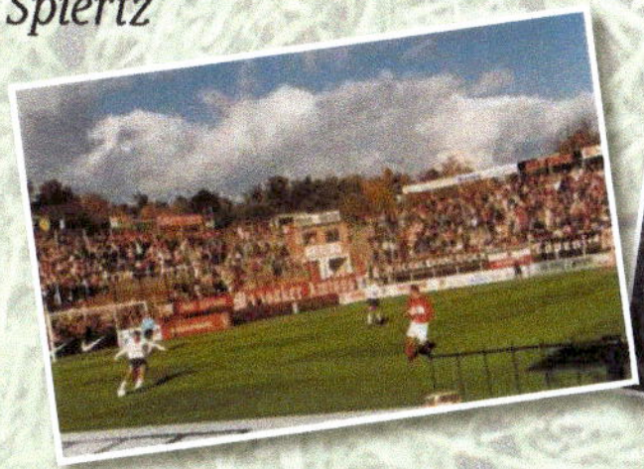

„Alte Försterei“ noch ohne Dach (2000). Foto: Ansgar Spiertz

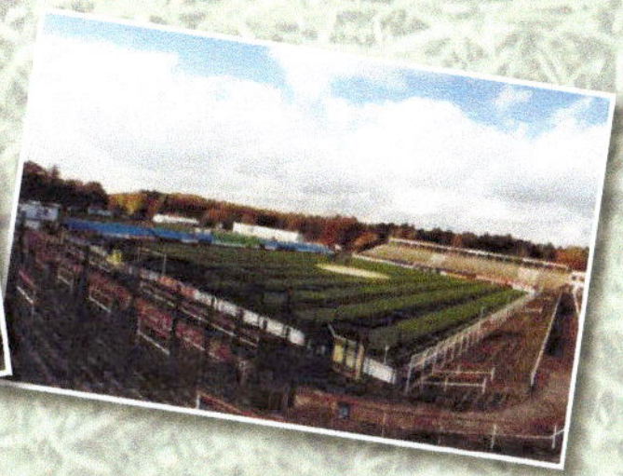

Selbst ist der Fan

Die Idylle ist vollkommen. Zwischen dem sattgrünen Volkspark Wuhlheide und dem beschaulichen Flüsschen Wuhle schmiegt sich das Stadion „An der Alten Försterei“ ein. Jetzt in der Sommerpause sagen sich hier im Berliner Stadtteil Köpenick Hase und Igel gute Nacht. Gedämpftes Vogelgezwitscher löst das leise Pfeifen einer Windböe ab. Keine Menschenseele stört diesen Zweiklang.

Aber im Sommer des Jahres 2009 schepperte, knallte und dröhnte es gewaltig in der Wuhlheide. Der Umbau der Spielstätte musste bis zum Juli beendet werden. Überall wuselten Arbeiter umher. Der Zeitdruck stieg. Parat standen in diesen stressigen Wochen hunderte Fans des 1. FC Union. Unterstützt von einigen Bauarbeitern fegten sie den Betonboden, strichen Geländer, schleppten Steine oder betonierten ganze Traversenreihen neu. Letztlich sorgten insgesamt über 2.300 Fußballanhänger mit ihrem monatelangen, freiwilligen Einsatz an der Großbaustelle für eine pünktliche Fertigstellung der neuen Tribünen in der Alten Försterei. Quer durch alle beruflichen Gruppen und sozialen Schichten rackerten Akademiker, Rentner, Arbeiter oder Arbeitsuchende auf der Baustelle. Die Club-Verantwortlichen sparten dadurch etwa drei Millionen Euro. „So etwas gibt es wohl nur bei Union“, kommentieren einige Anhänger des Kultclubs den besonderen Arbeitseinsatz. Mit angepackt hat damals auch Gerald Karpa. Der Vereinschronist des 1. FC Union bereitete ein Treppenfundament mit vor, half beim Anstrich und leistete vier Nachtwachen ab. Dass Fans einen großen Teil des Stadions ihres Vereins selbst errichten, ist außergewöhnlich.

Woher rührt diese ausgeprägte Bereitschaft? Gerald Karpa vermutet, dass mehrere Gründe dahinter stecken, die zusammen eine einzigartige Mischung ergeben. Die zur Legende avancierte Identifikation der Anhängerschaft mit dem Verein und der sportliche Erfolg mit der langjährigen Zugehörigkeit in der 2. Bundesliga bilden dabei die Grundlage. Darüber hinaus gelang es den Vereinsverantwortlichen, eine für den Profifußball ungewöhnliche Nähe zu den Fans zu halten. Die Union-Anhänger fühlten sich immer wieder mitgenommen.

Es war nicht das erste Mal, dass die Berliner selbst den Bau des Stadions in der Wuhlheide ermöglichten. Schon Ende der 1960er-Jahre folgten viele Fußballfreunde der Aufforderungen des Vereins unter dem Motto „Berlin hilft Union“. Einige hundert Berliner halfen mit, die hohe Stehplatztribüne aufzubauen. Häufig leisteten die Freiwilligen schwere Arbeit. Wenn mal kein Material zur Verfügung stand, dann tranken die Arbeiter eben das ein oder andere Bier.

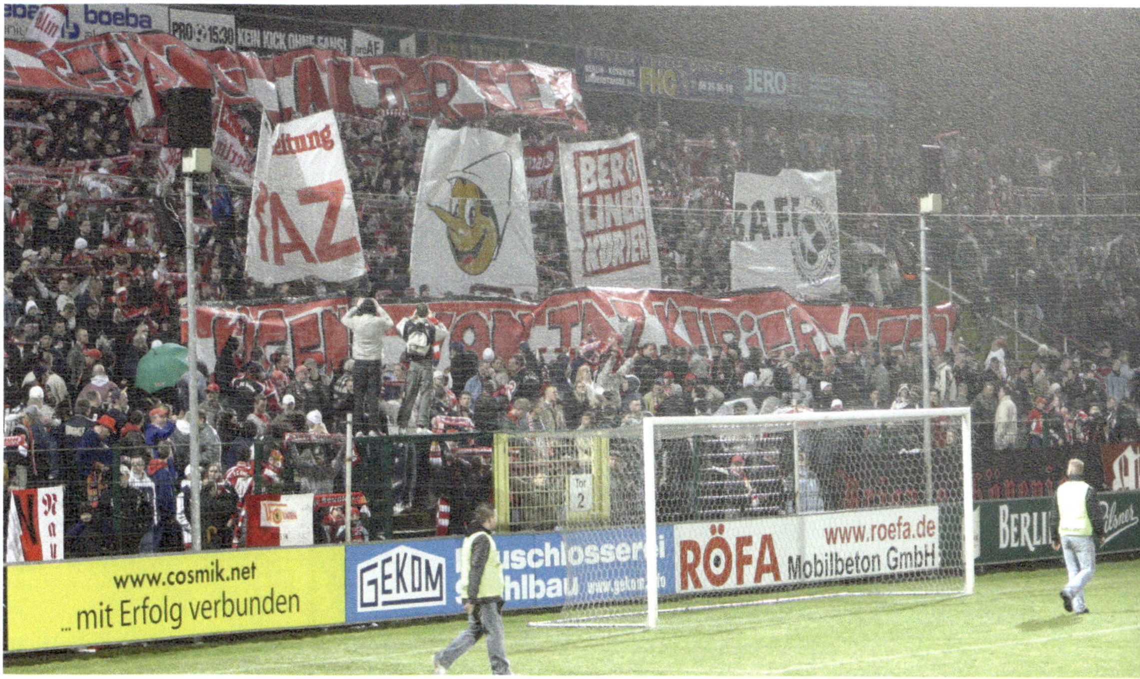

Union-Fankurve (2005) *Foto: Ansgar Spiertz*

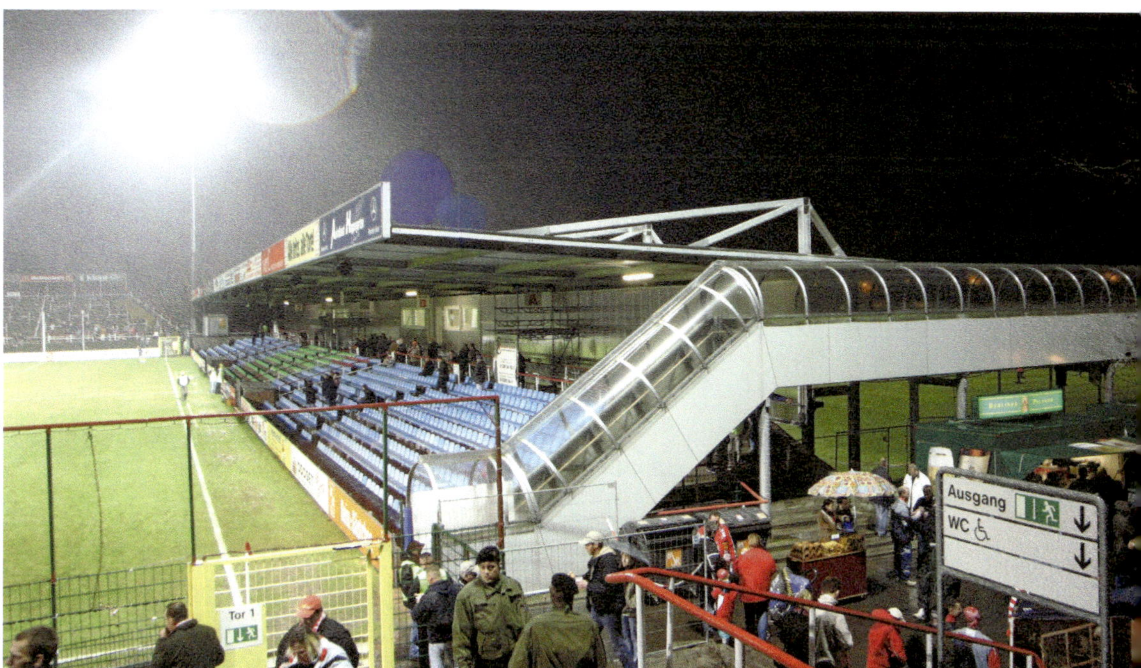

Provisorischer Spielertunnel neben der alten Haupttribüne (2005) *Foto: Ansgar Spiertz*

Der enge Zusammenhalt von Verein und Anhängern hat bei Union eine lange Tradition und verfestigte sich noch in der DDR, als der von „Stasi"-Chef Erich Mielke protegierte Stadtrivale Berliner FC Dynamo eine Meisterschaft nach der anderen errang. Das Ministerium für Staatssicherheit (MfS) unterstütze den BFC nicht nur finanziell. Die Verantwortlichen brachten Schiedsrichter „auf Linie", zogen vielversprechende Talente auch von Union ab, delegierten Spitzenfußballer zu Dynamo nach Berlin und schwächten so die anderen Fußballclubs in der DDR ein. Dies bekamen auch die Unioner zu spüren.

Erich Mielke, Ehrenvorsitzender des BFC Dynamo und Leiter des Ministeriums für Staatssicherheit, verfügte über einen Apparat, der sich um die Belange des eigenen Clubs kümmerte, aber auch die Aktivitäten von Union im Blick hatte. Die Atmosphäre in der „Alten Försterei" setzte den Verantwortlichen des BFC derart zu, dass sie den Unionern einige Male das Heimrecht entzogen und das Derby in das grenznahe „Stadion der Weltjugend" verlegten. Dort konnte die Staatssicherheit mit Hilfe der zahlreichen Sicherheitskräfte des Grenzregiments die Lage genau beobachten und die Zuschauer kontrollieren. Zudem verfügte die „Alte Försterei" in den 1970er-Jahren nur über eine Kapazität von 17.000 Zuschauern. Das weitläufige Stadion der Weltjugend fasste hingegen bis zu 45.000 Besucher.

Anfang der 1980er-Jahre beobachtete das MfS die Tätigkeiten des Köpenicker Vereins sehr genau. Unter Beteiligung der Staatssicherheit fand sich der erfolgreiche Union-Trainer Heinz Werner nach einem geglücktem Wiederaufstieg seiner Mannschaft auf einmal im Nachwuchsbereich des Vereins wieder. Zeitgleich setzten die DDR-Sportpolitiker mit Norbert Woick ein langjähriges SED-Mitglied als Vorsitzender des Clubs ein.

Das offene Vorgehen des MfS und einiger Sportpolitiker der DDR gegen den Verein wies dem 1. FC Union die Rolle als Underdog zu. Diese nahmen die Anhänger an und schweißte sie nur noch mehr zusammen. Aus dieser Lage heraus entwickelten die Fans eine Protesthaltung. Die wiederum rief die „Stasi" auf den Plan. In und um das Stadion beobachteten die Spitzel das Treiben der Anhänger argwöhnisch. Heute legen die dicken Aktenordner in den Regalen der Behörde des Bundesbeauftragten für die Stasi-Unterlagen Zeugnis dafür ab. In der Spielstätte im Süden Berlins sammelten sich zahlreiche Unangepasste. Die Union-Anhänger schrien voller Inbrunst „Lieber ein Verlierer sein, als ein dummes Stasi-Schwein." Damit symbolisierten sie den ungleichen Kampf David gegen Goliath. Zu einem Klassiker unter den damaligen Fangesängen avancierte das bei eigenen Freistößen skandierte „Die Mauer muss weg!".

Die Anhänger fanden bei Fußballspielen ihres 1. FC Union ein Ventil, um gegen die Ungerechtigkeiten der Sportpolitik und die Unfreiheit zu protestieren und zugleich ihre distanzierte Haltung zum politischen System auszuleben. Die „Alte Försterei" bot ihnen dazu den notwendigen Schutz, um in der Masse mit provokanten Sprüchen und Gesängen Kritik an den Lebensumständen zu üben. Aber war das Stadion wirklich ein Ort der Regimekritik und des politischen Widerstands?

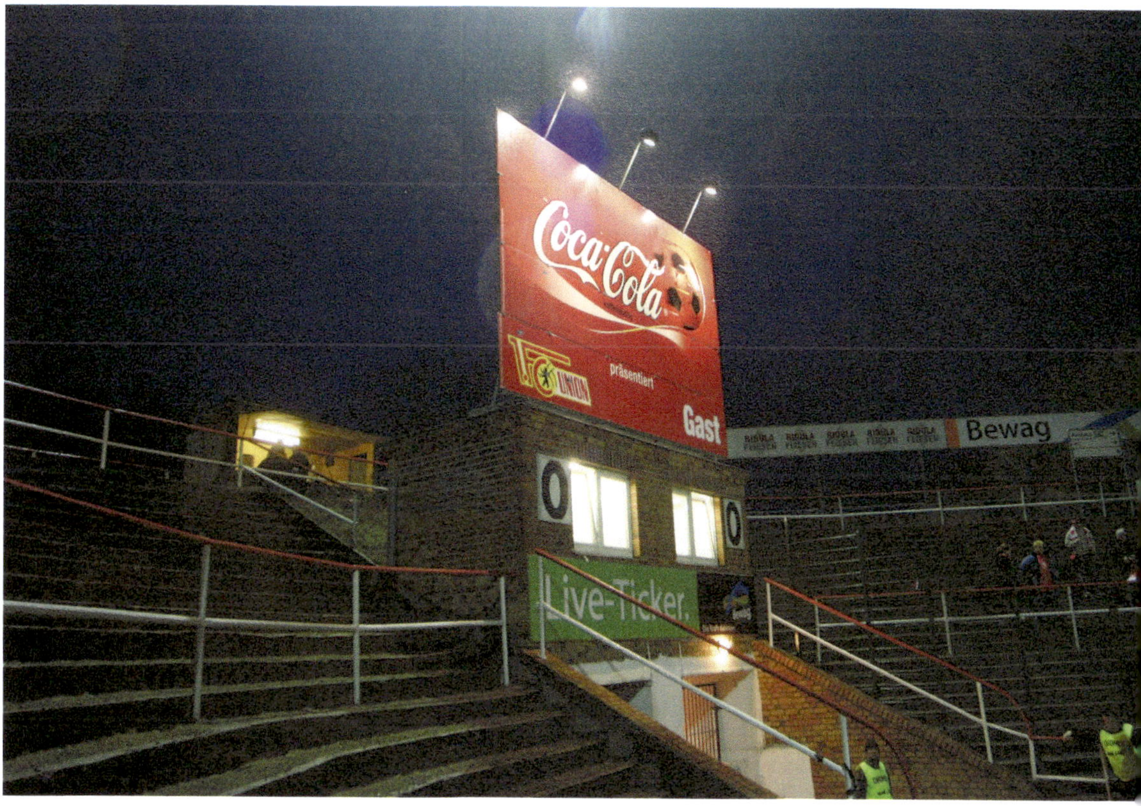

Alte Spielstandsanzeige mit Werbung (2005). „Live-Ticker“ bezieht sich hier wohl auf etwas anderes … *Foto: Ansgar Spiertz*

Union-Archivar Karpa hält diese Interpretation für etwas übertrieben. Als Jugendlicher und junger Erwachsener erlebte er besonders die 1980er-Jahre intensiv mit. Im Vergleich zu heute bevölkerten damals wesentlich mehr Jugendliche die Stehtraversen. Teile der Fans galten als nicht systemtreu, einige eckten immer mal wieder mit den Staatsorganen an. Viele Anhänger lebten in einer inneren Distanz zum politischen System. Dazu zählte sich Gerald Karpa. „Viele Fans waren kritisch, ohne sich jedoch aktiv in Friedensgruppen oder in der Kirche gegen das Regime zu stellen. Allerdings besuchten einige regimekritische Bürger die Alte Försterei. Junge Menschen mit engen Jeans, langen Haaren und Parka tummelten sich auf den Stehplätzen. Das Stadion als Sammelbecken der Widerspenstigen und Unangepassten trifft eher den Kern, als das sich hier der aktive Widerstand formierte", erinnert der Union-Anhänger an die Vorwendezeit. Damals machte ein Zitat rund um die Alte Försterei die Runde, das den Zeitgeist und die Stimmung im Stadion wohl treffend widerspiegelt: „Nicht jeder Union-Fan ist ein Staatsfeind, aber jeder Staatsfeind ist Union-Fan."

Nicht nur die Union-Anhänger sorgten dafür, dass das Arbeitsleben der Stasi-Agenten nicht langweilig wurde. Die Fanfreundschaft zwischen Hertha BSC und dem 1. FC Union ließ viele Fußballbegeisterte West-Berliner den Weg in die Wuhlheide finden. Die Anhänger der Hertha steckten den Unionern Souvenirs ihres Vereins und Sportzeitschriften zu. Die Fans aus dem Ostteil bedankten sich mit Sprechchören wie „Wir kennen nur zwei Meister an der Spree, das sind der 1. FC Union und Hertha BSC." Diese explosive Mischung im Stadion entging den großen Augen und spitzen Ohren der Stasi-Spitzel natürlich nicht. Die Kontakte zwischen Ost und West beäugten die Agenten äußerst kritisch. Wozu das MfS fähig war, zeigte sich Mitte der 1980er-Jahre. Ein Gastwirt aus dem Ostteil der Stadt richtete eine heimliche Weihnachtsfeier für Anhänger der Hertha und Union aus. Knallhart griff das Regime durch und verurteilte den Wirt zu zwei Jahren Haft.

So bildete das Stadion an der Alten Försterei zu DDR-Zeiten einen Rückzugsort für viele unangepasste Fußballfans und eine Möglichkeit, politischen Zwänge und gesellschaftlichen Anforderungen provokativ zu begegnen. Die neu gestaltete Spielstätte, zum zweiten Mal mit Unterstützung freiwillig helfender Fußballanhänger entstanden, lässt an einigen Stellen den Spirit der Widerspenstigkeit jener Zeit aufblitzen: Die alte Spielstandsanzeige musste den Bauarbeiten nicht weichen. Das Häuschen aus rotem Backstein ist durchaus wohltuender Kontrast zu dem grauen Beton der Stehtraverse – ein Relikt aus längst vergessenen Tagen, das wie ein Telefon mit Wählscheibe oder eine Adler-Schreibmaschine in einer hoch technisierten Welt wirkt. Statt riesiger hochauflösender Anzeigetafeln oder Videowürfel, über die ein Werbespot nach dem anderen jagt, tauscht ein Union-Anhänger mit ruhiger Hand bei jeder Ergebnisänderung die Zahlen aus. Unabhängig vom Ergebnis und des damit verbundenen Arbeitsaufwands erhält der Mann im Backsteinhaus eine Aufwandsentschädigung. Was für eine bemerkenswerte Entschleunigung des Arbeitslebens!

In die moderne Welt des Fußballs herüberretten konnten die Fans und Verantwortlichen auch die Stehplatzkultur an der Alten Försterei. An der langen Gegengeraden hallt nun der traditionsreiche Anfeuerungsruf „Eisern Union!“ umso besser, da das Tribünendach jetzt alle Plätze überspannt.

Dass sich die Fans und das Stadion noch lange Jahre treu sind und sie sich nicht verbiegen lassen, das ist dem sympathischen Verein aus Köpenick zu wünschen. In diesem Sinne: Bleibt „Eisern Union!“

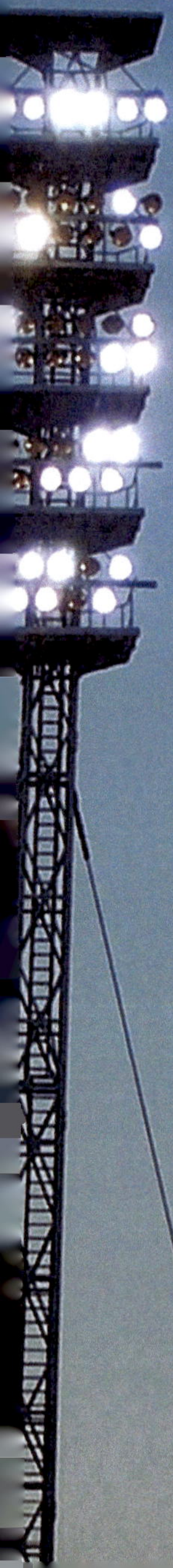

Weiterführende Informationen

Interessierte können die Geschichte des Stadions mit Hilfe einer detaillierten Dokumentation auf der Internethomepage des 1. FC Union nachvollziehen:
www.fc-union-berlin.de/stadion/stadiongeschichte/

Eine ausführliche und interessante Beschreibung des Umbaus in den Jahren 2008/2009 liefern:
Jochen Lesching und Dieter Gluscke (Hgg.): Stadion An der Alten Försterei – Das Buch zum Bau; Berlin 2009.

Eine wissenschaftliche Aufarbeitung der Fankultur in der ehemaligen DDR mit vielen Beispielen aus dem Umfeld des 1. FC Union Berlin erarbeitete die Universität Potsdam:
Jutta Braun und Hans Joachim Teichler: Fußballfans im Visier der Staatsmacht. In: Hans Joachim Teichler (Hg.): Sport in der DDR. Eigensinn, Konflikte, Trends; Köln 2003. S. 561–586.

Einen emotionalen Einblick in die Fanseele einiger Unioner in Form zahlreicher Interviews lassen sich hier nachlesen:
Frank Willmann (Hg.): Stadionpartisanen – Fans und Hooligans in der DDR; Berlin 2007.

Der Historiker Dariusz Wojtaszyn beschreibt die Geschichte der Verbindung von Fans der Hertha und des 1.FC Union:
Dariusz Wojtaszyn: Fußball verbindet? Hertha BSC (West-Berlin) und der 1. FC Union Berlin (Ost-Berlin) vor und nach 1990. In: Bundeszentrale für politische Bildung: Deutschland Archiv, 27.1.2015. Link: www.bpb.de/199829

Der Vereinschronist des 1. FC Union Berlin setzt sich sowohl aus seiner Sicht als Zeitzeuge als auch wissenschaftlich fundiert mit der Rolle des Clubs in der DDR-Zeit auseinander:
Gerald Karpa: Widerstandsclub Union? In: Horch&Guck, Heft 75, 01/2012; Leipzig 2012. S. 38–41.

Auf ihrer Internetplattform führt das Fachmagazin „11 Freunde" den Leser in die Zeit des „Kalten Krieges" zurück und beleuchtet eine ganz spezielle Fanfreundschaft:
www.11freunde.de/artikel/als-sich-union-und-hertha-noch-lieb-hatten

www.arminia-bielefeld.de/startseite/verein/historie/

Bielefeld

Alm

Fassungsvermögen:	35.000 Zuschauer (Stand: 1978)
Eröffnung:	1926
Umbau:	nach dem Zweiten Weltkrieg, 1970, 1978
Abriss und Neubau:	Ende der 1990er-Jahre diverse Abrissmaßnahmen, 2006 Neubau
Standort:	Melanchthonstraße 31a, 33615 Bielefeld

Besondere Spiele

National:

Arminia Bielefeld – Bayern München 1:0 (Bundesligasaison 1970/71, 9. Spieltag, 3.10.1970, 26.500 Zuschauer)

Arminia Bielefeld – Arminia Hannover 11:0 (2. Bundesliga Nord 1979/80, 37. Spieltag, 23.5.1980, 5.000 Zuschauer)

Arminia Bielefeld – 1860 München 3:2 (Bundesligasaison 1980/81, 30. Spieltag, 9.5.1981, 23.000 Zuschauer)

Arminia Bielefeld – 1. FC Saarbrücken 1:1 (Relegations-Rückspiel zur 1. Bundesliga, 17.6.1985, 32.000 Zuschauer)

Markanter Flutlichtmast (2005)
Foto: Ansgar Spiertz

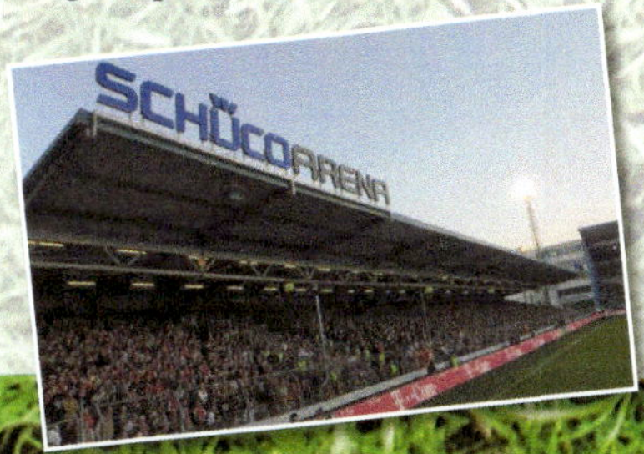

Alte Osttribüne (2005)
Foto: Ansgar Spiertz

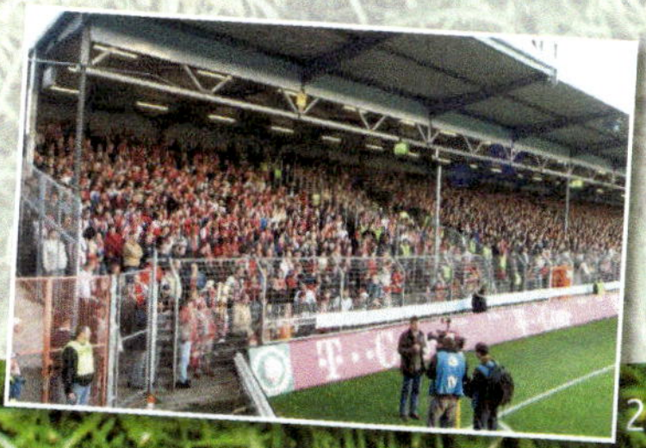

„Auf unserer Alm werden sie schon knicken"

Viele Fußballnostalgiker verbinden mit der Bielefelder Alm vor allem die 1970er- und 1980er-Jahre. Damals jagten Spielerpersönlichkeiten wie Pasi Rautiainen, Gregor Grillemeier oder Ewald Lienen dem Leder im Arminia-Trikot hinterher. Vor allem boten sie den fleißigen Fußballbilder-Sammlern ein Vorbild für die Gestaltung der eigenen Haarpracht. Gefühlt trugen alle Arminen in dieser Zeit schulterlanges Haar. Die einschlägigen Panini-Alben aus jenen Jahren legen dies auf jeden Fall nahe. Neben den Akteuren auf dem Platz punktete auch die Spielstätte vor allem durch Eines: ihre Unverwechselbarkeit.

Was machte die alte Bielefelder Alm aus? Zum einen fällt der für ein Fußballstadion in nördlichen Breiten ungewöhnliche Name auf. Zum anderen stach das unvergleichliche Erscheinungsbild hervor. Das markante Äußere stand in enger Verbindung zur Atmosphäre im Stadion. Eine solche Symbiose wird es wohl nie wieder im Profifußball geben.

Die imposanten Flutlichtmasten, Stahlrohrtribünen und in die Jahre gekommene Überdachungen bildeten die charakteristischen Merkmale des Stadions. Bei einem Besuch auf der Alm fühlten sich viele Anhänger wie in englischen Stadien, die sie aus dem Fernsehen kannten: kompakte Bauweise, die Nähe der Tribünen zum Spielfeld und viele Stehtraversen. Hohe, freistehende Flutlichtmasten verstärkten die Assoziation mit Spielstätten auf der Insel.

1978 verschafften die Verantwortlichen der Stadt Bielefeld der Alm dieses unvergleichliche Aussehen. Zum Aufstieg in die 1. Bundesliga „spendierten" sie eine zusätzliche Stahlrohrtribüne auf der Nordseite. Von nun an boten die beiden provisorischen Konstruktionen hinter den Toren eine Geräuschkulisse der Extraklasse. Die luden die Zuschauer geradezu dazu ein, durch Trampeln und Hüpfen auf den Bohlen einen gewaltigen Lärmpegel zu erzeugen. Die Atmosphäre damals fürchteten die gegnerischen Mannschaften und flößte ihnen Respekt ein. Zeitweise konnte es für die Gäste wirklich unangenehm und nervtötend werden. Die Alm mutierte zum Hexenkessel. Der Begriff „Alm-Roar" fasst diese Stimmung zusammen. Er macht noch heute in Fankreisen die Runde. Der „Roar" wird von Zeit zu Zeit wiedergeboren, wenn die Fans mal wieder den so beschaulich wirkenden Stadionnamen in eine brasilianische Enklave Ostwestfalens verwandeln.

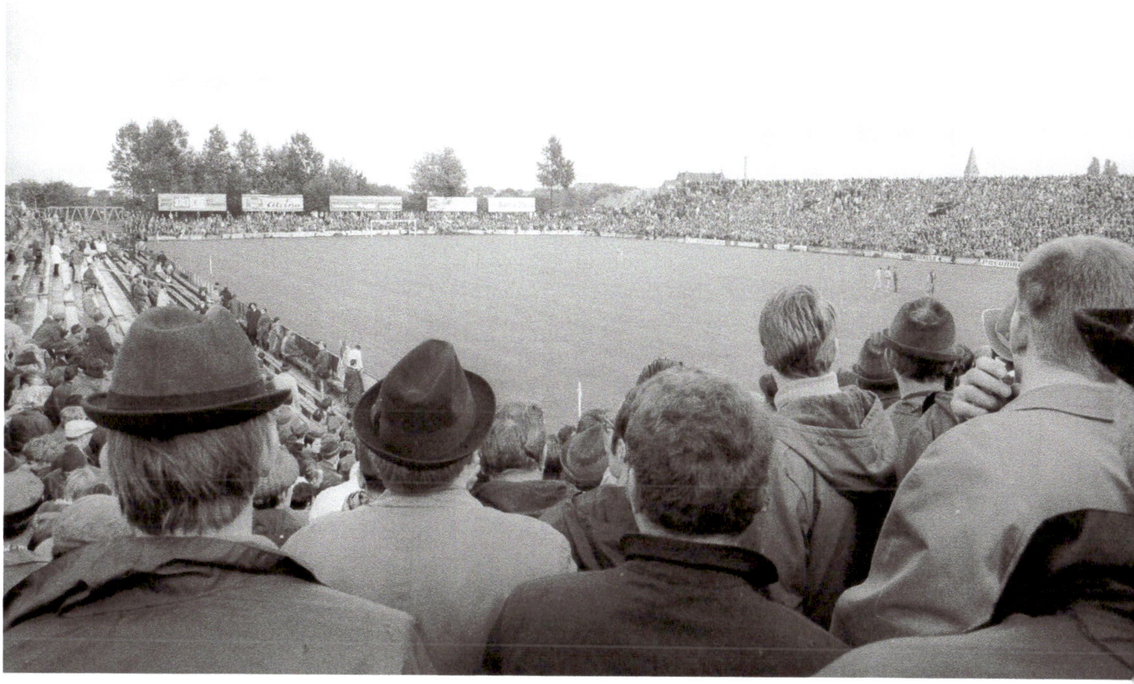

Die Alm noch ohne Dach (1970) *Foto: imago/Werek*

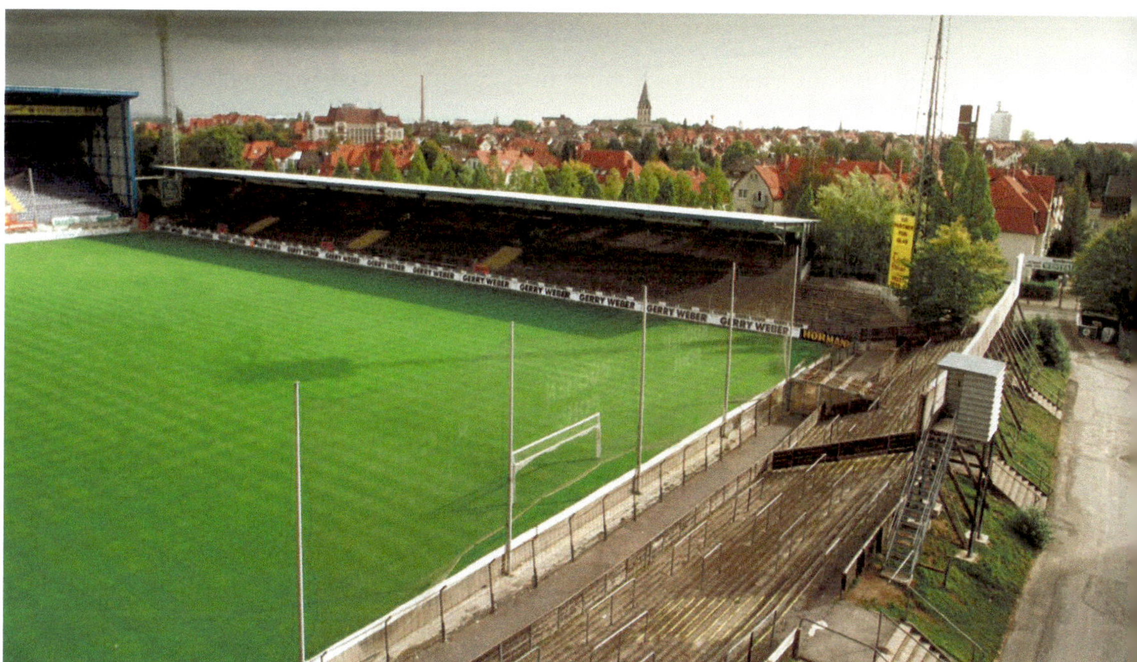

Die Südtribüne (1997) *Foto: imago/Früchte*

Um den Ursprung der Bezeichnung „Alm“ ranken sich gleich mehrere Anekdoten. Alle stammen aus den 1920er-Jahren. So soll sich Arminia-Spieler Heinrich Pehle über die widrigen Platzbedingungen und Unebenheiten des Rasens bitter beklagt haben. Das Spielfeld hatte seiner Meinung nach einer Alm in den Bergen geglichen.

Eine zweite Variante stellt ebenfalls auf die örtlichen Gegebenheiten ab. Einige Anhänger des DSC Arminia nannten das Gelände „Alm“, da um den Sportplatz herum viele Kühe weideten. Zudem lag das Stadion für ostwestfälische Verhältnisse recht hoch.

Andere Quellen bringen einen gewissen Karl Demberg mit der Namensgebung in Verbindung. Demberg sollte später Vereinsvorsitzender der Arminia werden. Mit dem Spruch „Auf unserer Alm werden sie schon knicken!“ soll er versucht haben, die Gegner einzuschüchtern. Die Erforschung des ursprünglichen Stadionnamens wird also auch weiterhin Stoff für sporthistorische Seminare an der Bielefelder Uni bieten.

Ab 1996 wechselte die Alm besonders stark ihr Aussehen. Zwei neue, moderne Tribünen auf der Nord- und Westseite boten den Arminia-Anhängern nun mit bequemen Sitzplätzen mehr Komfort. Die Stahlrohrkonstruktionen waren längst abgebaut. Der „Alm-Roar“ verschwand immer mehr. Doch noch stammten die Ost- und Südtribüne aus älteren Zeiten. Die Gegensätze zwischen modernem Event-Kommerz und alter Fußballwelt standen sich deutlich sichtbar gegenüber.

Seit 2006 lockt eine schmucke, aber zum Großteil auch austauschbare Arena die Arminia-Fans auf die Alm. Ab und zu lassen die Besucher den legendären „Alm-Roar“ wieder aufleben. 2015 zog sich diese Atmosphäre ausgehend von der Südtribüne durch das gesamte Stadion. Die Fans trieben ihre Arminia in vier mitreißenden Spielen ins DFB-Pokal-Halbfinale. Dort unterlagen die Bielefelder dann dem späteren Pokalsieger VfL Wolfsburg mit 0:4.

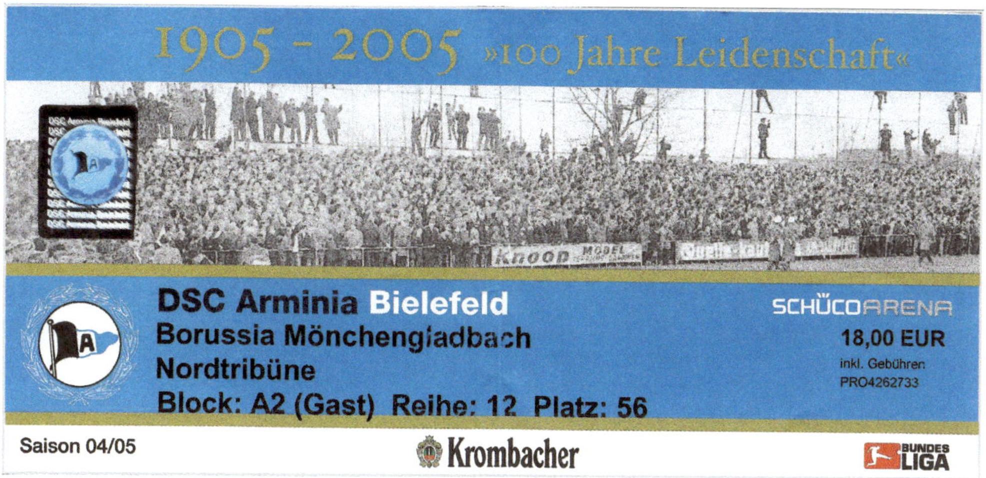

Eintrittskarte aus dem Jubiläumsjahr der Arminia (2005): Besucherandrang auf der Alm
Foto: Klaus-Hendrik Mester

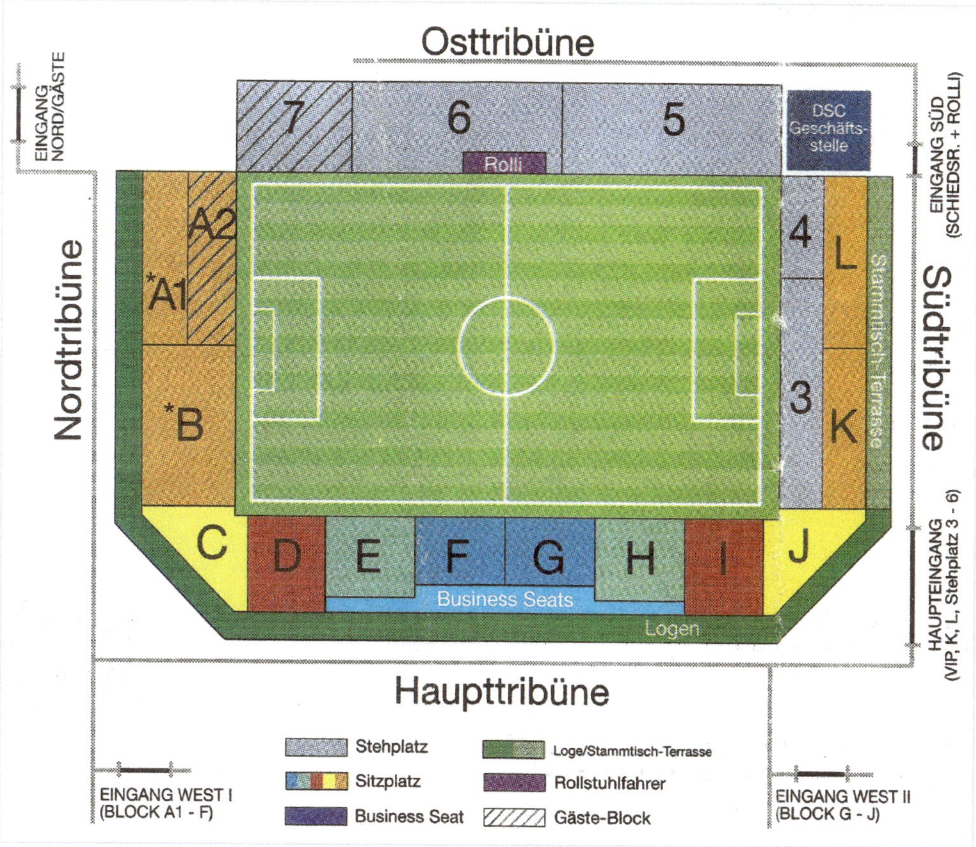

Stadiongrundriss (2005) *Foto: Klaus-Hendrik Mester*

Weiterführende Informationen

Die Geschichte der Alm wird in einem Kapitel dieser „Jubiläumsschrift“ abgehandelt:
Jens Kirschneck und Markus Uhlig: DSC Arminia Bielefeld. „100 Jahre Leidenschaft“ 1905–2005; Göttingen 2005. S. 83 ff.

Ein längeres Kapitel beleuchtet die bauliche Entwicklung des traditionsreichen Stadions:
Perr Zinkner: Die Mannschaft von der Alm – Arminia Bielefeld; Norderstedt 2014. S. 41–53. (Books on Demand)

Das Arminia-Museum in der Westtribüne der Arena widmet ein Themengebiet der Entwicklung des Stadions. Nähere Informationen finden Sie unter:
www.arminia-bielefeld.de/startseite/verein/historie/mafa/

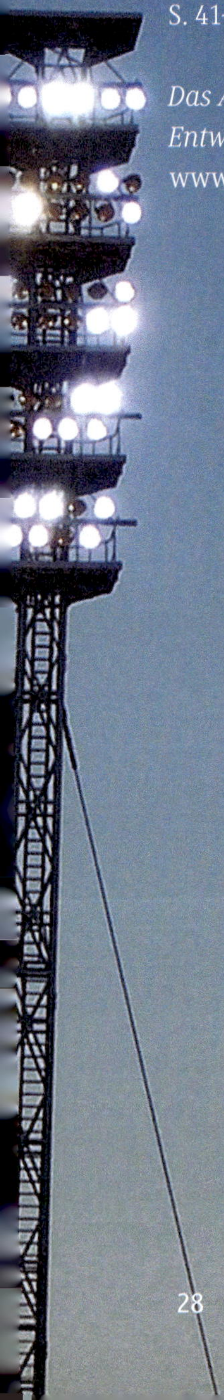

Hintergrundbild: © Verena N./pixelio.de

www.bvb.de/Der-BVB/Signal-Iduna-Park/SIGNAL-IDUNA-PARK

Dortmund

Westfalenstadion

Fassungsvermögen: 54.000 Zuschauer (Stand: 1974)

Eröffnung: 2. April 1974

Umbau: Erste Umbaumaßnahmen im Jahr 1992, danach schrittweiser Ausbau zur heutigen Arena

Standort: Strobelallee 50, 44139 Dortmund

Besondere Spiele

National:

Borussia Dortmund – Arminia Bielefeld 11:1 (12. Spieltag Bundesliga 1982/83, 6.11.1982, 34.000 Zuschauer)

Borussia Dortmund – Fortuna Köln 3:1 (Relegationsrückspiel zur 1. Bundesliga, 19.5.1986, 54.000 Zuschauer)

International:

Borussia Dortmund – Celtic Glasgow 2:0 (1. Runde des UEFA-Pokals, 30.9.1987, 54.000 Zuschauer)

Borussia Dortmund – FC Brügge 3:0 (Achtelfinale des UEFA-Pokals, 25.11.1987, 52.000 Zuschauer)

Länderspiele:

Niederlande – Brasilien 2:0 (Zwischenrunde der WM 1974 in Deutschland, 3.7.1974, 52.500 Zuschauer)

Vier Fliegenklatschen für ein Halleluja

Das Westfalenstadion bildete für die Fußballanhänger in und um Dortmund einen echten Hingucker. Die vier Flutlichtmasten ragten steil empor. In luftiger Höhe knickten die Scheinwerfer ab und formten eine schräg aufliegende Raute. Die dunkelrote Flutlichtanlage hob sich deutlich vom grauen Beton der Tribünen ab. Wie riesige Fliegenklatschen, die auf ihr Opfer warten, schoben sich die Konstrukte in das Stadion hinein. Sobald die anreisenden Fußballfans die Masten sehen konnten, wuchs die Vorfreude auf das Spiel nochmals an.

Im Stadion erwartete die Besucher auch etwas Besonderes. Anlässlich der Fußball-Weltmeisterschaft 1974 schufen die Verantwortlichen ein neuartiges Stadionmodell. Weder breite Tartanbahnen noch Sprunggruben oder Wassergräben störten die Sicht der Zuschauer. Als reines, enges Fußballstadion konzipiert, eilte dies seiner Zeit weit voraus. Die Zuschauer standen quasi direkt am Spielfeldrand. Solche Spielstätten galten zu jener Zeit als völlige Ausnahme. Mit dem Bau des Westfalenstadions stellten sich auch beim BVB wieder die Erfolge ein. Vom Zweitligisten ging die Reise mehr oder weniger steil bergauf, bis sich der Verein seit Ende der 1980er-Jahre als ständiger Vertreter in den verschiedenen Europapokal-Wettbewerben etablierte.

Lange hatten die treuen Fans der Borussia auf internationale Begegnungen warten müssen. Endlich meldete sich der Club fulminant in Europa zurück. Im Herbst 1987 fieberten, jubelten und litten die Anhänger während der Spiele mit. Celtic Glasgow, Velez Mostar und der FC Brügge empfing der BVB. Alle Auseinandersetzungen lebten von einer unglaublichen Spannung. Jedem Interessierten seien besonders einige Ausschnitte der Heimspiele auf „Youtube“ empfohlen. Beste Unterhaltung, Spannung pur und eine Stadionatmosphäre der Spitzenklasse können hier aufgesogen werden. Leider reichte der 3:0-Heimspielerfolg gegen Brügge am Ende nicht zum Weiterkommen. Nach einem dramatischen 0:5 nach Verlängerung verabschiedeten sich die Dortmunder aus Europa.

Mehr und mehr entwickelte sich die riesige Stehplatztribüne auf der Südseite des Stadions zur imposanten Heimat für die BVB-Fans. Dort breiteten sie sich aus und sorgten seit den 1970er-Jahre für eine stimmungsvolle Unterstützung, die ihresgleichen in der Bundesliga suchte. Auf der „Süd“ schufen die Fans die Grundlage für die heutige Fankultur. Ihre lauten und eindringlichen Anfeuerungsrufe erzeugten eine Gänsehautstimmung par excellence.
Lange Zeit waren die Eintrittspreise in Dortmund überaus moderat. Als Jugendlicher besuchte ich häufig das Westfalenstadion. 1987 saß ich mit meinem Vater und Onkel auf der Osttribüne in Schlagweite der „Süd“ für 17 DM gegen Bayern München. Für einen Stehplatz derselben Begegnung berappte ich 1989 gerade einmal 12 DM. Spontan konnten die Fußballinteressierten gegen nahezu jeden Gegner ein Heimspiel des BVB besuchen. Heute haben es die Anhänger deutlich schwerer. In der Regel muss ein Stadionbesuch monate-

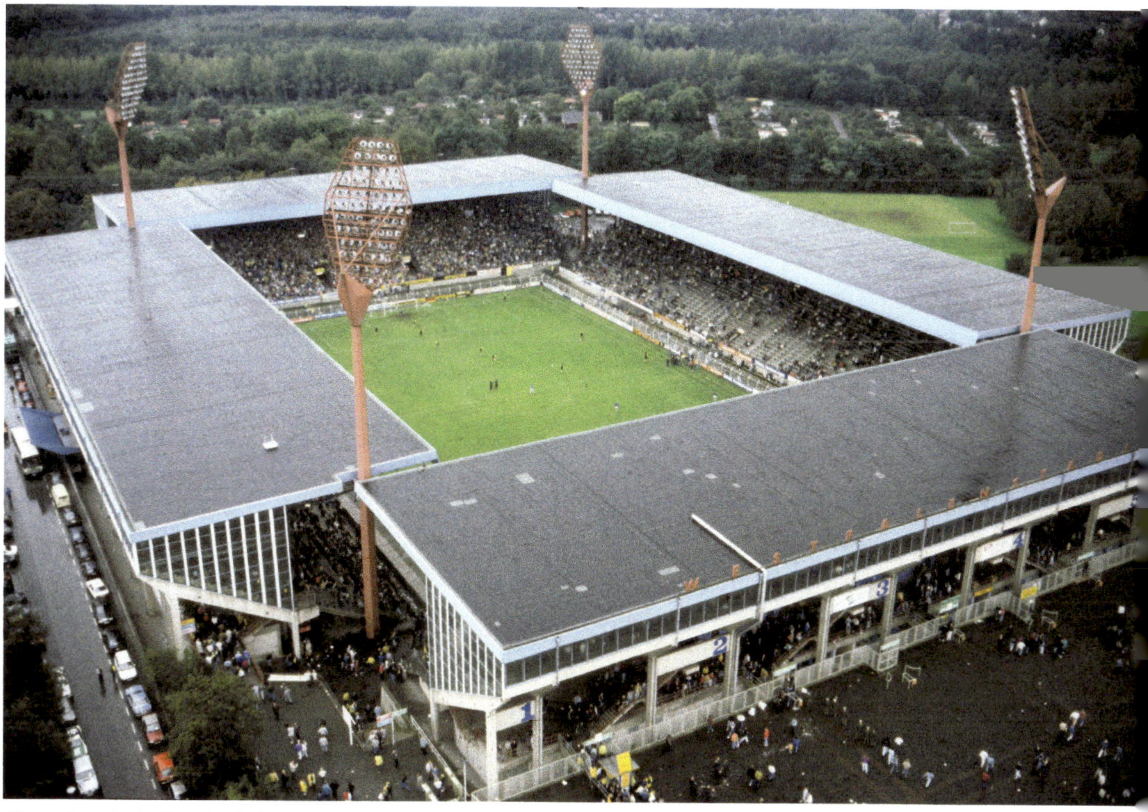

Charakteristische Flutlichtmasten, die roten „Fliegenklatschen" des Westfalenstadions (1990)
Foto: Horstmüller Pressebilderdienst

lang generalstabsmäßig vorbereitet werden. Oft ist der Ticketshop im Internet verwaist. Der Anruf bei der Kartenhotline ähnelt einer nicht enden wollenden Gedulds- und Glücksprobe. In den vergangenen 25 Jahren schnellten die Eintrittspreis um mehr als das 6-fache in die Höhe. Für einen vergleichbaren Sitzplatz auf der Osttribüne wechselt die Karte für mindestens 50 Euro den Besitzer. Gegen Bayern München kommen nur Mitglieder in den Genuss, das Spiel zu verfolgen. Diese Entwicklung beschränkt sich nicht nur auf Dortmund. Sie stellt sich dort vielleicht aber in ausgeprägter Form dar, weil die Eintrittspreise einst sehr günstig und moderat ausfielen.

In früheren Jahrzehnten pilgerten zwar immer überdurchschnittlich viele Anhänger ins Westfalenstadion, die Community stellte sich insgesamt jedoch als überschaubar dar. Regelmäßige Stadionbesucher und Dauerkartenbesucher kannten ihre Steh- und Sitznachbarn. Über die Jahre entstanden Freundschaften. Dies gilt zwar bis heute, aber in deutlich abgeschwächter Form. Mein Cousin, glühender BVB-Fan und Dauerkarteninhaber, begrüßt zu jedem Heimspiel neue Gesichter um sich herum. Seine Sitznachbarn erkaufen sich das Live-Erlebnis teuer. Über die Kartenbörse „Viagogo" zahlen sie das Vielfache des regulären Preises.

Zu Beginn der 1990er-Jahre begann beim BVB eine neue Ära. Die Bagger rollten mit Heerscharen von Bauarbeitern an. In den Folgejahren verwandelten sie das Stadion in eine der imposantesten Arenen Europas. Allein die Südtribüne bietet Kapazitäten für 25.000 Anhänger. Alle Einwohner einer Kleinstadt wie Fröndenberg im Speckgürtel von Dortmund finden dort locker Platz. Kommt die Masse in Wallung, entfaltet sich binnen Sekunden eine Stimmung der Extraklasse. Mit einem Fassungsvermögen von über 80.000 Zuschauern mauserte sich die Arena zu einem der größten Fußballtempel Europas.

Diese gigantische Entwicklung lässt sich mit dem Verlauf der Mitgliederzahlen untermauern. Kürzlich fiel mir ein altes Stadionheft aus dem Februar 1989 in die Hände. Die Verantwortlichen des BVB starteten darin eine Kampagne. Sie warben um die Vereinsmitgliedschaft. Der Club suchte sein 2000. Mitglied. Aus Fans sollten endlich Mitglieder werden. Schon damals strömten regelmäßig 30.000 Zuschauer ins Westfalenstadion, zu dieser Zeit eine ungewöhnlich hohe Anzahl. Doch Borussia Dortmund verzeichnete nur 1.800 Mitglieder. Dem 2.000. Mitglied stellte der Verein als Geschenk einen Unterschriftenball der Mannschaft in Aussicht. Eigens für die Mitgliederwerbung rekrutierte der Vorstand einen Assistenten, offenbar mit langfristigem Erfolg – im September 2015 begrüßte der BVB sein 130.000 Mitglied.

Längst heißt die Spielstätte nicht mehr Westfalenstadion. Eine ortsansässige Versicherung lässt sich die Namensgebung einiges kosten. Der Fußball und die Bundesliga haben sich von verstaubtem Image und gesellschaftlicher Randerscheinung zu einem wichtigen Wirtschaftsfaktor, medialen Premiumgut und gesellschaftlichen Hype von höchstem Interesse entwickelt. Die Eintrittspreise und die Wandlung des Westfalenstadions zum „Fußballtempel" spiegeln dies in besonderer Form wider.

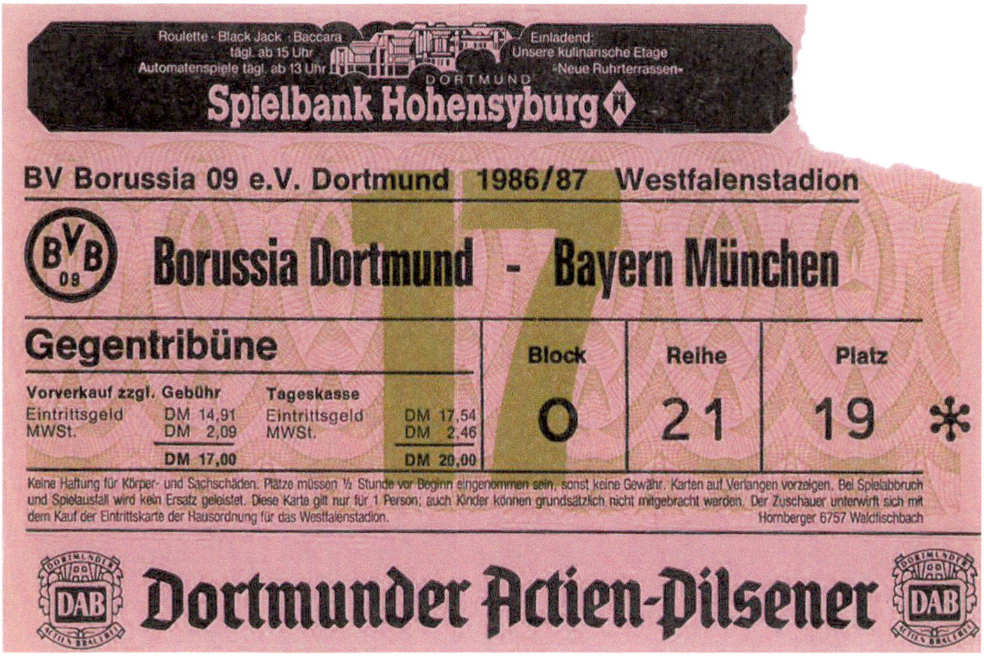

Als der Sitzplatz noch ein Schnäppchen war. *Foto: Klaus-Hendrik Mester*

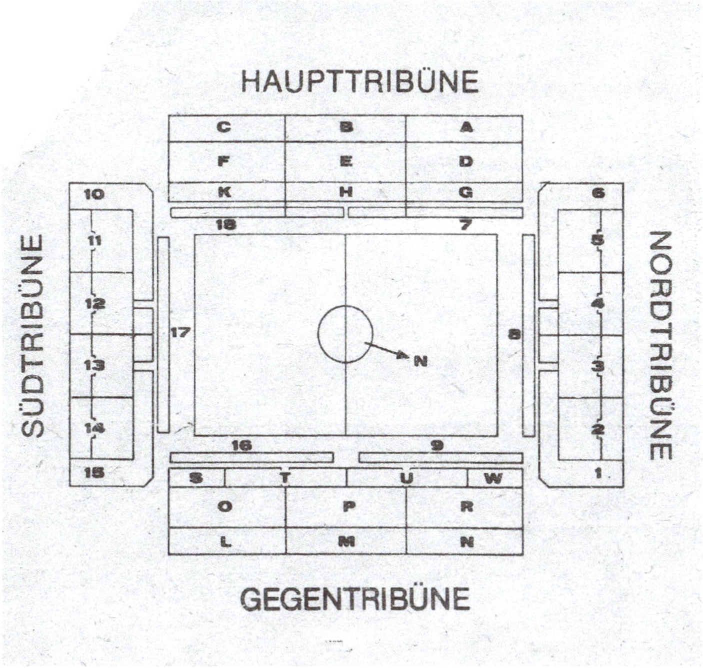

Grundriss des Westfalenstadions (1989/90) *Foto: Klaus-Hendrik Mester*

Weitere Informationen

Das Standardwerk:
Gerd Kolbe und Dietrich Schulze-Marmeling: Westfalenstadion. Geschichte einer Fußball-Bühne; Göttingen 2014.

Die Autoren handeln die Stadiongeschichte auf einer Doppelseite ab:
Christoph Bausenwein und Dietrich Schulze-Marmeling: Nur der BVB; Göttingen 2014.

In seinen Roman bindet der Autor aus dem sauerländischen Plettenberg herausragende Spiele des BVB ein. Emotionale und einfühlsame Geschichten warten auf den Leser:
Stefan Langenbach: BVB und Rock 'n' Roll; Hildesheim 2016.

Zur Entstehungsgeschichte des Westfalenstadions bietet sich ein Essay auf wdr.de an:
www1.wdr.de/themen/archiv/stichtag/stichtag8220.html

Die „Macher" des Fanzines „schwatzgelb" beleuchten auf ihrer Internethomepage die Stadionhistorie in mehreren Essays:
www.schwatzgelb.de/572.html
www.schwatzgelb.de/579.html
www.schwatzgelb.de/939.html

Unvergessliche Europapokal-Momente des Jahres 1987 sind auf „Youtube" unter anderem hier nachzuerleben:
www.youtube.com/watch?v=ftIbHdacvLg
www.youtube.com/watch?v=5YTHGmVMWvs

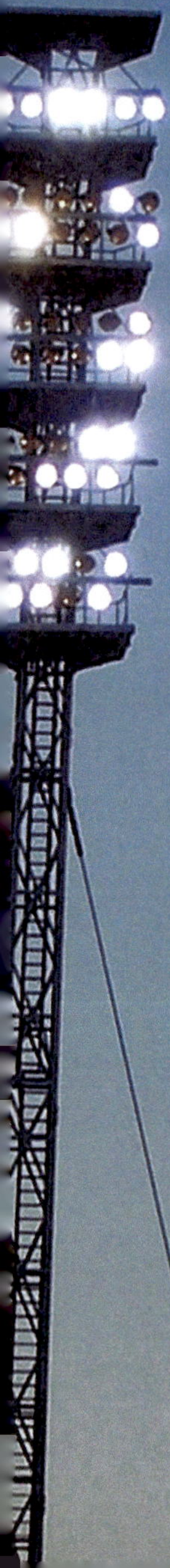

www.dynamo-dresden.de/verein/ddv-stadion/geschichte.html

Dresden

Rudolf-Harbig-Stadion

Fassungsvermögen: 38.500 Zuschauer (Stand: 1980)

Architekt: Günter Schöneberg

Eröffnung: 1951

Abriss: 2007

Standort: Lennéstraße 12, 01069 Dresden

Besonderheit: Der Namensgeber des Stadions war ein in den 1930er-Jahren aktiver Leichtathlet und mehrfacher Weltrekordler aus Dresden.

Besondere Spiele

National: Dynamo Dresden – Borussia Dortmund 3:0 (23. Spieltag Bundesliga 1992/93, 27.3.1993, 17.100 Zuschauer)

International: Dynamo Dresden – Leeds United 2:1 (2. Runde des Messepokals, 4.11.1970, 35.000 Zuschauer)

Dynamo Dresden – Bayern München 3:3 (Achtelfinale des Europapokals der Landesmeister, 6.11.1973, 36.000 Zuschauer)

Dynamo Dresden – Bayer Uerdingen 2:0 (Viertelfinale des Europapokals der Pokalsieger, 5.3.1986, 36.000 Zuschauer)

Länderspiele: DDR – Türkei 1:1 (Erstes Länderspiel gegen die Türkei, Qualifikation zur WM 1978, 17.11.1976, 18.000 Zuschauer)

DDR – Finnland 5:0 (Qualifikationsspiel zur WM 1974, 7.10.1972, 16.000 Zuschauer)

Kein Artenschutz für Giraffen

„Auferstanden aus Ruinen“: Diese Textpassage aus der Nationalhymne der ehemaligen DDR trifft exakt auf das Rudolf-Harbig-Stadion zu. Unweit der Parkanlage „Großer Garten“ lag die Ilgen-Kampfbahn nach dem Zweiten Weltkrieg in Schutt und Asche. In der Nachkriegszeit schufen Bauarbeiter und zahlreiche Freiwillige aus dem Trümmerschutt der zerstörten Stadt das weitläufige Rudolf-Harbig-Stadion. Langsam verbauten die Arbeiter diese Erinnerung an die Grauen des Krieges. Schließlich schufen sie aus mehr als 100.000 Kubikmetern Schutt ein riesiges Oval mit flach ansteigenden Stufen. Dies sollte mehr als 50 Jahre lang die Heimat der SG Dynamo Dresden und ihrer treuen Anhängerschaft sein. Dabei mussten die Zuschauer auf jeglichen Komfort verzichten. Einzig das winzige Dach, das 221 Ehrengäste vor der Witterung schützte, bot ein Mindestmaß an Annehmlichkeit.

1969 verliehen die nach vorne geneigten Flutlichtmasten dem Stadion ein markantes Erscheinungsbild. Die Masten fußten auf einem Gebilde, das aus drei Pfeilern bestand. Schnell schufen die Dresdner Anhänger dafür einen Spitznamen. Sie nannten die Flutlichtanlage die vier Giraffen. Mehr als 60 Meter ragten die schiefen Betonklötze in den Himmel. Nahezu vier Jahrzehnte bildeten die Giraffen eine Landmarke inmitten der Stadt. Die Dresdner hatten ihre riesigen Vierbeiner lieb gewonnen. Doch der Abriss des Stadions im Jahr 2007 sollte dieser Liebe ein jähes Ende bereiten. Die charakteristische, aber veraltete und in die Jahre gekommene Spielstätte konnte mit den landesweit aus dem Boden sprießenden Arenen nicht Schritt halten. Der Club benötigte ein konkurrenzfähiges Stadion, das steigenden Umsatz aus dem Ticketverkauf generierte. Das Rudolf-Harbig-Stadion mitsamt den Giraffen hatte ausgedient. Daran änderten auch die Bemühungen der Fans nichts. Sie versuchten, die markanten Flutlichtmasten unter Denkmalschutz zu stellen. Vergeblich, denn am 10. Oktober 2008 krachte die letzte Giraffe zu Boden. Der Sprengmeister hatte ganze Arbeit geleistet. Heute staksen nur noch die Giraffen im nahen Zoo durch ihr Gehege.

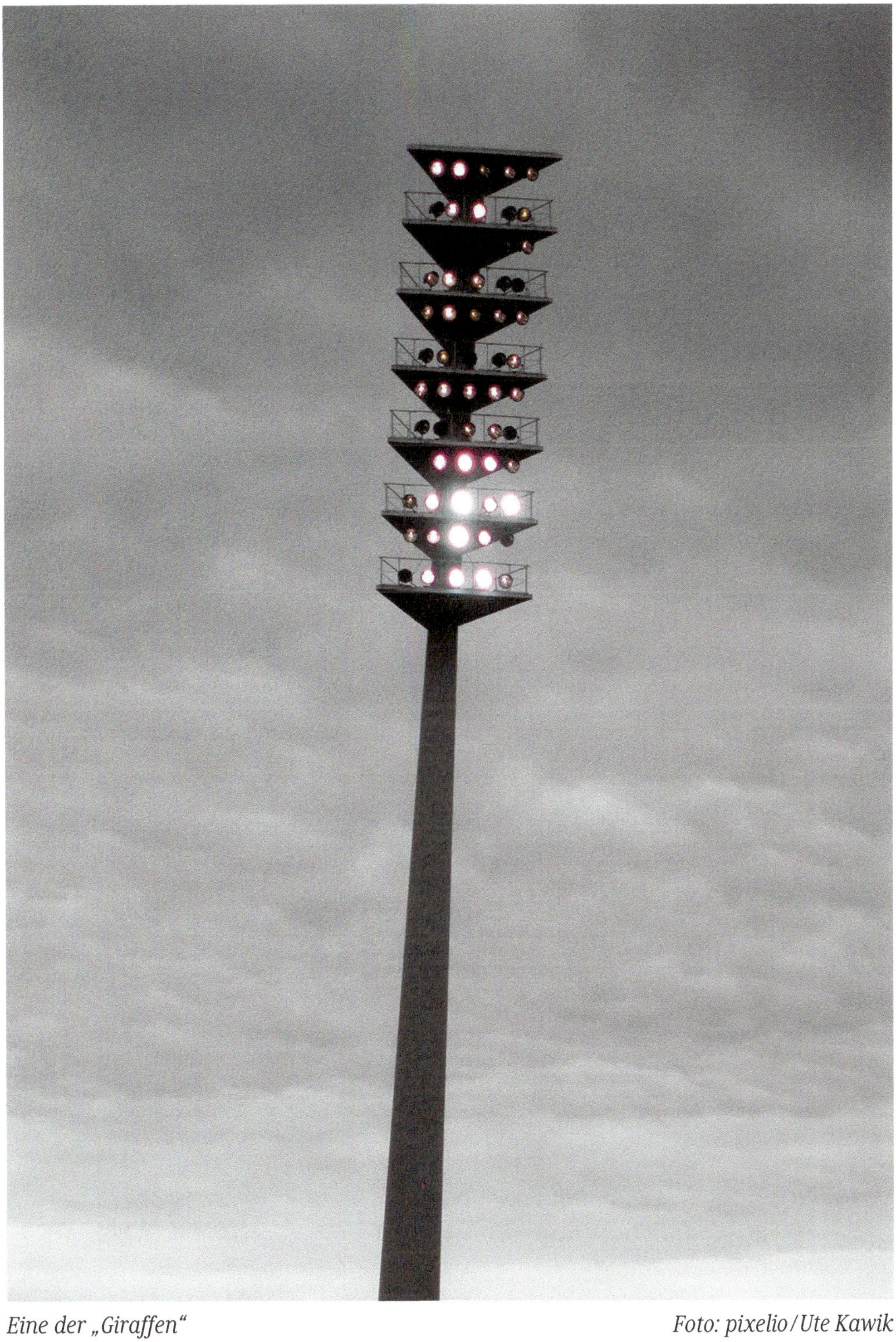

Eine der „Giraffen“ *Foto: pixelio/Ute Kawik*

Eine letzte Reminiszenz an die alten Flutlichtkonstruktionen erwiesen die Dynamo-Fans Ende August 2006. Sie zündeten über 400 bengalische Feuer, die das Rudolf-Harbig-Stadion in ein beeindruckendes hellrotes Licht hüllten. Diese Gänsehautatmosphäre erinnerte an die schönen alten Zeiten, in denen das Licht der Giraffen für unvergessliche Fußballmomente in Dresden sorgte.

Die neue Arena hat den Platz des alten Rudolf-Harbig-Stadions längst eingenommen. Diese könnte nüchtern betrachtet auch in Sinsheim oder Wolfsburg stehen. Nur echte Kenner können die Bauten mittlerweile unterscheiden. Was sich wie eine tolle Idee für eine „Wetten, dass"-Sendung anhört, ist für Fußballfans leider längst Realität. Der moderne Zweckbau bietet aber jeglichen Komfort. 18 Logen, 1.000 Business-Sitze erfreuen den Dynamo-Schatzmeister bei jedem Heimspiel. Die Annehmlichkeiten und der Luxus ziehen neue Besucherschichten an. Dies gilt in der Regel allerdings nur dann, wenn sich der sportliche Erfolg dauerhaft einstellt. Im Umkehrschluss bedeutet dies: Der Anteil des leistungsorientierten Eventpublikums könnte die Gruppe der emotional an den Club gebundenen „Treuesten der Treuen" überflügeln. Für alle Nostalgiker hält der Dynamo-Fanshop aber einen Knüller bereit. Für 99,95 Euro kann der von der modernen „Null-Acht-Fünfzehn-Arena" genervte Retrofreak ein 3-D-Modell des alten Rudolf-Harbig-Stadions erwerben, das in einem Glaswürfel an alte Zeiten erinnert.

Diese Tatsache verleitet dazu, nochmal einen Blick zurückzuwerfen. Zum Beispiel in die 1970er-Jahre, der großen Zeit der Dynamo-Elf. Die Mannschaft eilte von einem Titelgewinn zum anderen. Trainer Walter Fritzsch übernahm das Amt 1969 und sollte maßgeblicher Motor der erfolgreichsten Ära der Vereinsgeschichte werden. Ausnahmefußballer wie Klaus Sammer, Hans-Jürgen „Dixie" Dörner oder Hans-Jürgen Kreische begeisterten das Publikum mit ihrer technisch feinen Spielweise. Im Rudolf-Harbig-Stadion konnten die Fans offensiven und hochklassigen Sport genießen. In den 1970er-Jahren errangen die Dynamos zweimal den nationalen Pokal, feierten fünfmal die Meisterschaft und qualifizierten sich immer für europäische Pokalwettbewerbe. Zweimal stießen sie jeweils im Europapokal der Landesmeister und im UEFA-Pokal in die Runde der besten acht Teams vor.

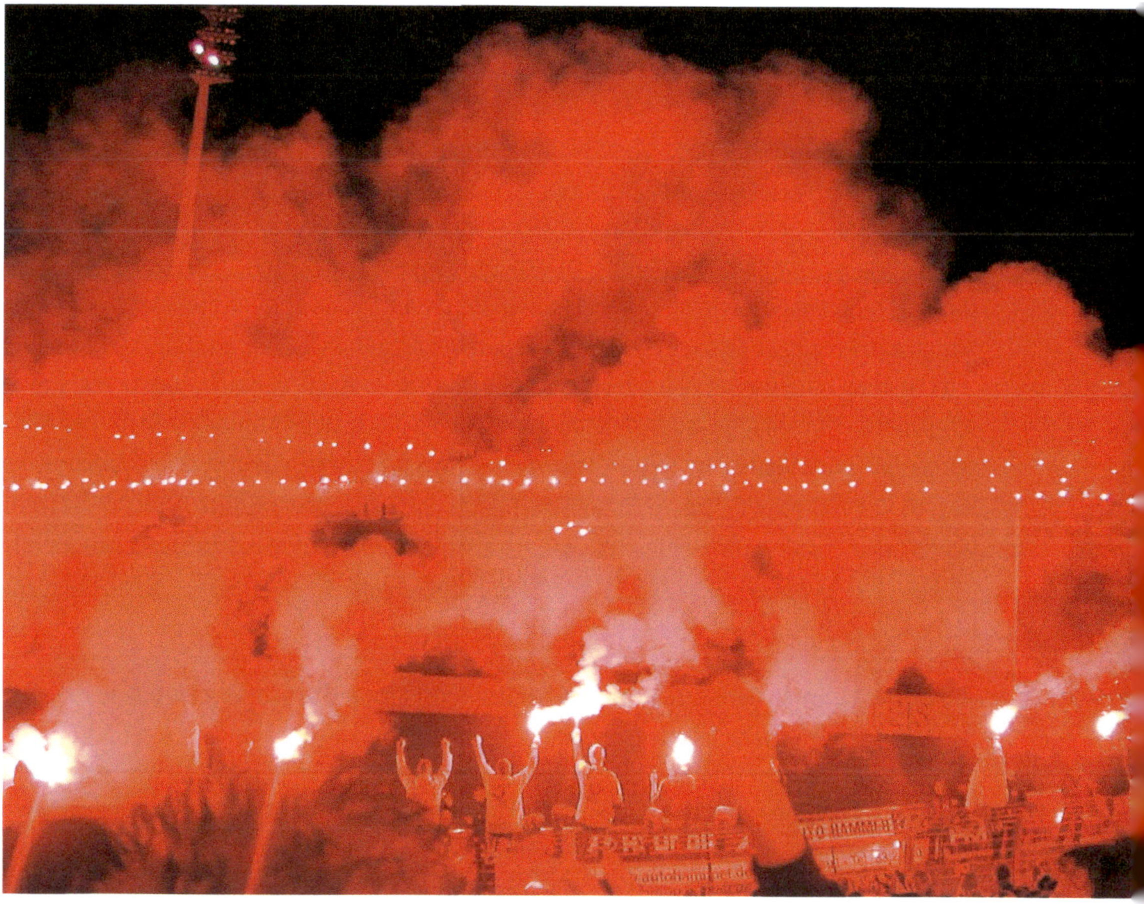

Abschied von den Giraffen *Foto: pixelio/Ute Kawik*

Das absolute Highlight spielte sich im Herbst 1973 im Rudolf-Harbig-Stadion ab. Die beiden aktuellen deutschen Meister trafen aufeinander. Dynamo triumphierte in der DDR-Oberliga und Bayern München ließ alle anderen Bundesligamannschaften hinter sich. Das Aufeinandertreffen des „Meisters Ost“ gegen den „Meister West“ elektrisierte wochenlang die Medien in der Bundesrepublik. In den Staatsapparaten der DDR sorgte die Begegnung im Europapokal der Landesmeister für weitreichende Aktivitäten. Das Ministerium für Staatssicherheit rief die „Aktion Vorstoß“ ins Leben. Mit riesigem Personalaufwand bereiteten sich Geheimdienstler auf den Klassenkampf auf dem grünen Rasen vor. Sie schickten 1.000 ausgewählte, linientreue Bürger zur Unterstützung der Dynamo-Elf zum Hinspiel ins Münchner Olympiastadion. Knapp unterlagen Klaus Sammer und Co. den Stars um Libero Franz Beckenbauer mit 3:4. Am 6. November 1973 bot das Rudolf-Harbig-Stadion den Schauplatz für den großen Showdown dieses deutschen Duells. Über 3.000 Einsatzkräfte – darunter Mitarbeiter der „Stasi“, Volkspolizisten und Angehörige der Betriebskampfgruppen – sorgten für einen „reibungslosen“ Ablauf des Abends. Die Staatssicherheit fädelte ein, dass nur wenige tausend Karten in den freien Verkauf gelangten. Parteimitglieder und Bürger, die sich um den Sozialismus verdient gemacht hatten, erhielten bevorzugt die begehrten Eintrittskarten.

Im Stadion entwickelte sich ein echter Fußballkrimi. Keine Briefmarke passte mehr zwischen die dicht nebeneinander stehenden Anhänger. Nach zwölf Minuten schien „der Klassenkampf“ entschieden zu sein. Uli Hoeneß schoss mit zwei guten Einzelaktionen seine Bayern in Führung. Doch die Dynamos kämpften aufopferungsvoll. Kurz nach der Halbzeit bejubelten die Zuschauer den Ausgleich. Als Reinhard Häfner nach einer knappen Stunde seine Elf mit 3:2 in Führung brachte, kannte der Jubel keine Grenzen mehr. Die Sensation lag in der Luft. Sollten die „Staatsamateure Ost“ über die hoch bezahlten Profis West, von denen etliche 1972 Europameister geworden waren, triumphieren? Doch die Hoffnung hielt nur zwei Minuten an. In der 58. Minute erzielte Star-Stürmer Gerd Müller das entscheidende 3:3. Es sollte kein Tor mehr fallen. Trotzdem zogen die Verantwortlichen der „Aktion Vorstoß“ eine positive Bilanz. Massenhafte Sympathiebekundungen für den Verein aus dem kapitalistischen Westen und Kritik an der Staatsführung und Unmutsäußerungen blieben aus.

Nach der Wiedervereinigung beider deutscher Staaten lernten Dynamo und die Fans den einst ebenso bekämpften wie bewunderten Kapitalismus richtig kennen. Die etablierten Bundesligaclubs lockten die besten Spieler mit lukrativen Verträgen in den Westen der Republik. Nur kurz konnte sich der Verein in der höchsten Spielklasse halten, ehe die Elf wegen Lizenzerschleichung in die 3. Liga absteigen musste. Doch bald erkämpften sich die Dynamos wieder ihren Platz im Profifußball. Das Rudolf-Harbig-Stadion schien nicht mehr zeitgemäß zu sein. Ohne den notwendigen Komfort konnte der Verein immer weniger Einnahmen generieren. Die Zeichen des in die Jahre gekommenen Ovals standen auf Abriss. Seit 2009 pilgern die treuen Dynamo-Fans in Massen in die neue komfortable Arena. Aber die Giraffen bilden leider keine Landmarke mehr.

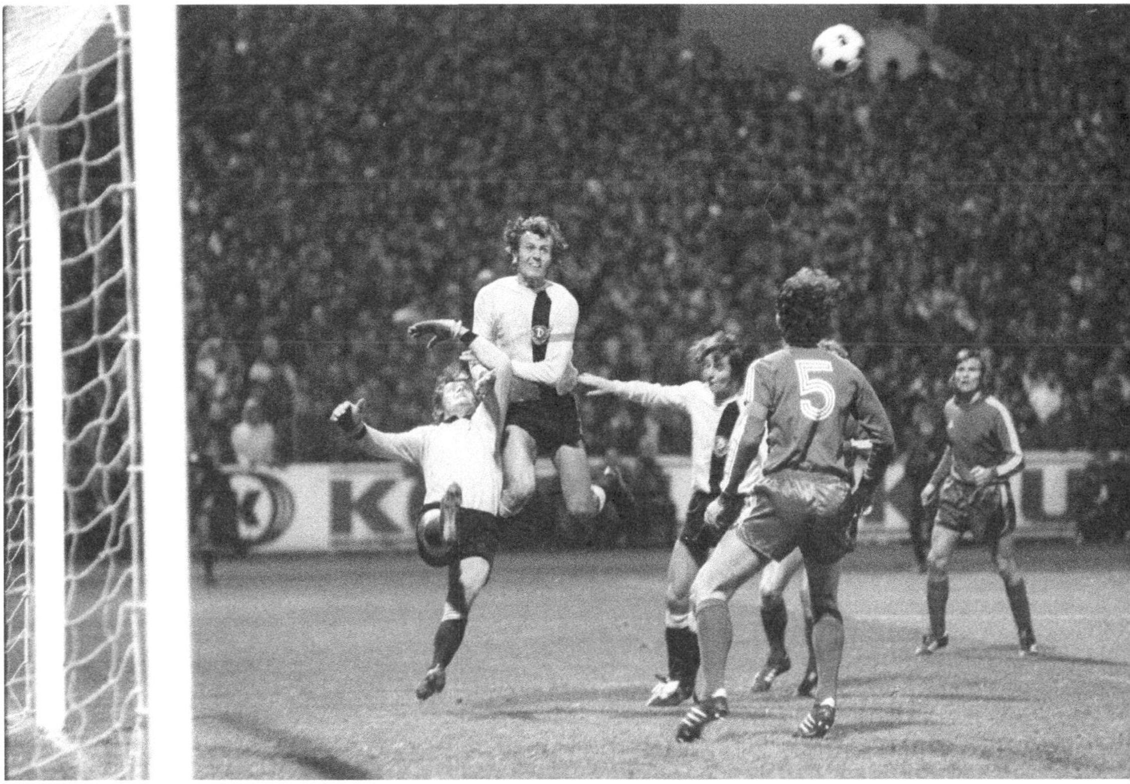

Der „Kaiser“ mit dem Rücken zum Tor. Szene aus dem Spiel vom November 1973
Foto: Bundesarchiv/Rainer Mittelstädt

Weiterführende Informationen

Die Autoren arbeiten die ereignisreiche Historie der Sportstätte auf:
Jürgen Schwarz und Thilo Alexe: Das Dresdner Stadion; Dresden 2009.

Einen Überblick über die Stadiongeschichte bietet die Internethomepage von Dynamo Dresden:
www.dynamo-dresden.de/verein/stadion/geschichte.html

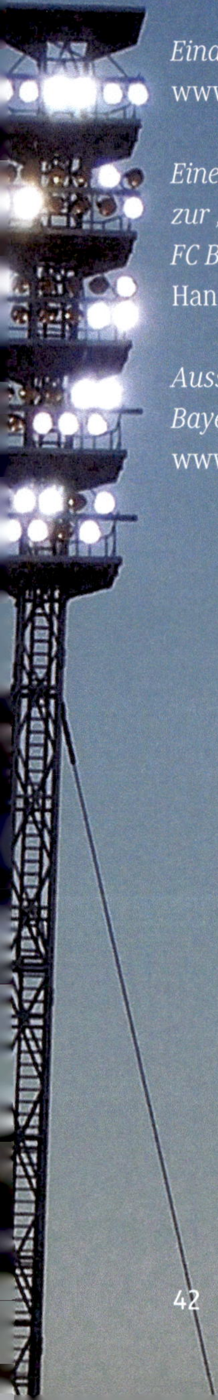

Eindrucksvolle Impressionen bietet folgende Fotostrecke im Internet:
www.erlebnis-stadion.de/?site=stadion_dresden&sub=impressionen

*Eine Beschreibung der umfassenden Aktivitäten des Ministeriums für Staatssicherheit zur „Absicherung" der Europapokal-Begegnung zwischen Dynamo Dresden und dem FC Bayern M*ünchen im Herbst 1973 ist hier *nachzulesen:*
Hanns Leske: Erich Mielke, die „Stasi" und das runde Leder; Göttingen 2014. S. 402–408.

Ausschnitte der TV-Übertragung der Europapokalbegegnung Dynamo Dresden – Bayer Uerdingen vom 5.3.1986:
www.youtube.com/watch?v=57oRQ8lIea0

www.msv-arena.de/index.php?id=15

Duisburg

Wedaustadion

Fassungsvermögen: 40.000 Zuschauer (Stand: 1926)

Eröffnung: Nutzung ab 1922
Offizielle Eröffnung 1926

Umbau: 1962 bis 1964 (Bau der Haupttribüne und der Flutlichtanlage)
1973 und 1989 (Tartanbahnen)

Abriss: 2003

Standort: Margaretenstraße 5–7, 47055 Duisburg

Besondere Spiele

National: MSV Duisburg – Borussia Dortmund 2:1 n. V. (DFB-Pokal-Halbfinale 1974/75, 29.4.1975, 34.000 Zuschauer)

MSV Duisburg – Bayern München 6:3 (14. Spieltag Bundesliga 1977/78, 5.11.1977, 20.000 Zuschauer)

International: MSV Duisburg – Borussia Mönchengladbach 2:2 (UEFA-Pokal-Halbfinale 1978/79, 10.4.1979, 22.000 Zuschauer)

Länderspiele: Deutschland – Italien 0:1 (23.11.1924, 40.000)

Deutschland – Belgien 8:1 (22.10.1933, 30.000)

Fankurve des MSV (2002)
Foto: Ansgar Spiertz

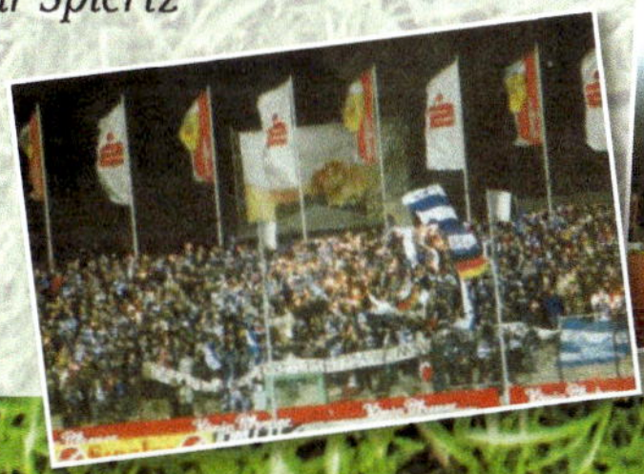

Haupttribüne (2002)
Foto: Ansgar Spiertz

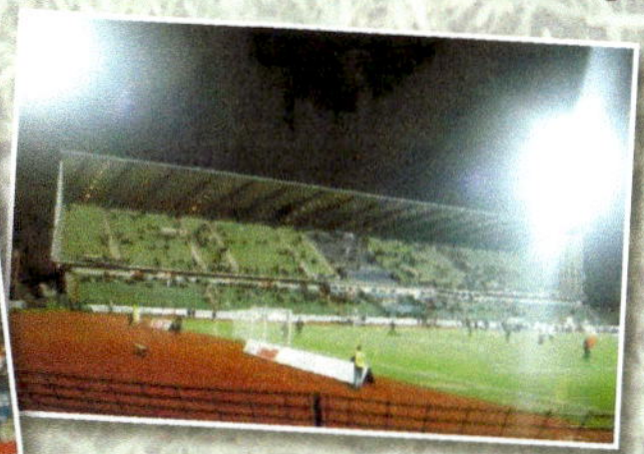

Wilde Zebras im „Tatort" Stadion

Mit dem Abriss des Wedaustadions verlor Duisburg ein Stück Sportgeschichte. Bereits in den 1920er-Jahren hatten sich hier die Freunde der Leibesübungen aus der Stadt Duisburg getummelt. Als eines der ersten großen Stadien in Deutschland entstand im Stadtteil Wanheimerort die spätere Heimspielstätte des MSV Duisburg.

Im Laufe der Jahre wurde das Wedaustadion den Fans des MSV mehr und mehr zur Heimat – wenn auch zu einer sehr zugigen, denn das Rund lag sehr windanfällig. Nur das Dach der riesigen Haupttribüne legte sich schützend über die Köpfe der Zuschauer. Der Rest der Anhänger stand buchstäblich im Regen. Ab und zu peitschte ihnen der Wind mitten ins Gesicht.

Auch die Akustik ließ viele Wünsche offen. Fast immer trieb der Westwind die Stimmung aus der Fankurve bis nach Mülheim. Wenn an der Wedau mal Flaute herrschte, drohte der Regen. Manchmal schüttete es wie aus Eimern. Dann halfen nur noch Mitleid und Empathie des MSV-Geschäftsführers. Heinz Neuhaus ließ schon einmal die Tribüne für alle Stehplatzbesucher öffnen. Ohne einen Aufpreis zahlen zu müssen, strömten dann Hunderte unter das schützende Dach. In diesen seltenen Fällen hallten die Anfeuerungsrufe unter dem Tribünendach. Die ungewohnte Lautstärke sorgte für eine knisternde Atmosphäre. Die Tribüne schien dann mitsamt den Fans abzuheben.

Leider bildeten diese besonderen Momente eine absolute Ausnahme. Aber gerade die entbehrungsreichen Besuche, frei von Komfort und Luxus, spiegelten die Situation im Ruhrgebiet zu dieser Zeit wider: Zechensterben, Stahlkrise, Strukturwandel. Die Menschen mussten sich durch ihren Alltag kämpfen. Warum sollte es im Fußballstadion anders sein? Im Polstersitz auf der Haupttribüne sitzen kann jeder. Schon vor dem Anpfiff mit nassen Klamotten in der Kurve zu stehen, seine Mannschaft anzufeuern mit dem Wissen, dass einen sowieso niemand hört, um später mit einer Niederlage im Gepäck abzudackeln, das versinnbildlicht schon eher Treue, Leidenschaft und Leidensfähigkeit!

Viele Stammbesucher zelebrierten schon den Zutritt in das Wedaustadion. Am Kassenhäuschen bezogen dann die Anhänger die Eintrittskarte bei immer derselben Verkäuferin oder demselben Verkäufer. Danach gehörte es zum Ritual, immer den gleichen Stehplatz einzunehmen. So trafen sich Stahlarbeiter meist an der alten Uhr im Südbereich der Spielstätte. Es ging sehr familiär zu.

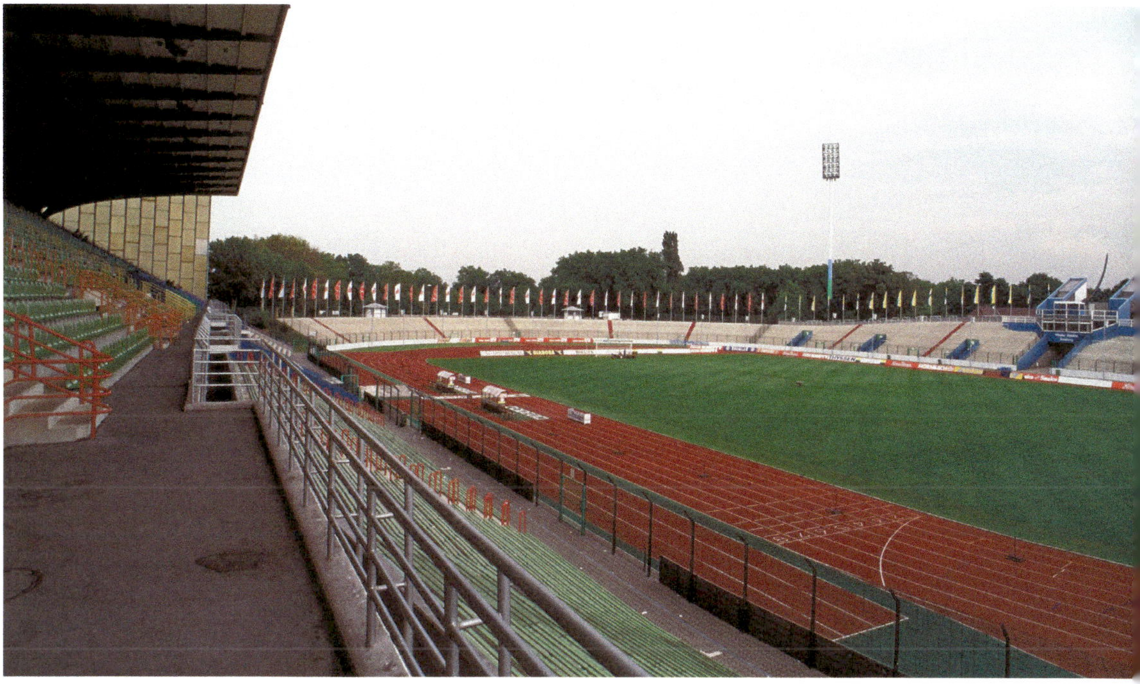

Innenansicht 1997 *Foto: imago/Nordieck*

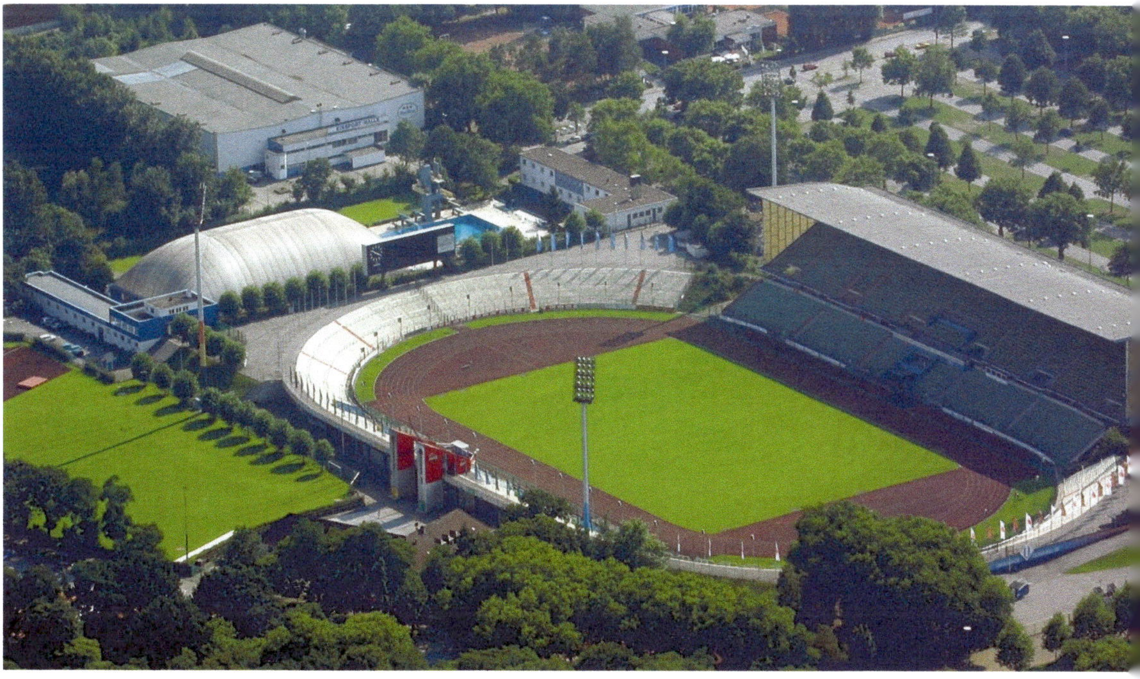

Das Stadion aus der Vogelperspektive 2002 *Foto: imago/Hans Blossey*

Die markante Haupttribüne spiegelte die Bauweise der 1960er-Jahre wider. Imposant überragte sie die übrigen Stehplätze des Stadions. Nach mehrjähriger Bauzeit fanden etwa 10.000 Besucher auf einer der damals modernsten Tribünen Deutschlands Platz. Auf der Vortribüne konnten 3.500 Fans stehen. Darüber saßen bis zu 6.500 Freunde des Sitzplatzkomforts.

Vor allem in den 1970er-Jahren verwöhnten die „Zebras" – wie die Elf wegen ihrer gestreiften Trikots genannt wurde – ihre Fans mit attraktivem Fußball und tollen Siegen in legendären Spielen. So mussten reihenweise selbst die Bayern die Heimfahrt als Verlierer in den Süden antreten. Die Liste der Heimerfolge über den Rekordmeister liest sich beachtlich: Zweimal 2:0 sowie 2:1, 3:1, 3:0 siegten die „Zebras". In den Jahren 1976 und 1977 schepperte es dann so richtig im Kasten von Nationaltorhüter Sepp Maier: Mit 5:2 und 6:3 verabreichten Bernard Dietz und Co. den Bayern richtige Klatschen. Die Derbys gegen Borussia Dortmund fielen hingegen meist sehr eng aus, und auch gegen den FC Schalke ging es auf den Tribünen und dem Rasen turbulent zu.

In den 1980er-Jahren sorgte das Stadion abseits des Fußballs für Schlagzeilen. Im Sommer 1984 rückte es in den Fokus von Millionen Fernsehzuschauern. In der TV-Krimireihe „Tatort" fand sich Kommissar Horst Schimanski alias Götz George nackt auf dem Spielfeld des Wedaustadions wieder. Dieses diente als ein zentraler Drehort für die Folge „Zweierlei Blut".

Fünf Jahre später eröffnete Bundeskanzler Helmut Kohl hier die Universiade. In der Folge erlebten tausende Besucher spannende Wettkämpfe der Weltspiele der Studierenden.

Seit 2004 hat eine moderne Arena das alte Wedaustadion abgelöst. Nass wird hier kein Zuschauer mehr. Architektonische Originalität sucht der Fan aber vergeblich. Ein Bier in der Halbzeitpause zu viel genossen, kann der Besucher nicht mehr mit Bestimmtheit feststellen, ob er sich in Rostock, Wolfsburg oder Augsburg befindet. Zu wünschen ist den Fans der „Zebras" daher, dass sie wenigstens anhand des Lärmpegels immer wissen, in welchem Stadion sie sind, und irgendwann auch mit Stolz und Nostalgie auf solch große Spiele in der Arena zurückblicken können, wie sie das Wedaustadion hervorgebracht hat.

Weiterführende Informationen

Ein Nachschlagewerk über das alte Wedaustadion ist nicht bekannt. An dieser Stelle sei deshalb verwiesen auf das Kapitel zum Stadion in:
Werner Skrentny (Hg.): Das große Buch der deutschen Fußballstadien. Göttingen 2010.

Ein interessanter Spielbericht findet sich hier:
http://groundhopping.de/msvstp03.htm

Eine Beschreibung des alten Stadions findet sich unter der Rubrik „Historie“ auf der Internet-Homepage der Arena:
www.msv-arena.de/index.php?id=15

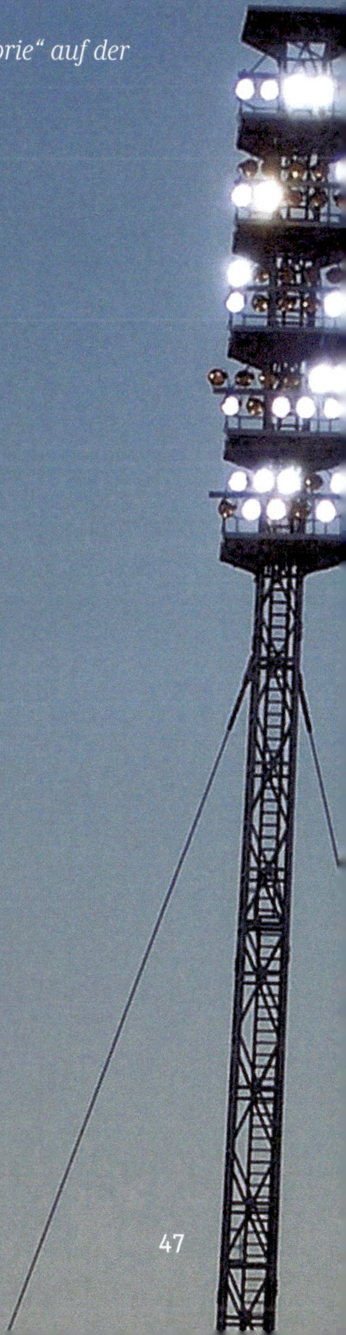

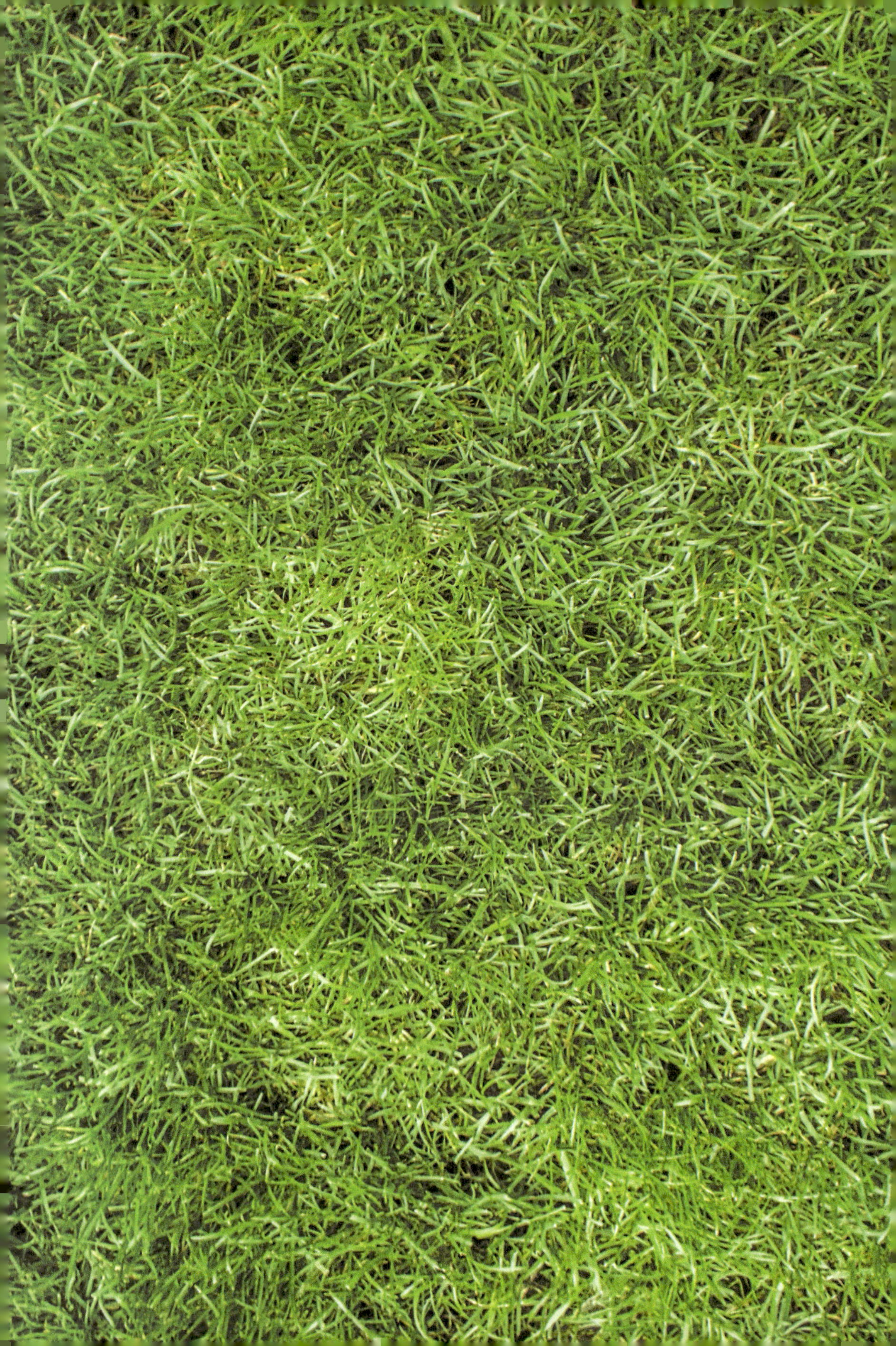

www.f95.de/tickets/esprit-arena/stadion-historie/

Düsseldorf

Rheinstadion

Fassungsvermögen:	68.400 Zuschauer (Stand: 1975)
Architekt:	Hans Freese (1925) Friedrich Tamms (Umbau zur WM 1974)
Eröffnung:	1925
Abriss:	2002
Standort:	Am Staad 11, 40474 Düsseldorf

Besondere Spiele

National:	Borussia Mönchengladbach – Borussia Dortmund 12:0 (höchster Sieg der Bundesligageschichte, 34. Spieltag der Bundesliga 1977/78, 29.4.1978, 38.000 Zuschauer)
	Fortuna Düsseldorf – Bayern München 7:1 (16. Spieltag der Bundesliga 1978/79, 9.12.1978, 26.000 Zuschauer)
International:	Fortuna Düsseldorf – Banik Ostrau 3:1 (Halbfinale des Europapokals der Pokalsieger, 11.4.1979, 15.000 Zuschauer)
Länderspiele:	Deutschland – Jugoslawien 2:0 (WM 1974, 2. Finalrunde, 26.6.1974, 67.500 Zuschauer)
	Deutschland – Italien 1:1 (Eröffnungsspiel der EM 1988, 10.6.1988, 62.600 Zuschauer)

R36 macht Stimmung

Eine magnetische Anziehungskraft strahlte das alte Rheinstadion eher weniger aus. Selbst in den erfolgreichen Bundesligajahren der heimischen Fortuna verloren sich oft nur einige tausend Unentwegte im weiten Rund. Zwischen den verwaisten grünen und roten Schalensitzen durchbrach plötzlich eine Ausnahmezone die Ruhe: der legendäre 36er. Wie eine Partyzone in einer Seniorenresidenz sog der Kultblock R36 im 14-tägigen Rhythmus ein spezielles Publikum auf. Aus dem schmalen Stehplatzblock, der sich von der Eckfahne die steilen Stufen hinaufschob, sorgten die eingefleischten Fortuna-Fans für Stimmung. Nicht selten ergab dies ein skurriles Bild. Bis auf wenige tausend Stammzuschauer blieben in den Krisenzeiten der Bundesliga in den 1980er- und frühen 1990er-Jahren fast alle Sitzplätze leer. Der Großteil der Besucher stand dicht zusammengepfercht im kleinen R36. Dort ging es unter den meist jungen Anhängern eher rustikal zu. Das mondäne Image der Stadt trat dort in den Hintergrund. „Hart, aber herzlich" hieß die Devise.

In dieser Zeit besuchten die Mitglieder der Düsseldorfer Punk-Bank „Die Toten Hosen" häufig die Spiele ihrer Fortuna. Ihr Lieblingsclub galt als dauerklamm. Die Mittel waren bescheiden, obwohl zahlreiche florierende Großunternehmen in der NRW-Metropole ihren Hauptsitz hatten. So entschieden sich die Punkrocker, das Heft selbst in die Hand zu nehmen. Zu Beginn des Jahres 1989 starteten sie ihre eigenwillige Aktion „Ein Bein für Toni Baffoe". Eine DM der Eintrittskartenerlöse der Konzerttour flossen auf ein Konto der Fortuna. Bis zum Sommer kamen 150.000 DM zusammen. Symbolisch sponsorte die Band ein Bein des Verteidigers Anthony Baffoe, der so von Fortuna Köln für 200.000 DM in die Landeshauptstadt wechseln konnte. Der ghanaische Nationalspieler sollte besonders den treuesten Fans im R36 in den folgenden drei Jahren viel Freude bereiten.

Heute erinnert der im Jahr 2014 gegründete Fanclub „Block R36" an die ehemalige Stimmungszone im Rheinstadion. Der R36 und die benachbarten Stehplatzblöcke zog eine bunte Klientel an. Neben vielen normalen Fußballanhängern mischten sich allerdings auch etwas härtere Gesellen unter das Publikum. Die Hooligans gaben insbesondere in den 1980er-Jahren den Ton an. Die Regenschirm-Bande oder Fortuna-Terror verbreiteten nicht nur gute Laune.

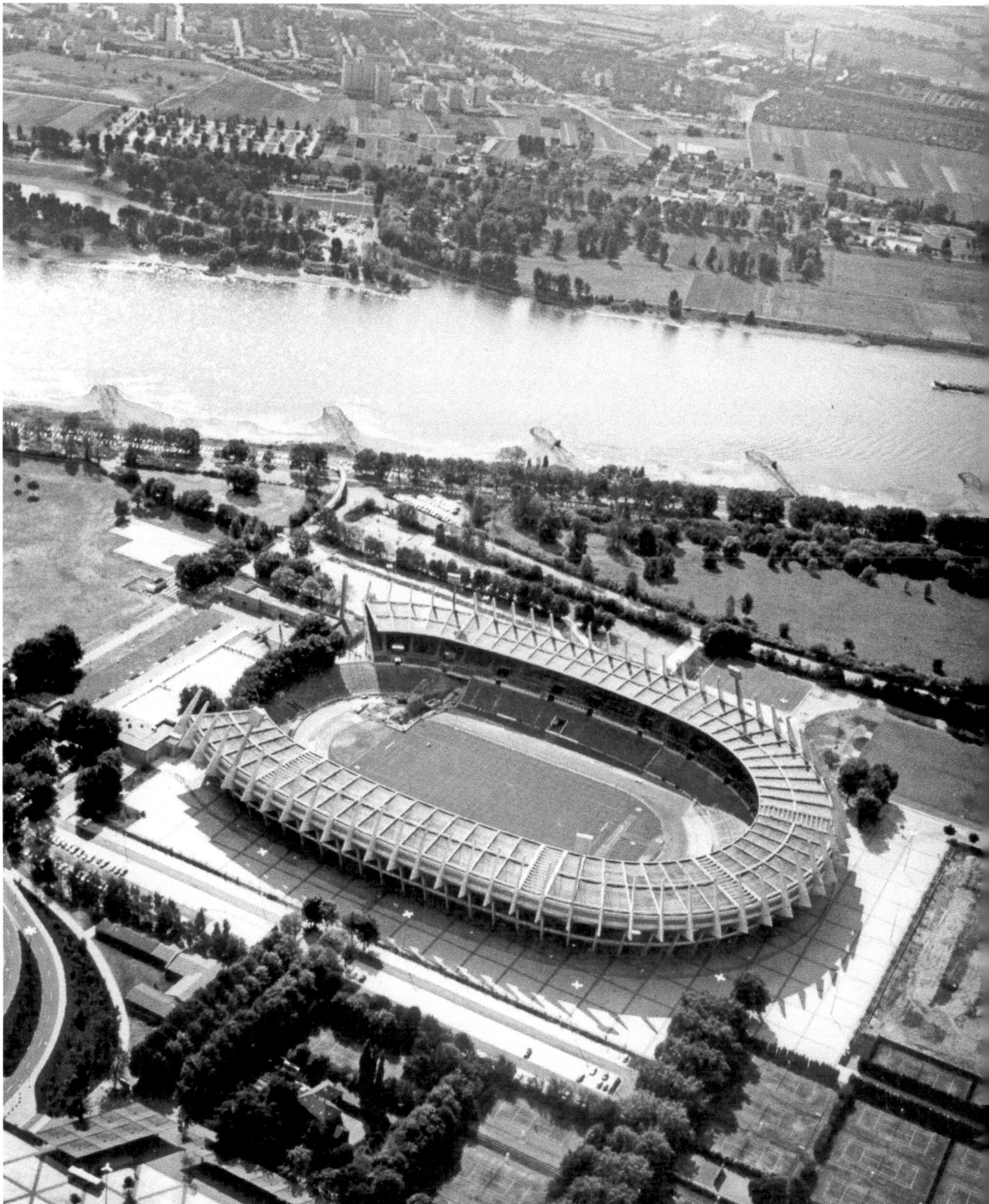

Markante Dachkonstruktion (1972) *Foto: Stadtarchiv Düsseldorf*

Auch architektonisch bot das weite Rund einige Besonderheiten. Unweit des Rheins und des Flughafens gelegen, ragte ein riesiger Betonkoloss in den Himmel. Aus der Vogelperspektive erinnerte der Rundbau ein wenig an das Maracanã-Stadion in Rio de Janeiro. Nur an einer Hintertorseite fehlte die Überdachung. Vier fast 50 Meter hohe Flutlichtmasten und mehr als 60 hoch über das Stadiondach aufragende Binder aus Beton gaben der Spielstätte ein einzigartiges Outfit.

Das Rheinstadion bot die Kulisse für große Spiele der Fortuna und der deutschen Nationalmannschaft. In den goldenen 70er-Jahren feierten die Fortunen hier ihre großen Europapokalabende. Ganz nebenbei schlugen die Rot-Weißen die Stars von Bayern München mit 7:1. Bei der WM 1974 und EM 1988 gab sich die deutsche Nationalelf die Ehre. Doch auch noch eine dritte Mannschaft lieferte im Stadion legendäre Begegnungen ab. Der rheinische Rivale aus Mönchengladbach fertigte hier 1978 Borussia Dortmund mit 12:0 ab und sorgte für den bis heute höchsten Sieg in der gesamten Bundesligageschichte. 1985 Real Madrid kam mit 1:5 im Rheinstadion unter die Hufen der „Fohlenelf".

Heute hat eine moderne Arena den charakteristischen Betonbau abgelöst. Mittlerweile hat der allgemeine Fußball-Boom auch Düsseldorf erreicht. Die stark gewachsene Anhängerschaft füllt das neue Stadion meist gut. An den alten Block R36 erinnert nur noch der Banner des gleichnamigen Fanclubs.

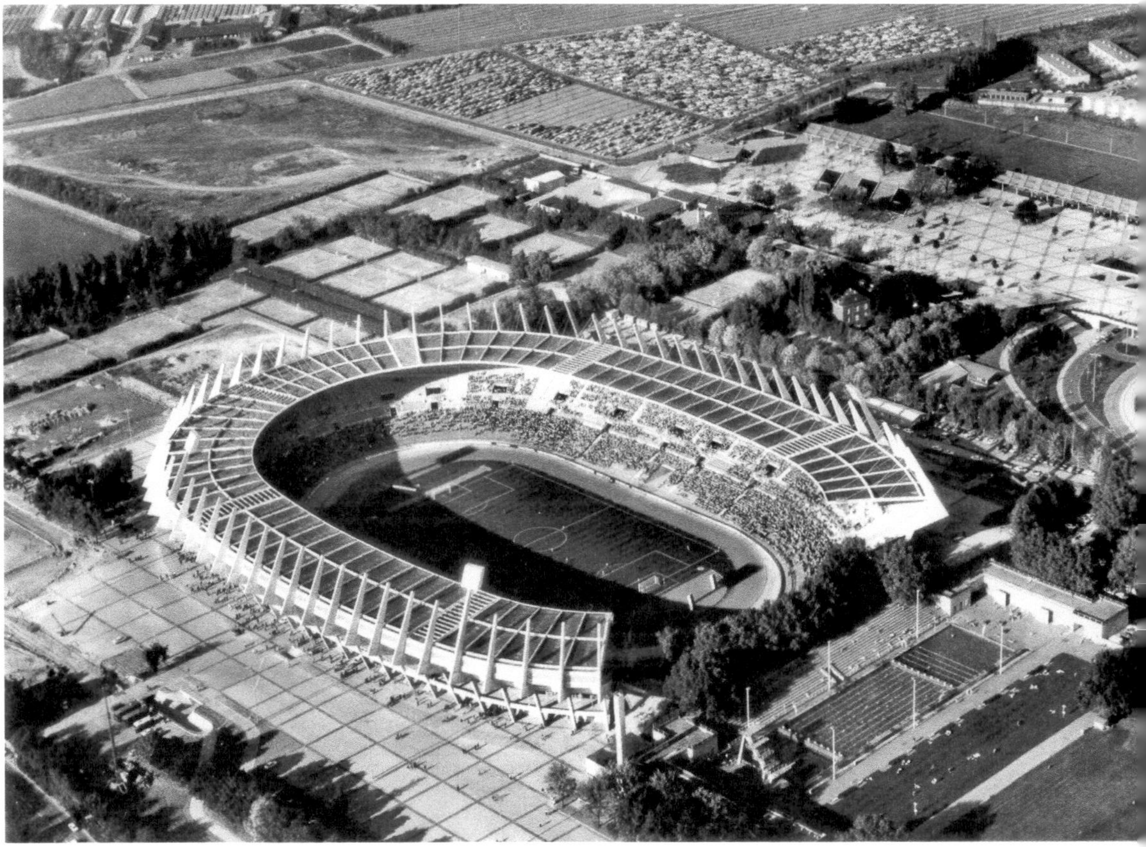

Rheinstadion (Oktober 1973) *Foto: Stadtarchiv Düsseldorf*

Weiterführende Informationen

Fotos des alten Rheinstadions und Interviews von Zeitzeugen erinnern an die interessante Geschichte der Spielstätte:
Bernd Nörig und Sabine Wilms: Rheinstadion Düsseldorf; Düsseldorf 2003.

Eine Fotostrecke auf spiegel-online dokumentiert den Abriss des Stadions:
www.spiegel.de/sport/fussball/rheinstadion-fotostrecke-der-charme-der-alten-betonschuessel-a-311427.html

Letztes Spiel der Fortuna im Rheinstadion:
www.youtube.com/watch?v=NOpQrM7BtRI

Sprengung des Rheinstadions:
www.youtube.com/watch?v=AZLMz15VQuM

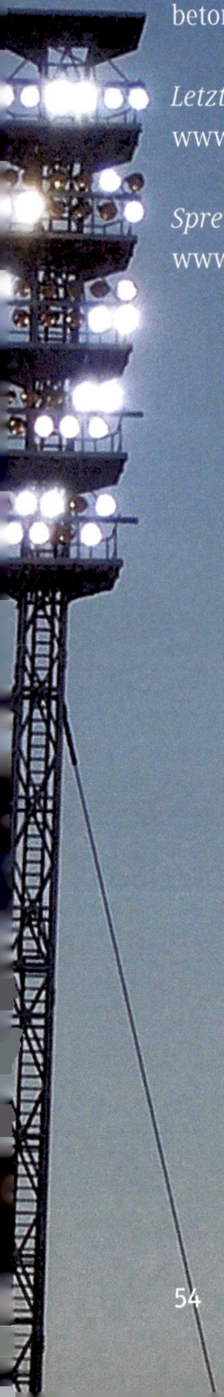

www.rot-weiss-essen.de/hafenstrasse/ente-boss-co/georg-melches-stadion/

Essen

Stadion an der Hafenstraße/ Georg-Melches-Stadion

Fassungsvermögen:	40.000 Zuschauer (Stand: 1969)
Eröffnung:	1939
Umbau:	1945 (Wiederaufbau), 1956 (Neubau der Haupttribüne und Errichtung der Flutlichtanlage), 1975 (Erweiterung und Überdachung der Gegengeraden), 1983 (Neubau der Osttribüne), 2005 (Neuaufteilung der Gegengeraden)
Besonderheit:	zu Ehren ihres langjährigen Präsidenten benannten die Verantwortlichen von Rot-Weiss Essen das Stadion an der Hafenstraße in Georg-Melches-Stadion um.
Abriss:	2012
Standort:	Hafenstraße 97 A, 45356 Essen

Besondere Spiele

National:	Rot-Weiss Essen – Bayern München 3:1 (21. Spieltag der Bundesliga 1970/71, 13.2.1971, 25.000 Zuschauer)
	Rot-Weiss Essen – Karlsruher SC 3:1 (Aufstiegsrunde zur 1. Bundesliga, 13.6.1980, 25.000 Zuschauer)
	Rot-Weiss Essen – Tennis Borussia Berlin 2:0 (DFB-Pokal-Halbfinale, 8.3.1994, 22.000 Zuschauer)
Länderspiele:	Deutschland – Zypern 12:0 (Qualifikationsspiel zur WM 1970, 21.5.1969, 40.000 Zuschauer)

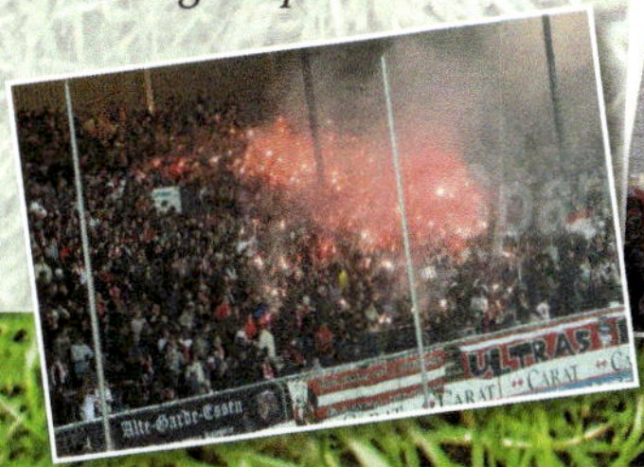

Vor dem Spiel gegen Eintracht Frankfurt (2004) Foto: Ansgar Spiertz

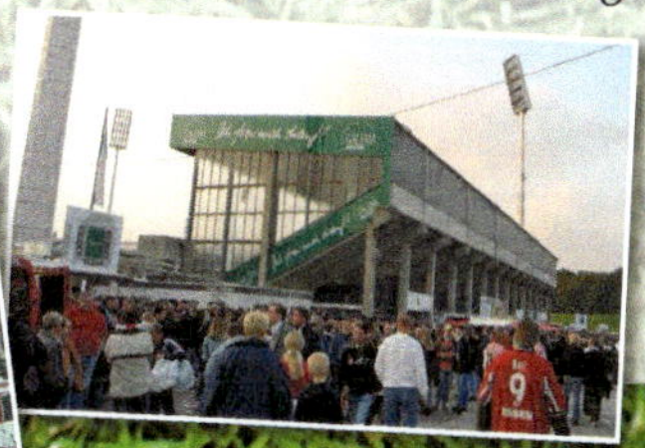

Stimmungsvoller Abend (2006) Foto: Ansgar Spiertz

Immer, wenn das Flutlicht angeht

Im Norden ihrer Stadt, im Stadtteil Borbeck erlebten die Essener über Jahrzehnte eine ganz besondere Symbiose. Eine Verbundenheit wie Paris mit dem Eifelturm oder Rio mit dem Zuckerhut: An der Hafenstraße entwickelte sich zuweilen eine unbeschreibliche Atmosphäre. Alles kumulierte im Stadion: Die Verbindung zwischen der Elf von Rot-Weiss Essen und dem stimmungsvollen Flutlicht, vorzugsweise an einem Freitagabend, nahm dann magische Züge an. Fußball und Scheinwerferlicht, das passte einfach im Georg-Melches-Stadion.

Es begann am 8. August 1956. Das Essener Publikum fieberte wochenlang diesem Datum entgegen. Erstmals sollte im Ruhrgebiet eine Flutlichtanlange zum Einsatz kommen. In imposanter Höhe hingen 120 Scheinwerfer auf den vier Masten und hüllten das Spielfeld in ein nie vorher gekanntes Licht. Das 100. internationale Spiel des SC Rot-Weiss Essen konnte beginnen. Die Meisterelf von 1955 putzte Racing Straßburg mit 4:0. Die Zuschauer genossen den Abend. Niemals zuvor trafen sie sich abends zu einer Begegnung ihrer Rot-Weissen. Die Liebe der Anhänger und der Mannschaft zum Flutlicht nahm ihren Anfang.

Die Hafenstraße und Flutlicht, das gehörte irgendwie zusammen. Bei den Abendspielen entwickelte sich oft eine eigene Dynamik unter den Zuschauern. Diese besondere Stimmung wirkte auf die Mannschaft wie ein Aufputschmittel. Unter den heißen Anfeuerungsrufen wuchsen den Rot-Weissen Flügel.

Die Zuschauer verwandelten das Georg-Melches-Stadion, kurz „GMS“ genannt, oftmals in einen Hexenkessel. Besonders in der Westkurve hinter dem einen Tor bildete sich eine Wand aus eingefleischten Fans. Brannte dann noch das Flutlicht, sprang der sprichwörtliche „Funke“ von den Rängen aufs Spielfeld über und wieder zurück.

Solch eine Atmosphäre entwickelte sich am 13. Juni 1980. An diesem Freitagabend empfingen die Essener den Karlsruher SC zum Relegationsrückspiel zur 1. Bundesliga. Eine Woche zuvor hatten die Essener Schlachtenbummler die Hoffnung auf den Bundesligaaufstieg bereits aufgegeben. Das Hinspiel hatten Mathias Herget, Frank Mill, Willi Lippens und Co. in Baden mit 1:5 verloren. Doch in der 70. Minute schoss Stürmer „Frankie“ Mill plötzlich das 3:0. Nun fehlte nur noch ein Tor für die erste Liga. Das Stadion bebte. „Ich bekomme heute immer noch eine Gänsehaut, wenn ich an die Momente nach diesem Tor denke. Alle lagen sich in den Armen und hofften auf das Wunder“, blickt Ex-Profi Dirk Helmig, damals noch als treuer Fan im Teenie-Alter in der Kurve, auf diese magischen Augenblicke zurück. Erst der Anschlusstreffer der Karlsruher riss die RWE-Anhänger zehn Minuten später aus ihren Träumen.

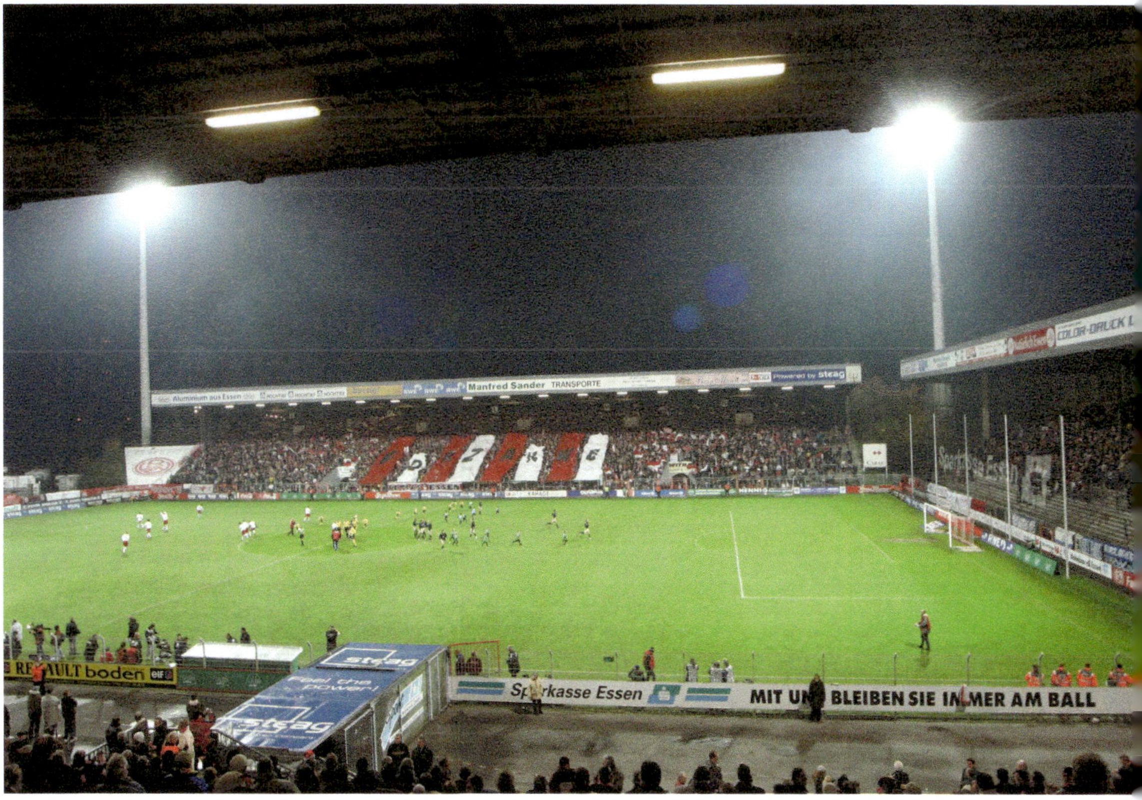

Besondere Stimmung unter Flutlicht (2004) *Foto: Ansgar Spiertz*

Die Abendspiele an der Hafenstraße entwickelten sich mehr und mehr zum Mythos. „Für die Mannschaft gab es kein Zögern. Wenn die Vereinsführung nach unserer Wunschansetzung eines Spiels fragte, fiel die Wahl stets auf den Freitagabend“, berichtet Dirk Helmig. Als kleiner Junge wohnte er mit seinen Eltern nur einen Steinwurf von der Hafenstraße entfernt. 1972 trat er der RWE-Schülermannschaft bei und kickte in den 1980er- und 1990er-Jahren für die Essener.

Seinen absoluten Flutlichtknüller gestaltete Dirk Helmig, von den Fans „Putsche“ genannt, fast im Alleingang selbst. Im Oktober 1995 empfingen die Essener die Elf von Bayer Leverkusen im Achtelfinale des DFB-Pokals. Mehr als 20.000 Zuschauer begruben eine gute Viertelstunde vor dem Ende ihre letzte Hoffnung. Soeben hatte Rudi Völler zum vorentscheidenden 4:2 getroffen. Nach dem Tor zum 3:4 peitschten die Fans ihre Mannschaft unaufhörlich an. Dann sorgte Dirk Helmig für ekstatische Gefühle der Zuschauer. Nur zwei Minuten nach dem Anschlusstreffer glich „Putsche“ aus. Das eigene Wort im Georg-Melches-Stadion zu verstehen, war nun keinem Zuschauer mehr möglich. Alle drehten durch. Das anschließende Elfmeterschießen entschieden dann zwar Völler und Co. für sich. „Trotzdem spendeten die Fans uns noch eine halbe Stunde nach Spielende Applaus und feierten uns. Keiner wollte nach Hause gehen“, fasst Helmig den unvergesslichen Abend zusammen.

Nicht nur bei Abendspielen bestach das alte Stadion an der Hafenstraße. Auch die 1956 eingeweihte Haupttribüne hatte es im wahrsten Sinne des Wortes in sich.

„Ich kannte den Platzwart Herrn Breitbach sehr gut und besaß zeitweise sogar einen Schlüssel für das Stadion. Ich ging fast jeden Tag hin“, lacht Helmig. Unter dem Tribünendach befanden sich einige Wohnungen. Der Platzwart fand dort sein Zuhause. Als junger Neuzugang von RWE mietete sich Willi Lippens eine Wohnung im Bauch der Tribüne. Neben dem für die 1950er-Jahre hochmodernen Kabinentrakt mit Massageräumen, Sauna und Entmüdungsbecken für die Spieler schlossen sich die Vereinsgaststätte und Geschäftsstellenräume an. Sogar eine Turnhalle diente den Aktiven zum Aufwärmen vor den Spielen. Die Haupttribüne galt als Ort der Begegnung. Dort war immer etwas los. Im Gegensatz dazu wirken die abgeschirmten, sterilen Tribünen moderner Prägung wie aus einer anderen Zeit.

Seit 2012 gehört das Georg-Melches-Stadion der Geschichte an. Selbst die seriöse FAZ schrieb zum Abschied: „Hier stirbt ein Stück Ruhrgebiet“. Flutlichtspiele gibt natürlich auch im Neubau – doch an die einzigartige Atmosphäre im GMS kommen sie noch nicht wieder heran.

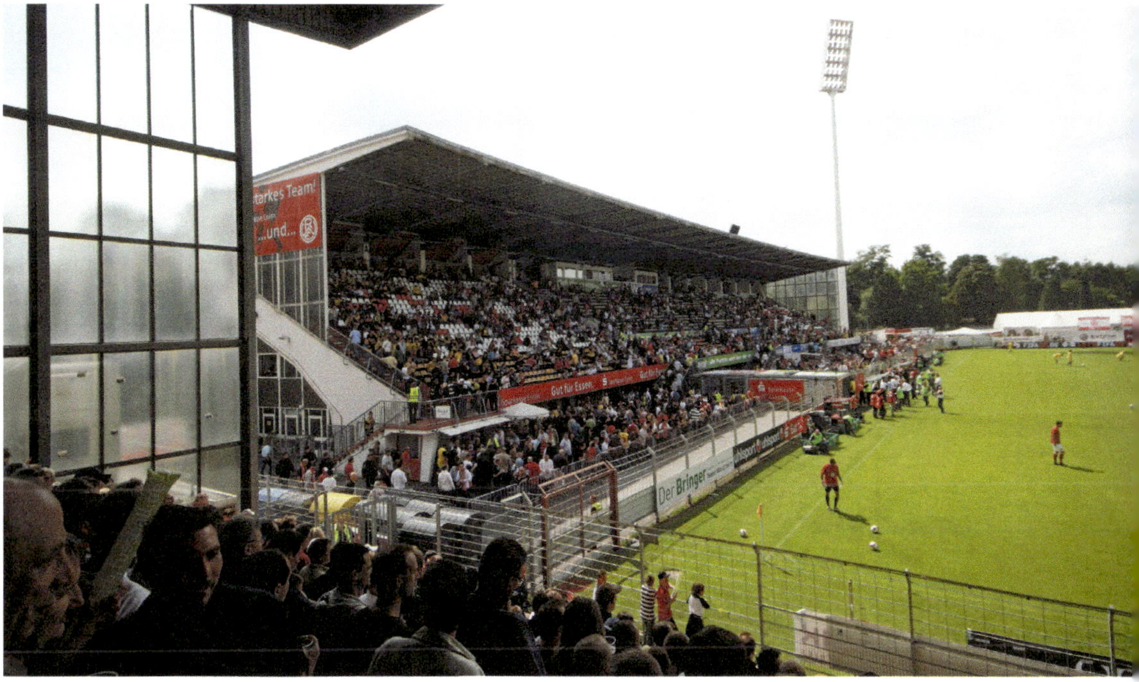

Alte Haupttribüne aus den 1950er-Jahren (2008) *Foto: Ansgar Spiertz*

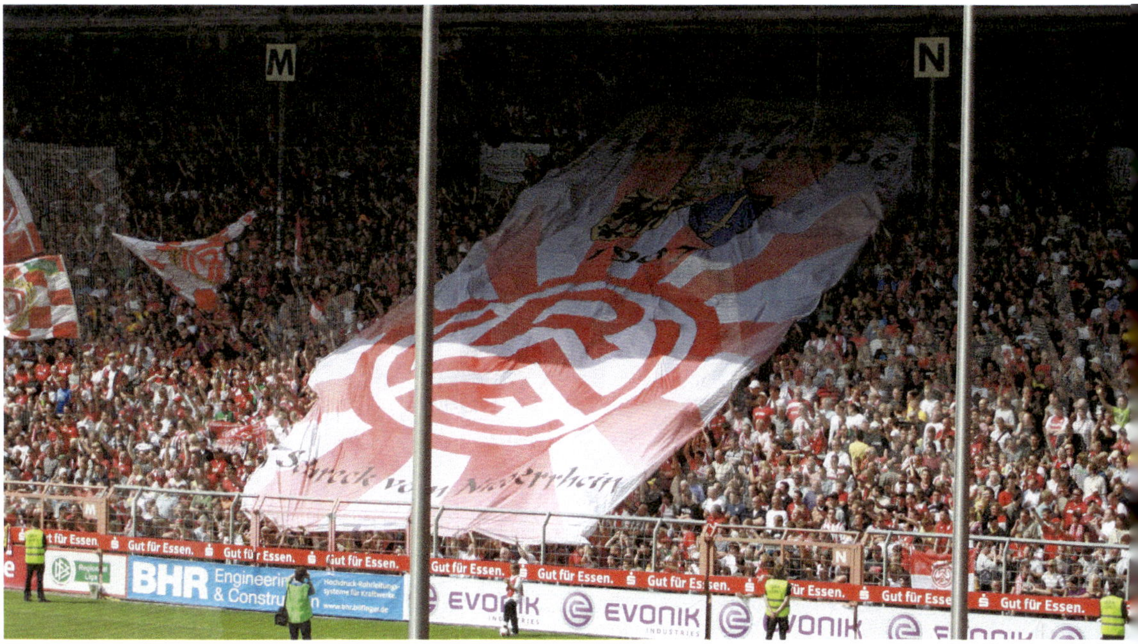

RWE-Fans (2008) *Foto: Ansgar Spiertz*

Weiterführende Informationen

Die beiden Autoren zeichnen auf über 200 Seiten die Stadionhistorie nach:
Georg Schrepper und Uwe Wick (2011): An der Hafenstraße, RWE!; Göttingen 2011.

Eine Zusammenstellung alter Fotos bietet die Internetseite des SC Rot-Weiss Essen:
www.rot-weiss-essen.de/hafenstrasse/ente-boss-co/georg-melches-stadion/

Andreas Rossmann lässt wehmütig ein Stück Ruhrgebiet sterben:
www.faz.net/aktuell/sport/fussball/essener-georg-melches-stadion-hier-stirbt-ein-stueck-ruhrgebiet-12185464.html

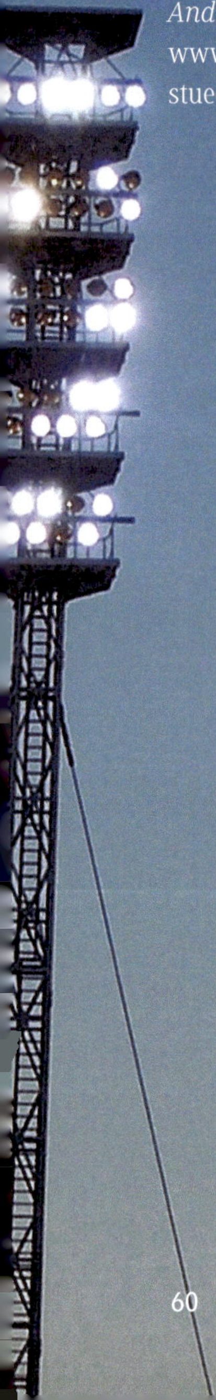

www.eintracht.de/stadion/geschichte/

Frankfurt

Waldstadion

Fassungsvermögen: 81.000 Zuschauer (Stand: 1959)

Eröffnung: 21.5.1925

Umbau: 1953,1972

Abriss: 2002

Standort: Mörfelder Landstraße 362, 60528 Frankfurt

Besondere Spiele

National:

Eintracht Frankfurt – Bayern München 6:0 (Bundesligasaison 1974/75, 15. Spieltag, 22.11.1975, 55.000 Zuschauer)

Eintracht Frankfurt – 1. FC Kaiserslautern 5:1 (Bundesligasaison 1998/99, 34. Spieltag, „Klassenerhalt in letzter Sekunde“, 29.5.1999, 58.200 Zuschauer)

International:

Eintracht Frankfurt – Glasgow Rangers 6:1 (Halbfinale des Europapokals der Landesmeister 1959/60, 13.4.1960, 72.000 Zuschauer)

Eintracht Frankfurt – Borussia Mönchengladbach 1:0 (UEFA-Pokal-Endspiel, 21.5.1980, 59.000 Zuschauer)

Länderspiele:

Deutschland – Polen 1:0 (WM 1974, 2. Finalrunde, „Die Wasserschlacht von Frankfurt“, 3.7.1974, 61.200 Zuschauer)

England – UdSSR 1:3 (EM 1988, Vorrundenspiel, 18.6.1988, 48.300 Zuschauer)

„Heiße Florida“ in zugiger Betonschüssel

Auf der Suche nach den Vorzügen des alten Waldstadions, die die Träume der erfahrenen Eintracht-Anhänger immer wieder mit Leben füllen, helfen mir meine persönlichen Erlebnisse nicht weiter. Als Abiturient sparte ich mir an jenem Herbstsamstag zwei Doppelstunden Mathe-Grundkurs im heimischen Sauerland, reiste im von Lotto Faber gesponsorten Fanbus in die Hessenmetropole und überstand einen tristen Fußballnachmittag im nassgrauen Rund. Aus der Gästekurve des VfL Bochum verfolgte ich die Bewegungen der stecknadelkopfgroßen Fußballer aus gefühlten zwei Kilometern Entfernung. Auf der Rückfahrt nahmen komplett durchgedrehte Fußballreisende – wohl unter starkem Einfluss der 1:4-Packung ihres VfL und eventuell auch höherprozentiger Getränke – den unteren Teil des Doppeldeckers auseinander. Ein Tisch flog bei voller Fahrt durch das Busfenster. Um Mitternacht durften alle an der Verwüstung des Gefährts Unbeteiligten die Polizeidirektion Bochum endlich verlassen. Was für ein wunderbarer Tag!

Bestimmt konnte das Waldstadion aber mit unvergesslichen Eigenarten punkten, die mir bisher unbekannt geblieben waren. Vielleicht kann mir ein echter Fan der Eintracht weiterhelfen. Spontan denke ich an Hendrik Nachtsheim. Der Comedian, die eine Hälfte des Duos „Badesalz“, Schauspieler sowie ehemaliger Leadsänger und Saxophonist der Rockband „Rodgau Monotones“ fühlt sich dem Frankfurter Traditionsverein seit Kindesbeinen an verbunden. Gerade spreche ich die letzten Silben meiner Frage aus, welche Vorzüge das Waldstadion alter Prägung hatte und welche Umstände sehnlichst vermisst werden, da sprudeln die Argumente aus „Henni“ Nachtsheim heraus wie Lavaströme aus dem Popocatepetl: „Das war ein zugiger Scheißkasten mit Null Flair und einer wahnsinnig breiten Aschenbahn. Selbst die Bratwurst schmeckte nicht, weil sie oft angebrannt auf der Pappe lag. Ganz ehrlich, mir fällt kein Grund ein, diesem Betonhaufen auch nur eine Träne nachzuweinen. Ich müsste mir jetzt pinocchiomäßig ein Argument überlegen, warum der Kasten früher besser war.“

Eine innige Liebe scheint sich also nie so richtig zwischen Stadion und Anhängerschaft entflammt zu haben. Aber Tendenzen für leichte Annäherungsversuche oder Sympathie muss es doch geben.

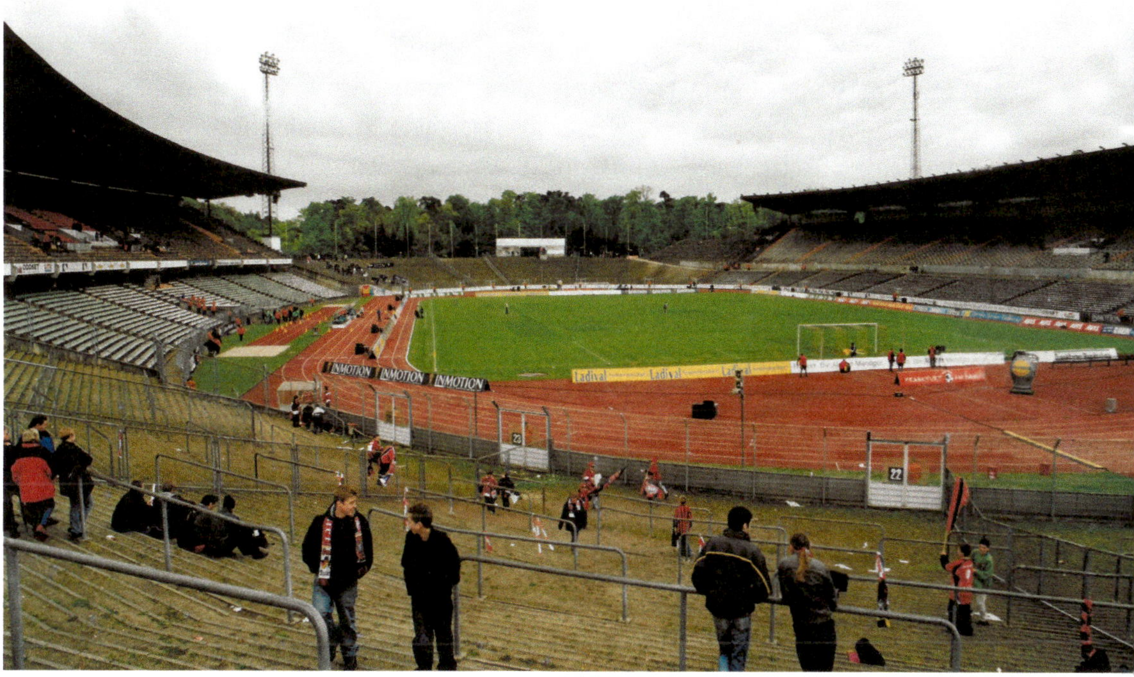

Viel Beton im alten Frankfurter Waldstadion *Foto: Roland Gerlach*

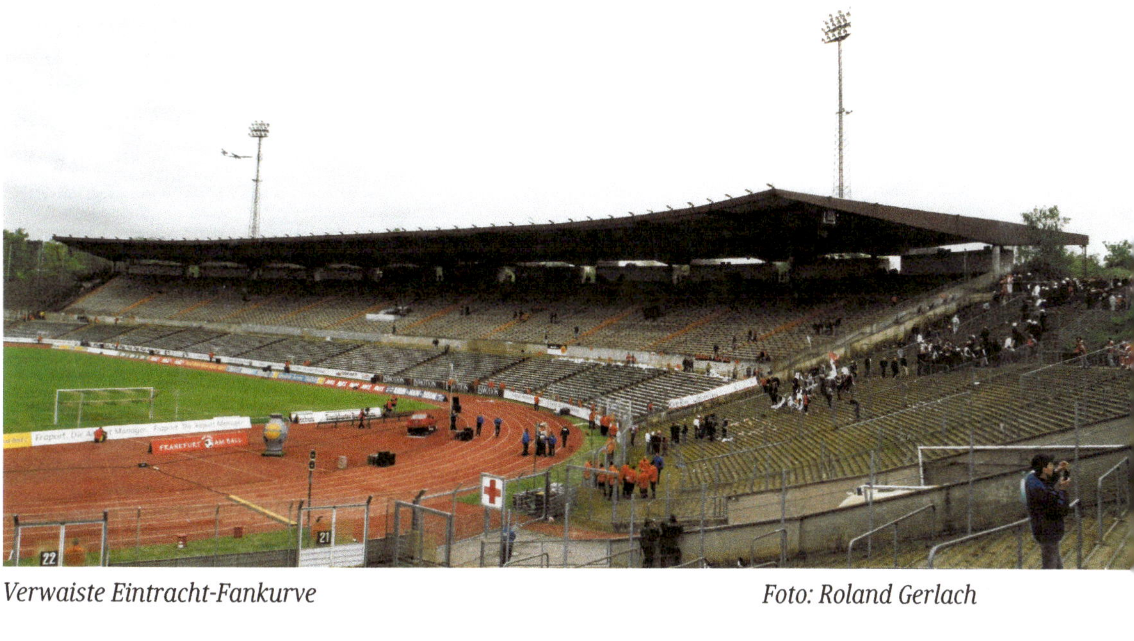

Verwaiste Eintracht-Fankurve *Foto: Roland Gerlach*

Henni Nachtsheim nimmt wohlwollend diesen Ball auf. „Im alten Stadion haben mich natürlich tolle Spieler wie Bernd Hölzenbein oder Jürgen Grabowski fasziniert. Sehr gerne erinnere ich mich an herausragende Spiele, allen voran an den UEFA-Cup-Sieg der Eintracht gegen Gladbach 1980 oder an Hölzenbeins legendäres Sitzkopfballtor einige Monate vorher. Auch die Okocha-Show gegen den KSC mit seinem Tor des Jahres 1993 habe ich heute noch vor Augen. Als grandios empfand ich das 6:3 gegen Reutlingen, das uns in der Ruine Waldstadion ohne die bereits abgerissene Gegentribüne den Aufstieg in die 1. Bundesliga sicherte. Genauso schwirren aber auch grausige Begegnungen in meinen Gedanken herum, wie ein 0:0 gegen den VfL Bochum im Herbst bei Regen."

Nur bei *dem* Spiel der Eintracht der jüngeren Vergangenheit saß Nachtsheim nicht auf seinem Stammplatz. Er hatte seiner Frau versprochen, zu Hause zu helfen. Er verfolgte aufgeregt die letzte Eintracht-Begegnung der Saison 1998/99 vor dem Bildschirm. Gerade als Jan Arge Fjörtoft mit seinem legendären Übersteiger zum 5:1-Sieg gegen den 1. FC Kaiserslautern traf, betrat seine Schwägerin das Wohnzimmer. Weder drehte er sich zu ihr um, noch reichte es zu einer Begrüßung. Schließlich sicherte sich die Eintracht just in diesem Moment auf der letzten Rille den Klassenerhalt. Henni Nachtsheim musste sich aber gegenüber Frau und Schwägerin für sein unhöfliches Verhalten verantworten. Das hing ihm lange nach.

Nachtsheim hält mit seiner Begeisterung für die neue Arena nicht hinter'm Berg. „Bestes Stadion ever: Die tolle Konstruktion mit dem Faltdach außen, innendrin ein Hexenkessel. Ich fahre oft wie berauscht von der Atmosphäre nach Hause. Das ist einfach ein genialer Kasten", schwärmt der Hesse.

Mir wird klar, es wird schwierig, einen in verklärten Erinnerungen schwelgenden Anhänger, der glühend alten Zeiten hinterher trauert, zu Hause weinend vor alten Stadionpostern kniet und Besuche in der schicken Arena boykottiert, aufzutreiben. Doch Licht macht sich am Horizont breit. Die Statements einiger Anhänger in Eintracht Frankfurt-Fanforen im Internet beschreiben den Charme des Arena-Vorgängerbaus: Die Besucher konnten problemlos Getränke mit ins Stadion bringen. Literweise floss der „Äppler" aus großen Kanistern in die durstigen Kehlen. Das Ambiente gestaltete sich heimelig-rustikal. Im Stehplatzblock sorgten zwei kleine Kioske für das leibliche Wohl der Fans. Dort zischten sich die Älteren im Sommer ihren „Ebbelwoi". Für die jüngeren Besucher hielten die Verkäufer eine ganz besondere Spezialität der Zeit bereit: Die „heiße Florida". Scharen von Kindern und Jugendlichen nippten an kühlen Wintertagen an den kleinen Fläschchen mit warmem Orangensaft. Die Ränge auf den mit Schotter aufgefüllten Stufen boten einen Komfort der Marke „Hausmannskost", gepolsterte VIP-Sessel mit Heizung suchten die Eintracht-Anhänger vergeblich. Trotzdem beendet ein User seinen Kommentar mit dem herzzerreißenden Eingeständnis: „Altes Waldstadion, ich vermisse dich!"

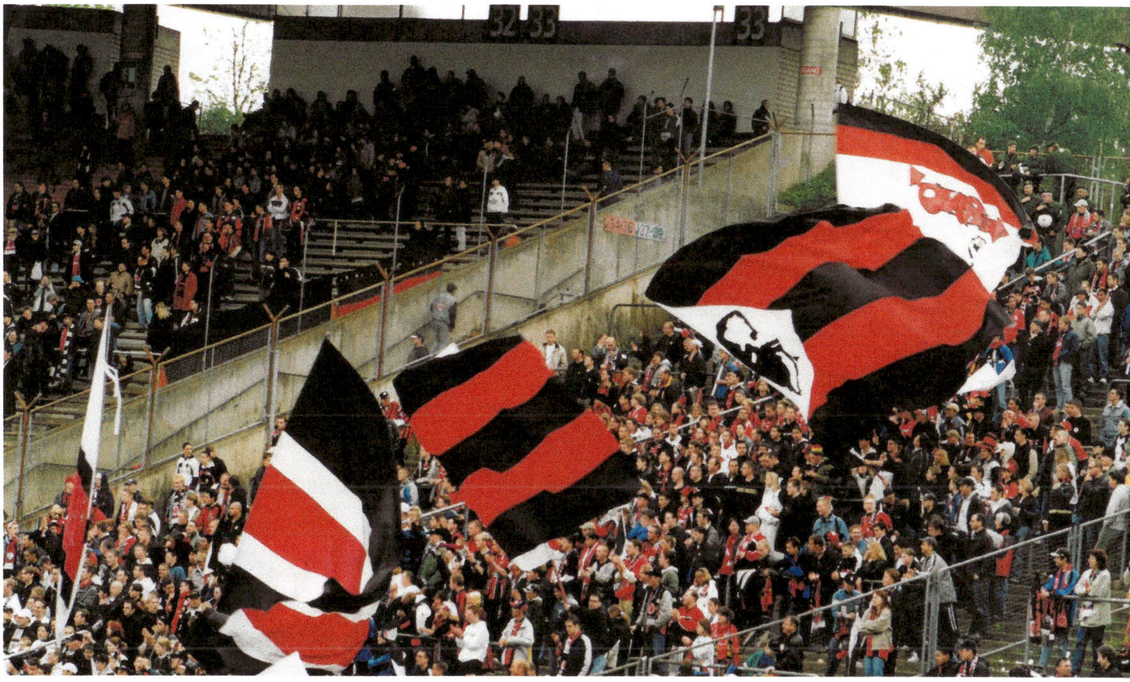

Die treuesten Eintracht-Fans in der Kurve *Foto: Roland Gerlach*

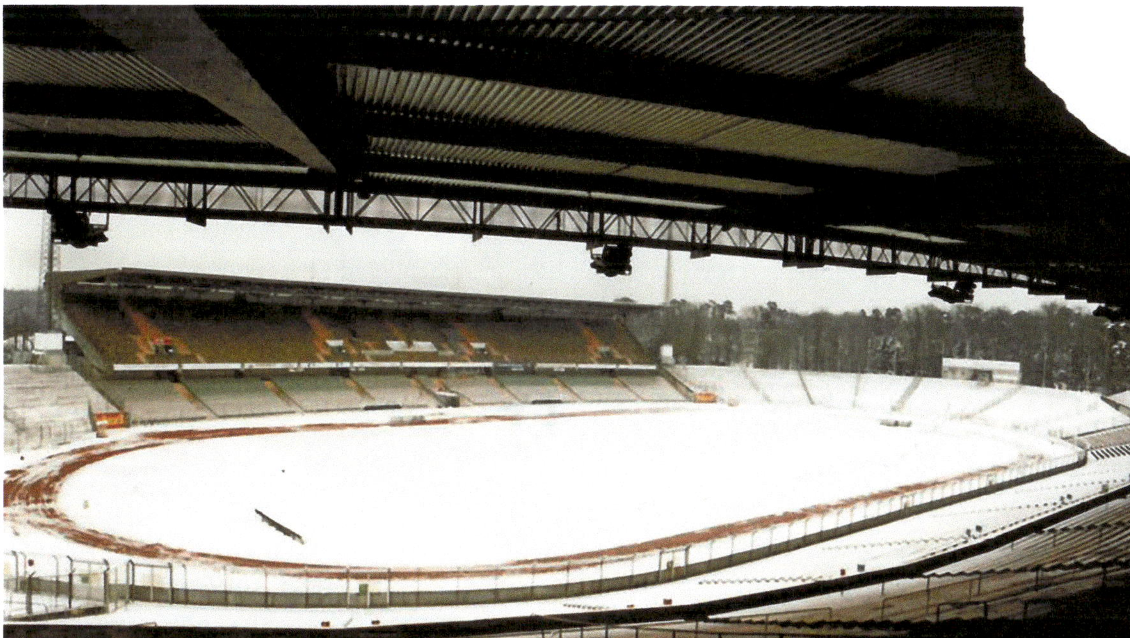

Winterstimmung *Foto: Roland Gerlach*

Das kann Roland Gerlach gut nachvollziehen. Mit etwas Wehmut denkt er an die alten Zeiten zurück. Stattliche 1.200 Pflichtspiele seiner Frankfurter Eintracht besuchte der ehemalige Banker, viele davon im Waldstadion. Das erste Mal blickte er im turbulenten Jahr 1968 in das riesige Rund. Er erschauderte vor Ehrfurcht. Die Atmosphäre packte ihn sofort. Eine Euphorie durchdrang seinen Körper. Er nahm alles intensiv wahr: das riesige Fahnenmeer in der Fankurve bedeckte die Köpfe der umherstehenden Anhänger. Die Anfeuerungs-Rufe gingen durch Mark und Bein. Die Tröten befeuerten die Bemühungen der Anhänger. Diese Stimmung löste bei dem damals 12-Jährigen Roland Gerlach vor allem eines aus: wohlige Gänsehaut.

Die Atmosphäre packte den Schüler von Spiel zu Spiel mehr. Langsam nahm sie alle seine Sinnesorgane in Besitz. Die in seinen Erinnerungen leckeren Bratwürstchen – kein Vergleich zu den standardisierten Produkten des lizenzierten Anbieters von heute – mischten sich mit dem Zigaretten-Qualm der Besucher. Der bis heute überzeugte Nicht-Raucher liebte ihn, inhalierte und genoss es, wenn die kleinen Wolken aus der Fankurve aufstiegen. Im matten Herbstlicht verschmolzen sie manchmal mit den Nebelschwaden über den Köpfen. Eine fast mystische Stimmung umgab dann die Tribünen. Der Mix aus Gerüchen waberte auf ihn zu, stieg ihm in die Nase und versetzte ihm einen weiteren Glücksschub. Dies vermittelte ihm ein Gefühl von Heimat und Zuhause. Das Waldstadion sollte zu seinem Wohnzimmer werden.

Doch im Gegensatz zum Wohnzimmer daheim kostete der Zutritt hier Geld. Was also tun? Roland Gerlach und seine Freunde inspizierten das Gelände rund um das Stadion. An einer Stelle bohrte sich eine kleine Mulde unter den Zaun. Etwas Herbstlaub und lockeres Erdreich bedeckten den kleinen Krater. Dieses Geschenk der Natur sollte den Jungs zukünftig als Schlupfloch dienen. Es gab nur ein dickes Problem. „Schwabbel" passte nicht durch das Loch. Ständig blieb der wohlbeleibte Michael stecken. Ein Teil der Freunde zog ihn, die anderen drückten ihn nach Kräften durch die viel zu kleine Mulde. Spätestens kurz vor Anpfiff standen acht bis zehn Schüler vereint nebeneinander, bei Regenwetter mit leicht matschigen Hosen.

Vollumfänglich umzäunte Stadien, Drehkreuze, elektronische Ticketkontrollen, Leibesvisitationen und gefühlte Hundertschaften an Ordnern verhindern „Schwarz-Besuche" heute.

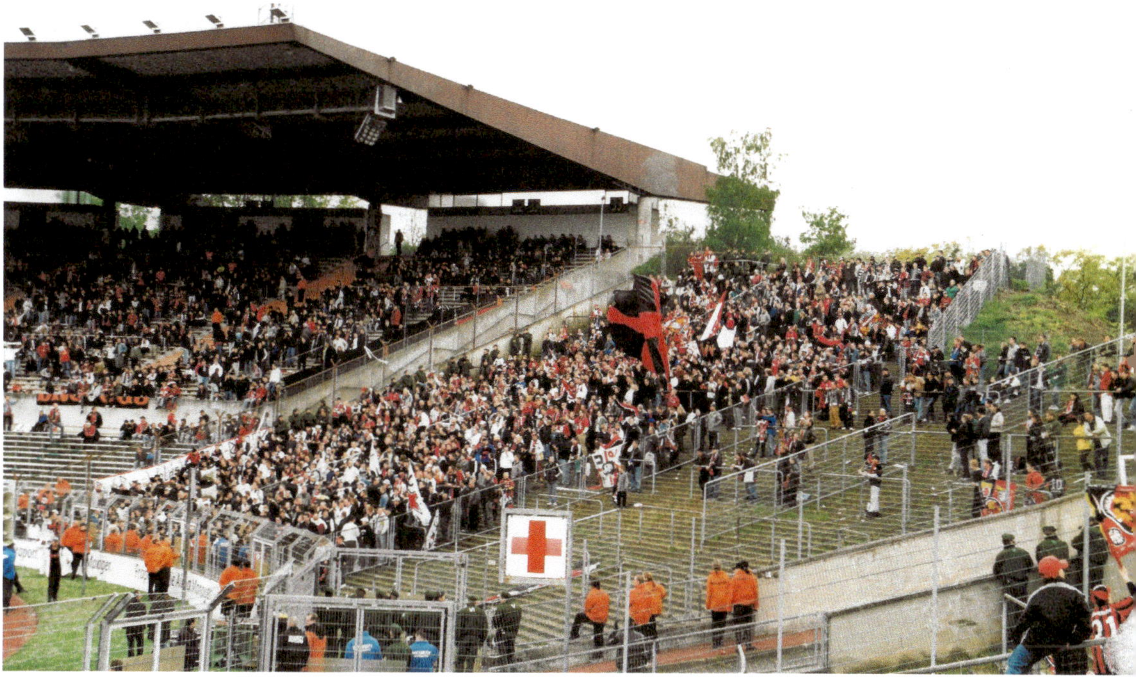

Eintracht-Fan-Block *Foto: Roland Gerlach*

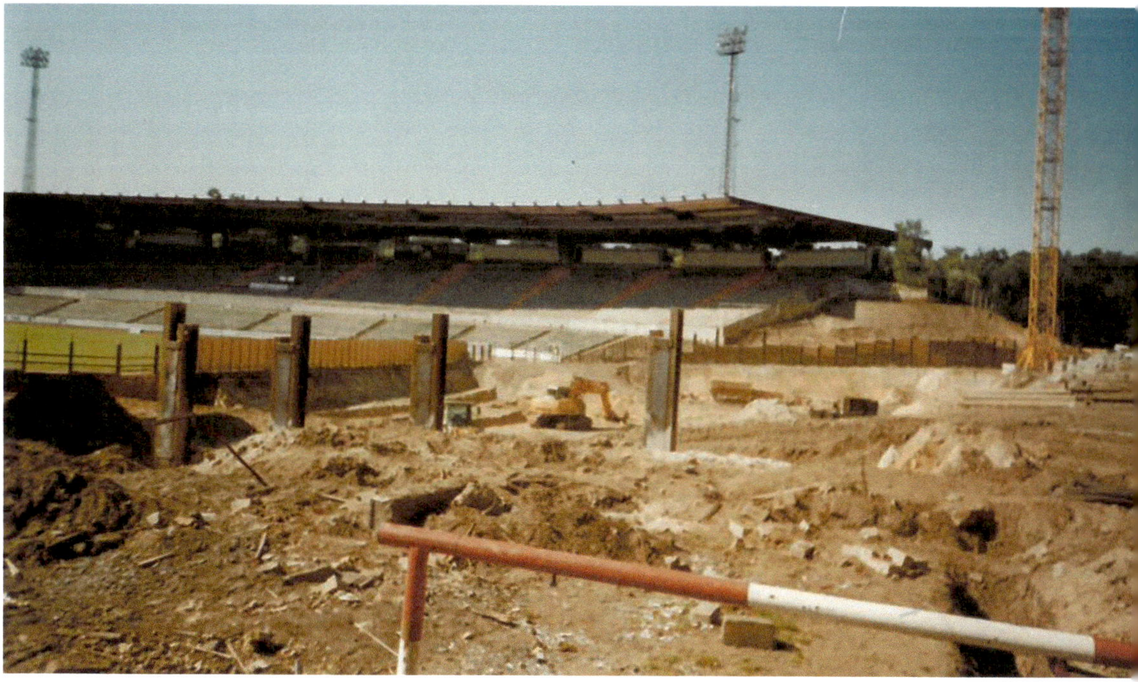

Abrissszene *Foto: Roland Gerlach*

In den kommenden Jahrzehnten bot das Waldstadion die Bühne für Auftritte der „launischen Diva". Müdes Gebolze löste innerhalb kürzester Zeit europäischen Spitzenfußball wie von einem anderen Stern ab. Die Fans durchlebten wahre Wechselbäder der Gefühle. Das Jahr 1980 fiel für alle unter die Rubrik des galaktischen Fußballs. Die Eintracht gewann den UEFA-Pokal. Roland Gerlach wertet dieses Ereignis als absolutes persönliches Highlight in seiner Fan-Karriere. Er besuchte alle Spiele, reiste sogar bis ins 1.800 Kilometer entfernte Bukarest. Nie vorher oder nachher bewegte ihn ein sportliches Erlebnis mehr. Danach folgten sehr magere Jahre. Unvergessen und Synonym für diese Zeit waren Freitag-Abend-Spiele gegen Teams aus dem Tabellen-Keller. Bei strömendem Regen, Windstärke 10 und Temperaturen um 0 Grad bolzte die „launische Diva" vor sich hin. Selbst Teams wie Bochum, Uerdingen, Hannover, Saarbrücken oder Blau Weiß Berlin gewannen bei der Eintracht. Die treuen Fans feierten schon ein klägliches Unentschieden. Trotzdem freute sich Roland Gerlach diebisch eine ganze Woche lang auf diese Spiele, um wenig später enttäuscht, durchfroren und durchnässt den Heimweg anzutreten. Doch diese Zeit schweißte die Fans zusammen. Sie hatten das Gefühl, auch in der schwersten Krise gemeinsam für ihren Verein alles zu geben.

Roland Gerlach bricht daher eine Lanze für das alte Waldstadion: „Unser altes Stadion hatte wie fast alle anderen einen gewissen Charme, ein Flair, eine Seele, die ich heutzutage vermisse. Hätte das alte Waldstadion Schutz vor Nässe, Wind und Kälte geboten, ich würde es mir zurückwünschen, lieber heute als morgen. Und wären diese seelenlosen, neuzeitlichen Betonklötze nicht so witterungsresistent, das Event-Publikum liefe in Scharen davon."

Weiterführende Informationen

Eine ausführliche Zusammenstellung der Stadion-Historie bietet sich auf der Internetseite der Frankfurter Arena:
www.commerzbank-arena.de/die-arena/geschichte

Auch wenn das Stadion und der Umbau nur am Rande behandelt werden, ist dieses Buch sehr lesenswert. Aus der Sicht eines kleinen Mädchens, das Fragen zur Eintracht stellt, wird die Historie des Vereins und des Stadions aufbereitet:
Hendrik Nachtsheim und Michael Apitz Adlerträger: Lilli Pfaff und die Geschichte von Eintracht Frankfurt; Frankfurt am Main 2015.

Mit alten Stadionfotos und einer umfassenden Darstellung der Clubhistorie mit vielen Exponaten lockt:
Eintracht-Museum in der Haupttribüne der Arena, Mörfelder Landstraße 362, 60528 Frankfurt.

WM-Begegnung Deutschland – Polen vom 3.7.1974 („Die Wasserschlacht von Frankfurt: Lato und Hölzenbein erinnern sich"):
www.youtube.com/watch?v=6rWLvXiG7_s

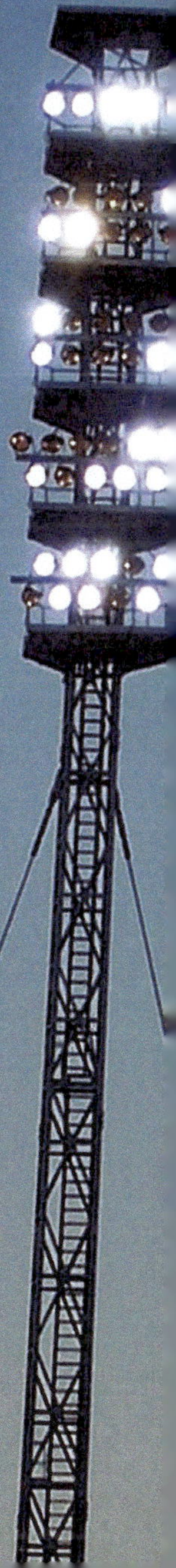

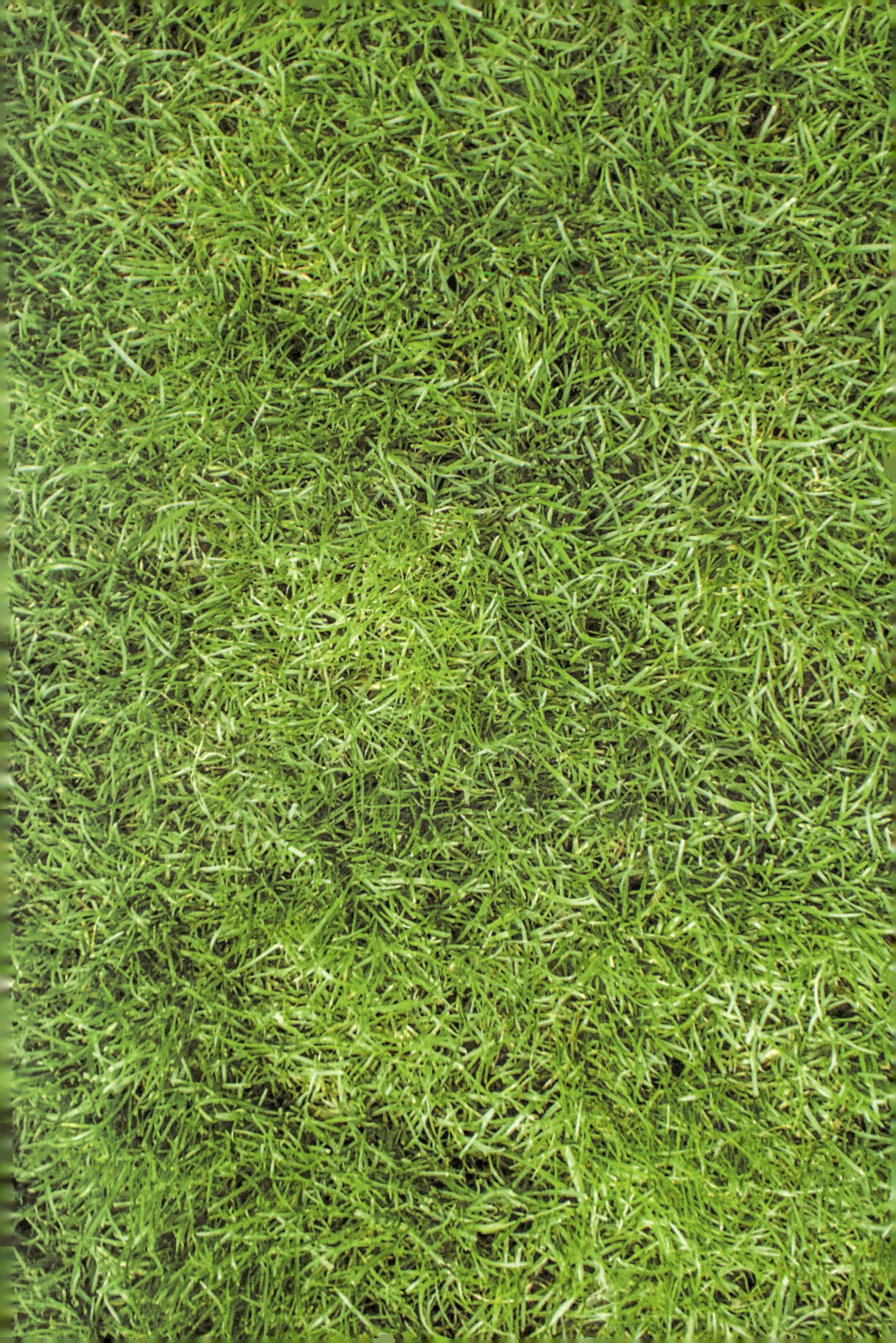

www.greuther-fuerth.de/stadion/historie-ronhof.html

Fürth

Sportpark Ronhof

Fassungsvermögen:	30.000 Zuschauer (Stand: 1951)
Eröffnung:	1910
Abriss/Umbau:	zahlreiche (Teil-)Abrisse und Umbauten, z. B.: 1919, 1930, 1951, 1997, 1999, 2003, 2007
Standort:	Laubenweg 60, 90765 Fürth
Besonderheit:	Nach den Stuttgarter Kickers und Altona 93 spielt die Spielvereinigung (SpVgg) Fürth am drittlängsten am gleichen Ort in Deutschland.

Besondere Spiele

National:

SpVgg Fürth – Berliner BC 4:3 n. V. (Halbfinale der deutschen Fußballmeisterschaft, 17.5.1914, 10.000)

SpVgg Fürth – 1. FC Nürnberg 1:0 (1.4.1951: 30.000 Zuschauer im überfüllten Stadion bilden bis heute den Besucherrekord)

SpVgg Fürth – Borussia Dortmund 3:1 (1. Runde des DFB-Pokals 1990/91, 4.8.1990, 3.800 Zuschauer)

International:

In den frühen Jahren des Sportparks trug die SpVgg Fürth Freundschaftsspiele gegen ausländische Clubs aus. Z. B. gegen:

Tottenham Hotspur	2:2 (1914)
Inter Mailand	2:3 (1914)
MTK Budapest	1:0 (1921)
Slavia Prag	3:2 (1922)

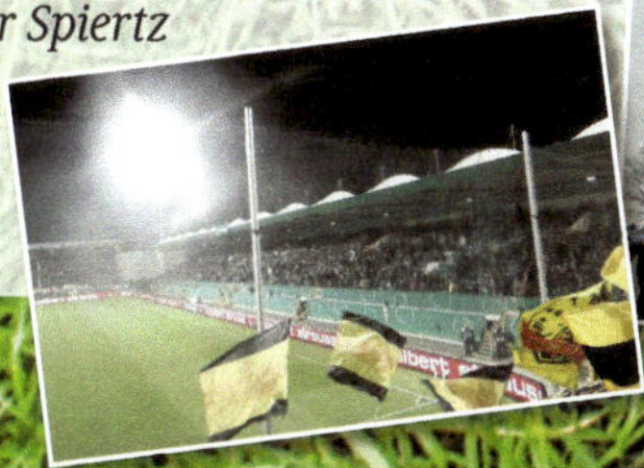

Moderne Arena (DFB-Pokalspiel Fürth – Borussia Dortmund, 2012) Foto: Ansgar Spiertz

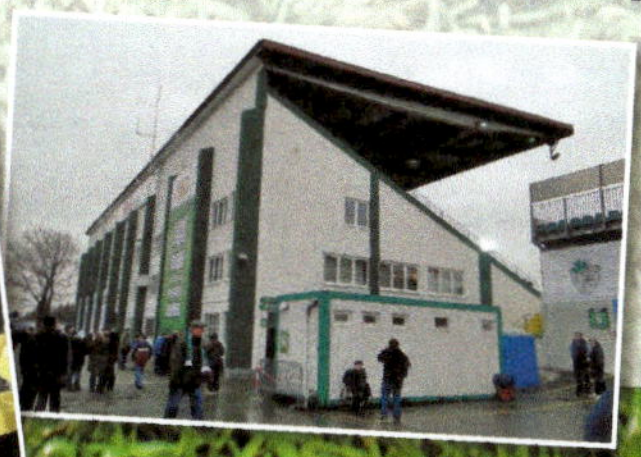

Haupttribüne (2011) Foto: Ansgar Spiertz

Im Kinderzimmer des Henry K.

Der Gegensatz könnte kaum größer sein. Vor über 100 Jahren zogen die Spieler der SpVgg Fürth in ihre Spielstätte ein. Bis heute kicken die Grün-Weißen an derselben Stelle. 1910 fanden Mannschaft und Zuschauer im „Sportplatz am Ronhofer Weg gegenüber dem Zentral-Friedhof“ zusammen. Der sperrige Name symbolisiert eine längst vergessene Fußballzeit. Er vermittelt das Gefühl eines idyllischen, ruhigen Fleckens Erde. Der Rummel rund um den gehypten, überdrehten Fußballzirkus schien damals undenkbar. Später setzte sich die Bezeichnung „Sportpark Ronhof“ durch. Dieser galt viele Jahrzehnte. Bis Ende der 1990er-Jahre sollte so die Spielstätte der Fürther im Stadtteil Ronhof heißen. Dann sprang auch der Club auf die einsetzende Welle auf, Stadionnamen vermarkten zu können. Ab 1997 spielte der frisch gebackene Aufsteiger in die 2. Bundeliga im umgebauten und deutlich erweiterten „Playmobil-Stadion“. Fußballnostalgiker müssen über diesen Namen immer noch schmunzeln. Ist dieser doch gefühlter Inbegriff für die zunehmende Kommerzialisierung der Stadionnamen in Deutschland. Gleichsam verdeutlicht die Umbenennung den Wandel des Fußballsports. Von einer Randerscheinung, den die Bevölkerung vor dem Ersten Weltkrieg kaum wahrnahm, kommt dem Sport heute eine gesellschaftlich und vor allem wirtschaftlich immense Bedeutung zu. Dieser Gegensatz lässt sich in und an diesem Stadion in einzigartiger Weise nachvollziehen.

Das alte Stadion symbolisiert eine längst vergangene Fußballwelt. Daneben spiegelt es die erfolgreichsten Zeiten des Vereins wider. 1914, 1926 und 1929 errang die SpVgg Fürth die deutsche Meisterschaft. Dies sollte nie mehr gelingen. In den 1920er-Jahren erblickte in Fürth auch der wohl prominenteste Anhänger der Spielvereinigung das Licht der Welt. Der spätere US-Außenminister Henry Kissinger erlebte bis zu seiner Emigration in die USA im Jahr 1938 einige Spiele im Ronhof. Heimlich besuchte er die Begegnungen. Sein Vater hätte ihn lieber als Gast im Opernhaus gesehen und stand deshalb den Besuchen im Ronhof eher skeptisch gegenüber. Die Verbundenheit und Leidenschaft für seinen Verein hat Kissinger bis heute behalten. Während seiner Zeit als Politiker ließ er sich regelmäßig von der deutschen Botschaft in den USA die Ergebnisse seiner geliebten Spielvereinigung übermitteln. 2012 besuchte Henry Kissinger den Ronhof nach vielen Jahrzehnten erneut. Er verfolgte die 0:2-Niederlage seines Clubs gegen den FC Schalke am Sehnsuchtsort aus Kindertagen.

In den frühen Jahren des Fußballs galt die Spielvereinigung als eine der besten Mannschaften Deutschlands. Wegen des Kleeblatts im Vereinswappen statteten die Fürther ihre Elf mit ebensolchem Spitznamen aus. Einen ersten Höhepunkt erlebten der überfüllte Ronhof und die Anhänger der Kleeblätter im Jahr 1914 am Vorabend des Ersten Weltkriegs. Etwa 10.000 Zuschauer zitterten mit ihrem Verein im Halbfinalspiel der Deutschen Fußballmeisterschaft gegen den Berliner BC 03. Mehrere Verlängerungen brachten keine Ent-

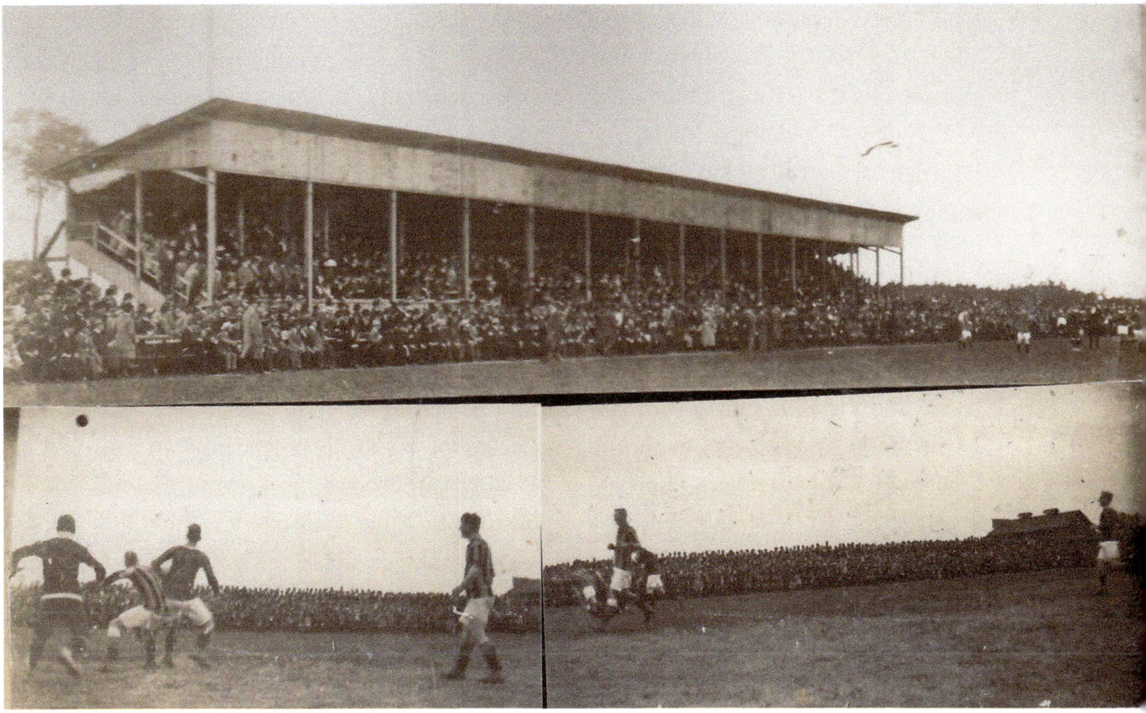

Eindrücke aus dem Stadion (1914): Halbfinalspiel der Deutschen Fußballmeisterschaft
Foto: Archiv der SpVgg Greuther Fürth

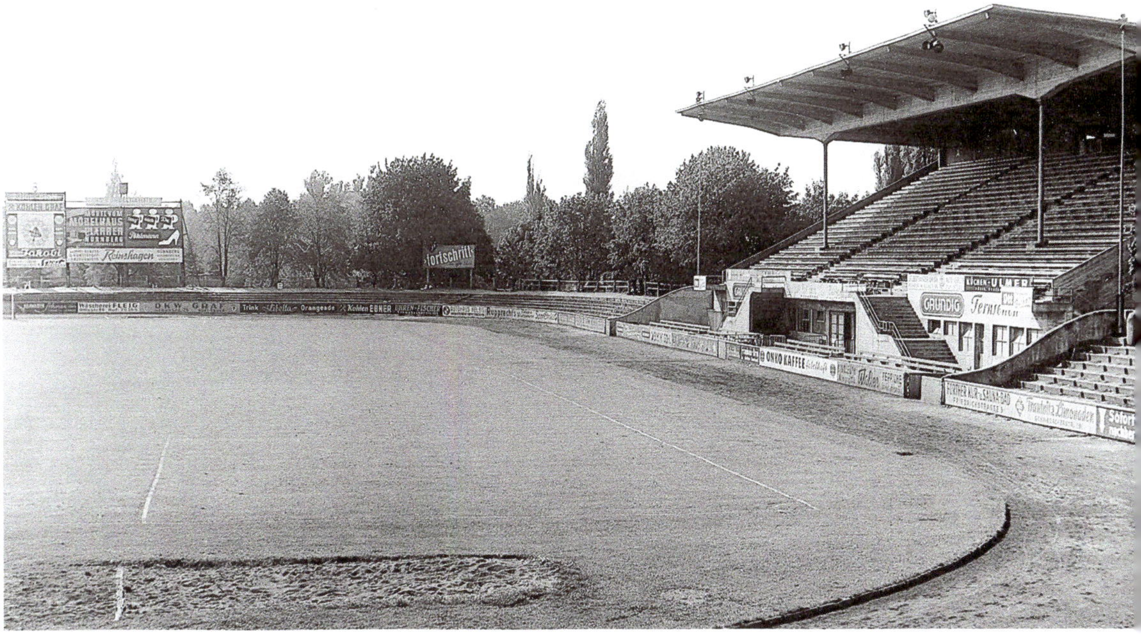

Haupttribüne Mitte der 1960er-Jahre *Foto: Archiv der SpVgg Greuther Fürth*

scheidung. Ein Elfmeterschießen gab es damals noch nicht. Nach unendlichen 146 Minuten Spielzeit ebneten die Kleeblätter durch das erlösende 4:3-Siegtor den Weg zu ersten Fußballmeisterschaft. Die Holztribüne quoll vor Menschen über. Auf den übrigen Stehrängen standen die Besucher dicht gedrängt.

In den 1930er- bis 1960er-Jahren sahen die Anhänger wechselweise Erst- und Zweitligafußball im Ronhof. Starke Kriegsschäden zerstörten Teile des Ronhofs. 1951 weihte der Club eine neue, schmucke Haupttribüne ein. Diese stand bis zum Frühjahr 2016. In der Zeit zwischen 1963 und 1983 hielt sich der Club stets in der zweiten Liga. Ein Blick in das weite Oval des Ronhofs der 1960er-Jahre lässt Freunde der Nostalgie mit der Zunge schnalzen. Das Stadion wirkt wie ein Gegenentwurf zu den modernen Arenen heute. Die charakteristische Haupttribüne mit Steinaufgängen am unteren Teil überragt die anderen Ränge. Eine Aschenbahn umringt den ovalförmigen Rasenplatz samt Sprunggrube. Banden aus Holz grenzen die Tribünen vom Sportfeld ab. Eine große Spielzeitanzeige mit Zeigern wirkt im Vergleich zu den hochauflösenden Videowürfeln in einigen Arenen wie ein Relikt aus der Fußball-Steinzeit. Daneben werben lokale Unternehmen auf einer riesigen Tafel: „Kohlen Graf“ oder „Kunststoff Reinshagen“ sorgten für Lokalkolorit statt global agierender Konzerne. Alter Baumbestand umsäumt die oberen Stehtraversen. Eine Idylle für Nostalgiker wie sie im Buche steht!

In den 1980er-Jahren geriet der Club finanziell zunehmend unter Druck. Die Kleeblätter stürzten bis hinunter in die Landesliga ab. In ihrer wirtschaftlichen Not verkaufte die Vereinsführung den Sportpark Ronhof samt Namenrechte an den Fürther Großunternehmer Horst Brandstätter, der als Inhaber der Firma „Playmobil“ weltbekannt wurde. In den Jahren 1997 bis 2010 erinnerte der Stadionname die Fans bei jedem Heimspiel an die bunten Figuren aus Plastik. 2010 bis 2014 pilgerten die Fürther in die Trolli Arena. Als Namensgeber fungierte jedoch kein Hersteller von Koffern im Kleinformat, sondern ein Süßwarenhersteller mit Firmensitz in Fürth.

Heute trägt das Stadion der Kleeblätter den skurrilen Namen „Sportpark Ronhof Thomas Sommer“. Dies klingt eher nach einem lokalen Fitness-Studio oder Tennis- und Squashcenter. Der Fürther Immobilienunternehmer Thomas Sommer hat sich vorerst die Namensrechte an der Traditionsspielstätte gesichert. Die Benennung verdeutlicht den Versuch des Vereins, Tradition und wirtschaftliche Interessen zu verbinden. Der dabei entstandene Kompromiss zaubert dem Fußballfan zumindest ein Lächeln ins Gesicht. Leider ist der Abriss der 65 Jahre alten Haupttribüne mittlerweile erfolgt. Damit verschwand ein letztes Relikt aus den alten Tagen des Ronhofs.

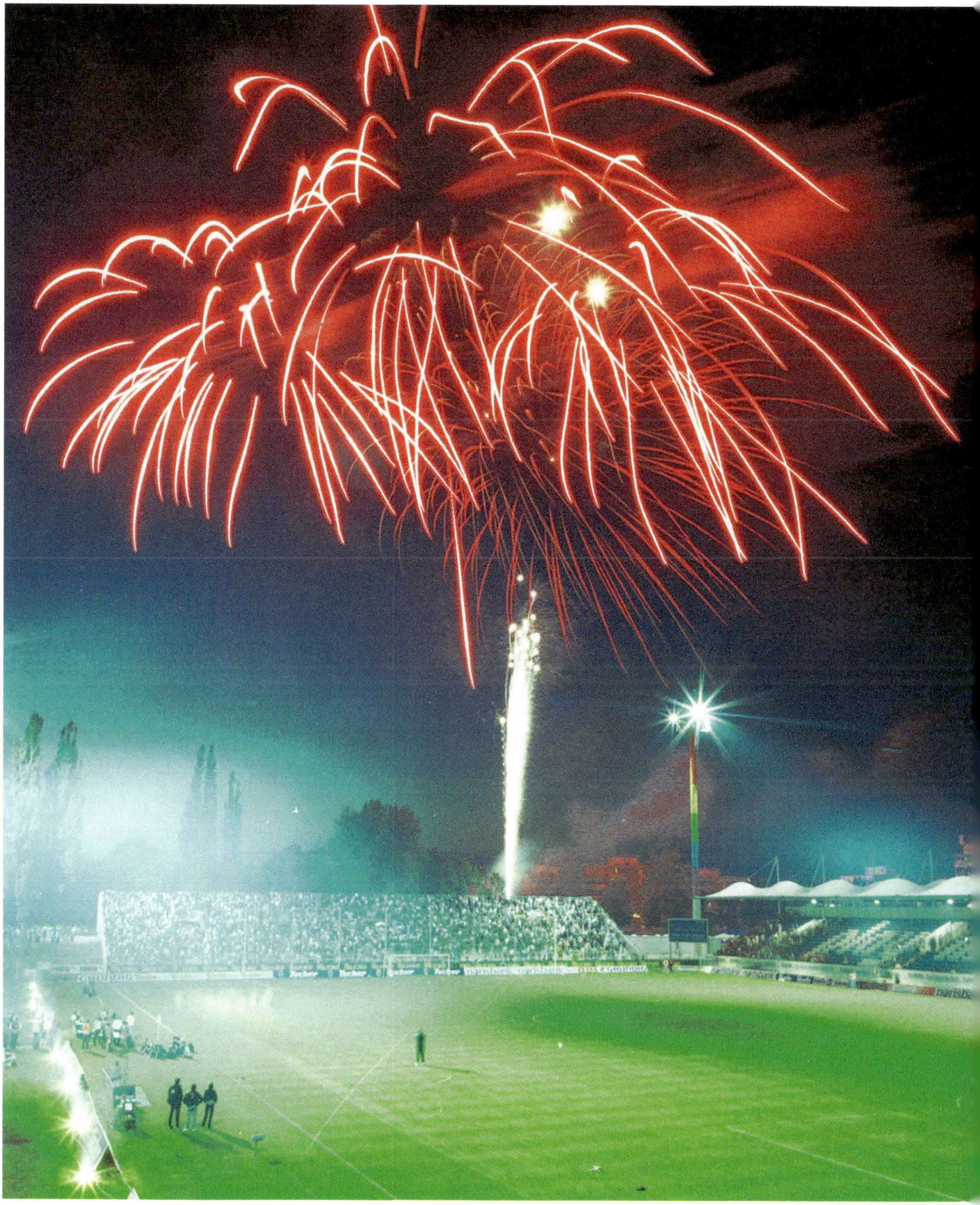

Einweihung der Flutlichtanlage mit einem Feuerwerk (1999)

Foto: Archiv der SpVgg Greuther Fürth

Weiterführende Informationen

Auf der Internet-Homepage der SpVgg. Greuther Fürth finden sich *beeindruckende Fotos aus alten Zeiten sowie eine Beschreibung der Stadiongeschichte:*
www.greuther-fuerth.de/stadion/historie-ronhof.html

Kurzbescheibung:
Werner Skrentny (Hg.): Das große Buch der deutschen Fußballstadien: Göttingen 2010. S. 134–137.

Eine sehr ausführliche Aufbereitung der Clubgeschichte und der Historie der Spielstätte:
Jürgen Schmidt: Das Kleeblatt – 100 Jahre Fußball im Fürther Ronhof; Fürth 2010.

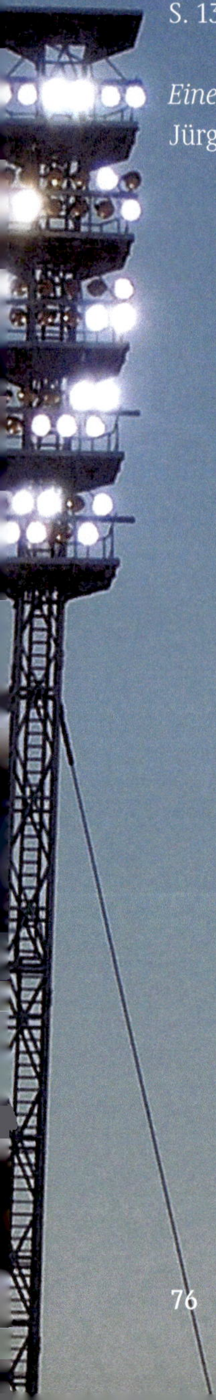

Hintergrundbild: © Verena N./pixelio.de

www.schalke04.de/de/stadion-und-tickets/ehemalige-stadien/parkstadion/page/585--585--.html

Gelsenkirchen

Parkstadion

Fassungsvermögen:	70.600 Zuschauer (Stand: 1973)
Architekt:	Horst Klement
Eröffnung:	1973
Umbau:	1998
Teilabriss:	ab 2004
Standort:	Schweidnitzer Straße 13, 45891 Gelsenkirchen

Besondere Spiele

National:	FC Schalke 04 – Bayern München 6:6 n. V. (DFB-Pokal-Halbfinale 1983/84, 2.5.1984, 70.600 Zuschauer)
	FC Schalke 04 – SpVgg. Unterhaching 5:3 (34. Spieltag der Bundesliga 2000/2001, „Meisterschaft der Herzen", 19.5.2001, 65.000 Zuschauer)
International:	FC Schalke 04 – Inter Mailand 1:0 (UEFA-Pokal-Finale 1996/97, Hinspiel, 7.5.1997, 56.800 Zuschauer)
Länderspiele:	Niederlande – Argentinien 4:0 (WM 1974, 2. Runde, 30.6.1974, 55.000 Zuschauer)
	Deutschland – Dänemark 2:0 (EM 1988, Vorrundenspiel, 14.6.1988, 68.800 Zuschauer)

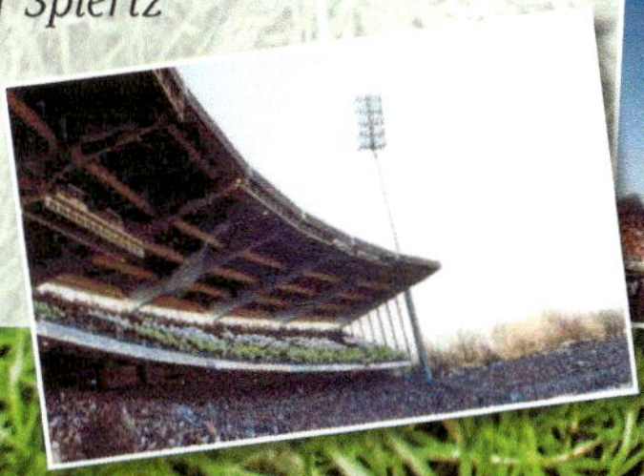

Haupttribüne und ein Teil der Nordkurve (2001)
Foto: Ansgar Spiertz

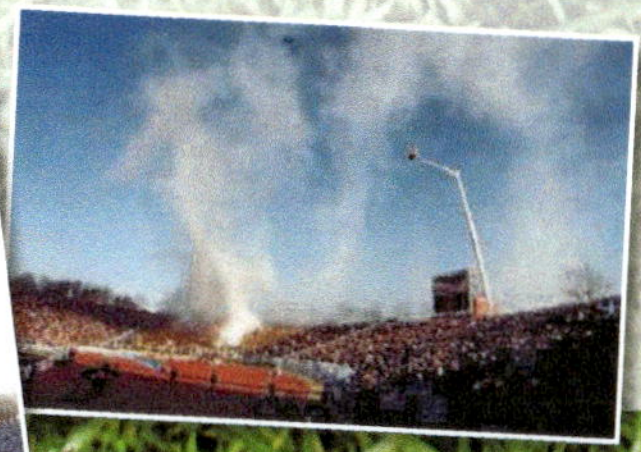

Südkurve (2001)
Foto: Ansgar Spiertz

Mit „Catweazle" und „Trompeten-Willy" gegen die Tristesse

Zugig auf einer kleinen Anhöhe im Berger Feld gelegen, breitete sich der Betonkoloss aus. Drei offene Tribunenseiten verhinderten jeglichen Schutz vor Wind und Wetter. Gesellte sich dazu noch der legendäre Wind, dessen Böen den Anhängern ins Gesicht schlugen und näherten sich die Temperaturen dem Gefrierpunkt, entwickelte das Parkstadion den Charme einer Polarstation in der Antarktis.

Einzig die Fans hauchten dem Ungetüm Leben ein. Die Treuesten standen unter der Anzeigentafel in der Nordkurve. In den fußballerisch öden 1980er-Jahren schrien hier wenige tausend Kehlen gegen die Betontristesse an. Hohe Zäune und die breiten Tartanbahnen trennten Zuschauer und Spieler. Schon der Fußmarsch zum Spiel konnte an nassen Herbsttagen zum Leidensweg mutieren. Die Schalke-Fans schlitterten ihrem Ziel auf dem Matsch der Pfade, die sich durch die Grünanlagen rund um das Parkstadion schlangen, entgegen. Nur um sich dann 90 Minuten nassregnen zu lassen und schließlich komplett zur Eissäule zu erstarren. Diese archaische Erlebniswelt können viele jüngere Besucher der heutigen Arena kaum noch nachvollziehen. Die Hingabe zum Verein musste schon grenzenlos sein, um sich auf einen solchen Besuch einzulassen.

Doch das Stadion offenbarte noch eine andere Seite. Die Nordkurve brachte bis heute unübertroffene Fan-Originale hervor. „Catweazle" kletterte auf einen Lautsprechermast im Block 5 und überragte so die Köpfe der Fans. Er gab den Takt der Schlachtgesänge mit wuchtigen Schlägen auf seiner Trommel an. Mit Rauschebart und langer Haarpracht war er ein Abbild der berühmten Serienfigur des Hexenmeisters. Fast 30 Jahre lang begleitete der Antiquitätenhändler den FC Schalke nach Meppen, München und Mailand. Auf seine Trommelschläge hin drangen aus hunderten Kehlen Schlachtruf-Klassiker wie „Ess-Nuuull-Vier". Mit der neuen Arena ist „Catweazle", der eigentlich Karl-Heinz Olschewski hieß, aber nie warm geworden. Nur noch selten besuchte Olschewski, der die letzte Schalker Meisterschaft 1958 vor Ort miterlebte, die Spiele seiner Mannschaft. Als ein Fan alten Schlags fühlte er sich dort nicht wohl, zuviel Glitzer, Glamour und Sitzplatzpublikum. 2013 verstarb Olschewski leider im Alter von nur 69 Jahren.

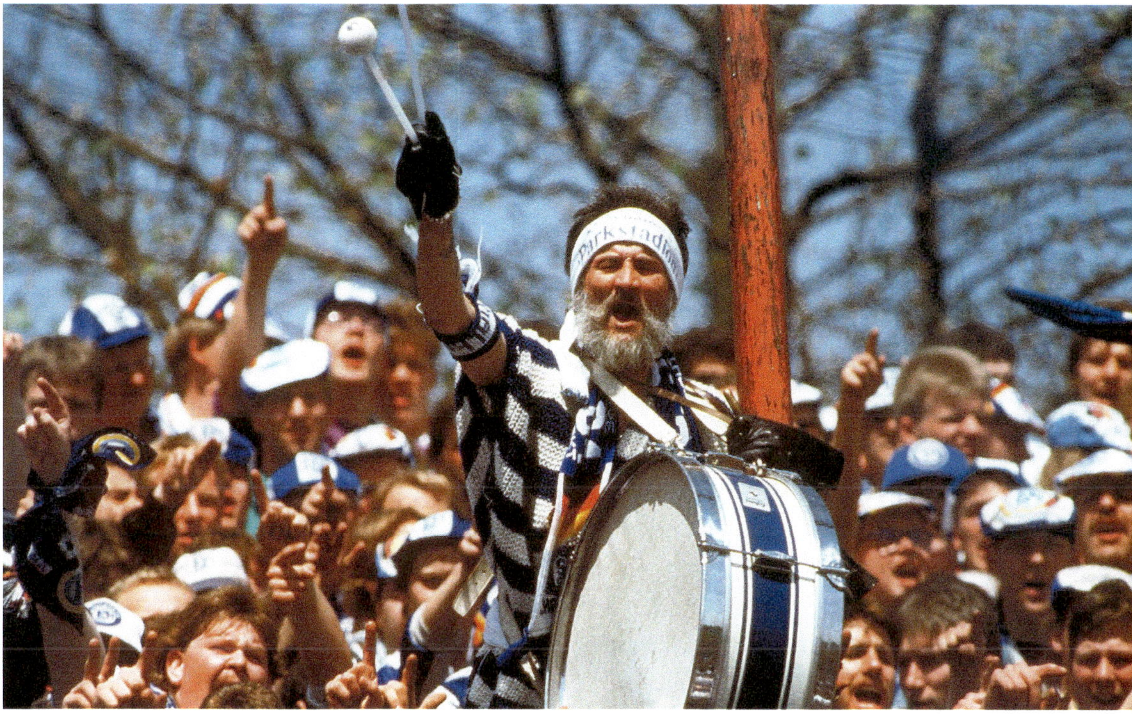

Catweazle sorgt für Stimmung Foto: imago/Sven Simon

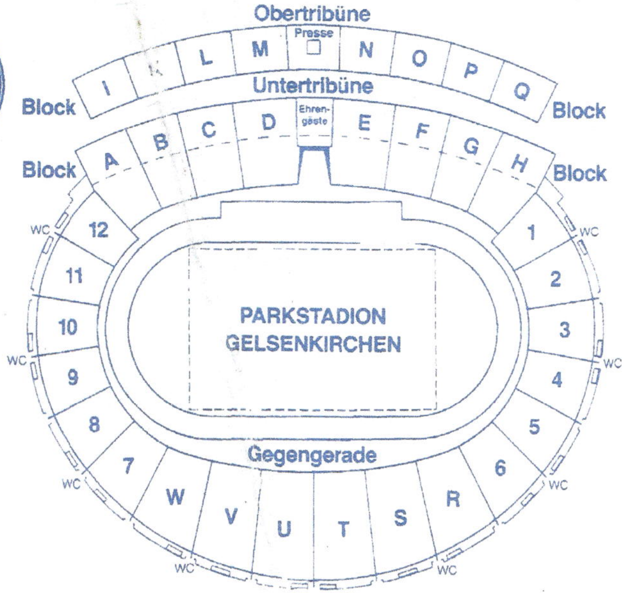

Das Parkstadion 1994 Foto: Klaus-Hendrik Mester

Derselben Fankategorie gehört „Trompeten-Willy“ an. Der Mann mit Schnäuzer und Kutte wirkt wie ein Vertreter einer untergegangenen Kultur in einem ethnografischen Katalog. Vor dreißig Jahren sahen so viele Stadionbesucher aus. „Trompeten-Willy“ alias Wilhelm Plenkers, früherer Gelsenkirchener Gastwirt, heizte der Nordkurve richtig ein. Nach seinen Fanfarenstößen brüllte die gesamte Kurve einstimmig „Attacke“.

Weitere Grundsteine in Sachen Schlachtrufklassiker legten die Schalke-Fans in der Nordkurve des Parkstadions Ende der 1990er-Jahre. Sie verwandelten den Betonriesen in eine Partyhöhle. Fans und Mannschaft wechselten sich mit grandiosen Leistungen ab. Am Ende feierten alle gemeinsam den Sieg des UEFA-Pokals. Neue Gesänge entstanden, die für Anhänger anderer Clubs als Blaupause dienten. Erstmals erschallte der legendär gewordene Schlachtruf „Steht auf, wenn ihr Schalker seid!“ beim Europapokalspiel gegen CD Teneriffa. So sollte die Sitzplatztribüne aufgefordert werden, ihren Teil zu der guten Stimmung beizutragen. Am Ende der Saison 1996/97 textete der Schalker Anhang das „Europapokallied“, in dem sämtliche Stationen des Clubs auf dem Weg zum Cup-Sieg in Form lustiger Reime beschrieben werden.

Das Parkstadion verkörpert eine Zeit, in der Fußball längst keinen so großen medialen, wirtschaftlichen und vor allem gesellschaftlichen Stellenwert wie heute besaß. Einfach und ungeschminkt wie die Spielstätte präsentierte sich die Bundesliga in den 1970er- und 1980er-Jahren. Heute ziehen die Spiele die Massen in ihren Bann. Es ist schick, zum Fußball zu gehen und wohltemperiert unter dem schützenden Dach in der Arena zu sitzen. Zu Zeiten des Parkstadions, dessen Relikte jetzt als Trainings- und Amateurplätze dienen, mussten die Anhänger einiges mehr erdulden und in Kauf nehmen, um ihre Elf spielen zu sehen.

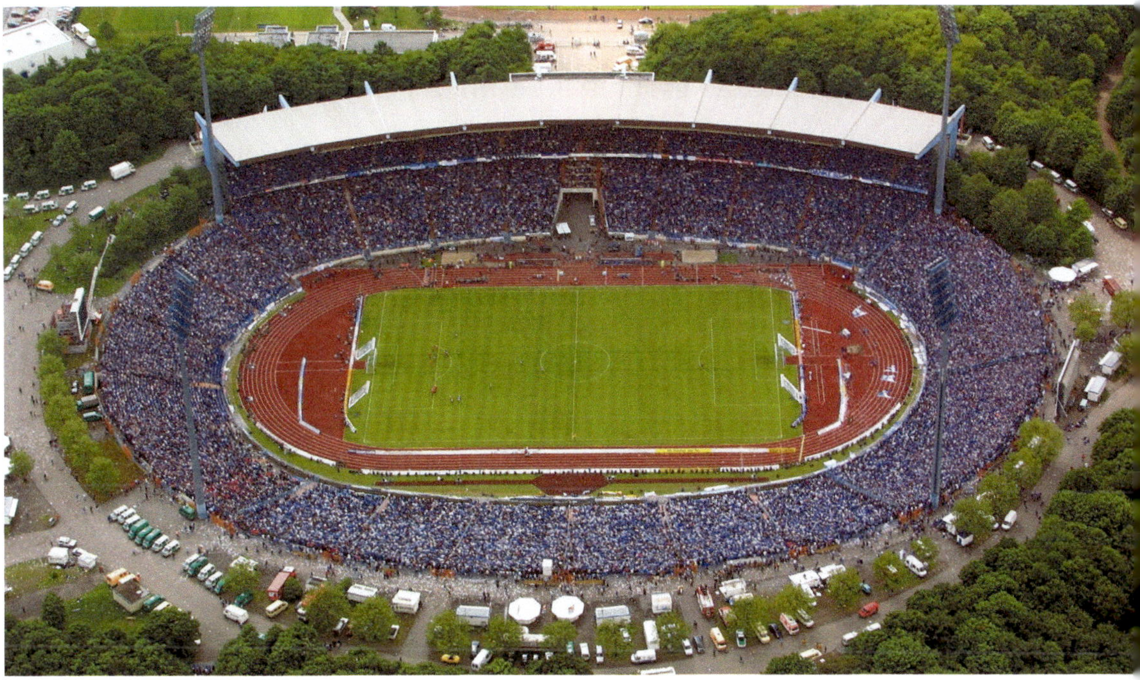

Ausverkauftes Parkstadion bei der „Meisterschaft der Herzen" 2001 *Foto: imago/Hans Blossey*

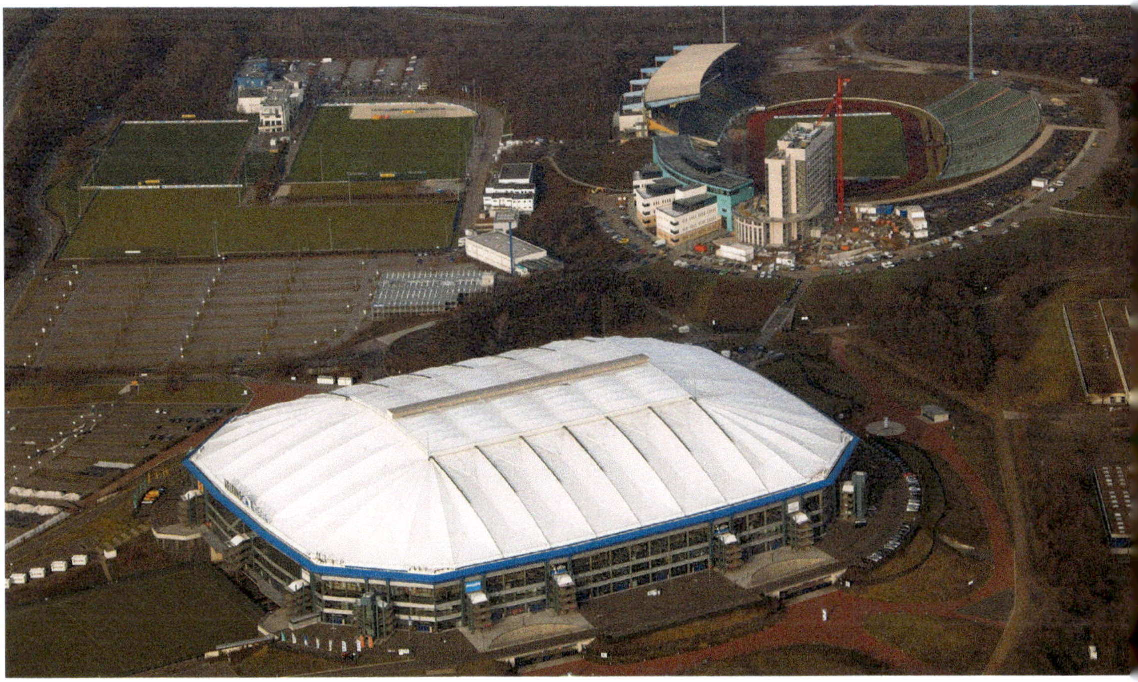

Alt und neu dicht an dicht *Foto: imago/Hans Blossey*

Weiterführende Informationen

Ein emotionales Werk „von Fan zu Fan“:
Stefan Barta: Mein Parkstadion: Geliebt, gehasst, vermisst; Hamm 2009.

Manchmal sprechen Bilder Bände:
www.faz.net/aktuell/sport/fussball/bundesliga/endgueltiger-abriss-des-parkstadions-das-ist-so-unglaublich-wie-der-untergang-der-titanic-1517721/am-ende-stand-der-titel-1518682.html

Die Geschichte des Parkstadions im Kurzüberblick:
www.schalke04.de/de/stadion-und-tickets/ehemalige-stadien/parkstadion/page/585--585--.html

Kleine Schnurren aus der „Schüssel“:
www.11freunde.de/artikel/erinnerungen-ans-schalker-parkstadion

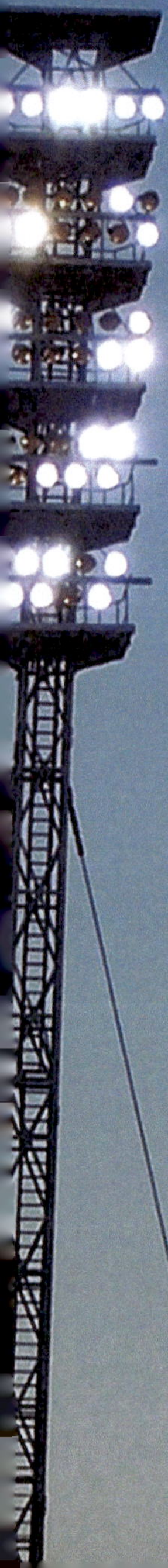

http://hsv.de/volksparkstadion/uebersicht/das-volksparkstadion/

Hamburg

Volksparkstadion

Fassungsvermögen: 76.000 Zuschauer (Stand: 1953; ab der WM 1974 nur noch 61.000)

Bauplanung: Max Brauer (Oberbürgermeister der Stadt Hamburg), Gustav Oelsner (Architekt und Referent im Bausenat der Stadt Hamburg)

Eröffnung: 12.7.1953 (Vorgängerbau „Altonaer Stadion“ wurde 1925 eröffnet)

Umbau: 1972 (Modernisierung für die Fußball-WM 1974)

Abriss: 1998

Standort: Sylvesterallee 7, 22525 Hamburg

Besondere Spiele

National:

Hamburger SV – Karlsruher SC 8:0 (Höchster Heimsieg in der Bundesliga, 12.2.1966, 15.000 Zuschauer)

Hamburger SV – Karlsruher SC 3:3 (34. Spieltag Bundesliga 1981/82, Meistertitel für den HSV, 29.5.1982, 50.000 Zuschauer)

International:

Hamburger SV – FC Barcelona 2:1 (Halbfinale des Europapokals der Landesmeister, 26.4.1961, 75.000 Zuschauer)

Hamburger SV – Real Madrid 5:1 (Halbfinale des Europapokals der Landesmeister, 23.4.1980, 61.000 Zuschauer)

Länderspiele:

Deutschland – DDR 0:1 (WM-Gruppenspiel, 22.6.1974, 60.200 Zuschauer)

Deutschland – Niederlande 1:2 (EM-Halbfinale, 21.6.1988, 61.300 Zuschauer) 68.800 Zuschauer)

Freiräume in der Westkurve

Betonschüssel, spartanisch, zugig, kalt. Viele Besucher des alten Volksparkstadions geraten nicht gerade in Ekstase, wenn sie sich an die Bundesligaspiele ihres HSV erinnern. Es war kein wirklicher Spaß, im Winter bei klirrender Kälte, Schnee oder Regen in der Westkurve zu stehen und ins zeitweise leere, graue Rund des Stadions zu schauen. Oft fanden sich die HSV-Fans inmitten dieser Edgar-Wallace-Streifen-Atmosphäre wieder. Aber da muss etwas gewesen sein, das die Besucher immer wieder hierher getrieben hat. War es die Anziehungskraft des Archaischen? Oder setzte sich ganz einfach die Liebe zum Verein durch, die kein noch so unkomfortables Stadion gefährden konnte?

Für den pragmatischen HSV-Fan konzentrierte sich die Anziehungskraft besonders auf die allzu lockeren Kontrollen vor und auf den Tribünen. „Eine günstige Stehplatzkarte kaufen und mit gefälschtem Presseausweis auf der Südtribüne Platz nehmen." So lautete die Devise. Auch trauern zahlreiche Zuschauer den günstigen Eintrittspreisen nach. Nicht selten hielt sich der Besucherzuspruch in Grenzen. Dies ermöglichte einen sehr spontanen Stadionbesuch. Doch diese Verhaltensmuster waren allesamt nicht HSV-spezifisch. Sie konnten auch in anderen Bundesligastadien beobachtet werden. Wo lag denn nun der Reiz der Betonschüssel im Hamburger Stadtteil Bahrenfeld?

Die HSV-Enthusiasten Malte Laband, Philipp Markhardt, Jörn von Ahn und Thorsten Eikmeier lassen ihren Erinnerungen an den Volkspark alter Prägung in einem Kapitel des Buches „111 Gründe, den Hamburger SV zu lieben" freien Lauf. Sie erkennen zwar das kalte und kühle Flair des weiten Runds an. Auch viele Spiele waren ihrer Meinung nach eher zum Wegschauen als ein Hingucker. Aber in einer Hinsicht punktete das Stadion. Die Westkurve bot besonders heranwachsenden Besuchern Freiräume und Entfaltungsmöglichkeiten, die sie im Alltag oft vermissten. Hier konnten sie ihre Gefühle ausleben und ihrer Seele freien Lauf lassen. Biergeruch mischte sich mit den Duftwolken, die von den nahen Imbissbuden über die Kurve zogen. Einige kreative Köpfe boten selbstverfasste Stadionhefte an. Menschen unterschiedlichster Art standen, meist einträchtig, nebeneinander. Normalos, Fußballfanatiker und Freaks verwandelten den betongrauen Block E in ein anarchisches Sammelbecken für Freiheitssuchende. Hier hätten Generationen von Sozialwissenschaftlern den Stoff für ihre Milieustudien und Diplom- oder Doktorarbeiten gefunden.

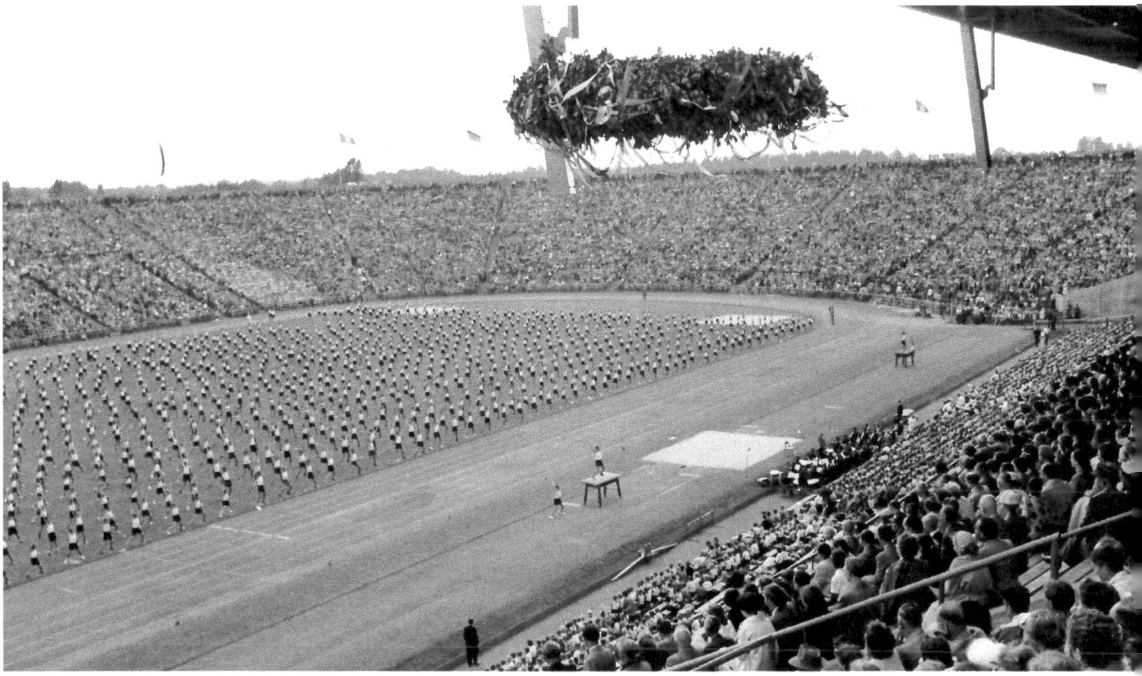

Einweihung des Volksparkstadions am 12.7.1953 *Foto: Staatsarchiv Hamburg*

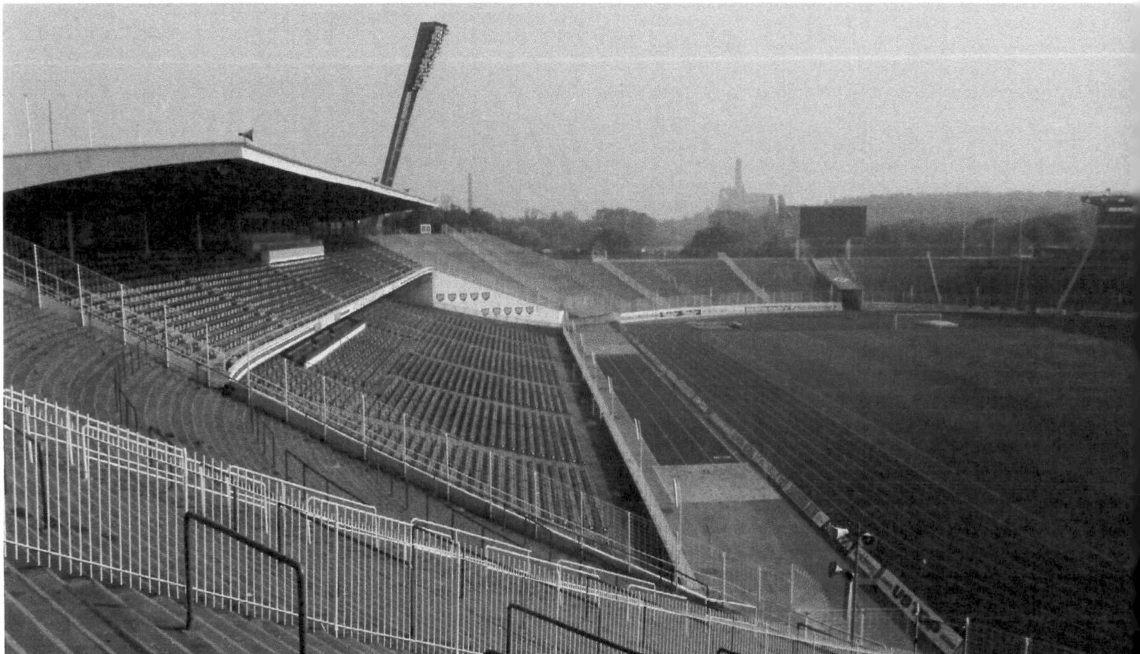

Leeres Volksparkstadion (1979) *Foto: Staatsarchiv Hamburg*

Die ambivalente Sicht der Fans auf das Volksparkstadion spiegelte sich auch in den Ereignissen in der Spielstätte wider. Auf der einen Seite genossen die Anhänger die goldene Ära des HSV. Kevin Keegan und Felix Magath zauberten. Manfred Kaltz schlug gefürchtete Bananenflanken, die Horst „das Kopfball-Ungeheuer" Hrubesch auf seine eigene Art verwertete und ins Tor bugsierte. Zwischen 1976 und 1983 feierte der Verein jeweils einmal den DFB-Pokalsieg, den Europapokal der Pokalsieger, den Pokal der Landesmeister sowie drei Deutsche Meisterschaften. In dieser Zeit störte das unkomfortable Stadion die Fans beim Genuss zahlreicher Fußballgalas nicht besonders. Die Torschützen bei den höchsten Heimsiegen klingen noch heute wie Musik in den Ohren vieler Hamburger. 1966 schickte „Manni" Pohlschmidt den Karlsruher SC mit seinen vier Toren fast im Alleingang in die badische Heimat. Seine Mannschaftkameraden „Charly" Dörfel und Uwe Seeler standen an diesem Nachmittag ausnahmsweise etwas im Schatten. Kaltz, Milewski, Magath, Bastrup und von Heesen verpassten dem MSV Duisburg im Herbst 1981 eine 0:7-Niederlage.

Der absolute „Kracher" jedoch ereignete sich ein Jahr zuvor. Die Geschehnisse dieses 23. April 1980 haben sich vielen eingefleischten Fans ins Gedächtnis eingebrannt. Auch bei Dirk Mansen hat dieser Mittwochabend Spuren hinterlassen, die ihm bis heute ein breites Grinsen ins Gesicht zaubern. Der damals 16-Jährige staunte, jubelte und feierte die ganze Nacht. Sein HSV spielte Real Madrid mit 5:1 völlig an die Wand und zog ins Europapokalfinale ein. Dem unvergesslichen Abend folgte eine legendäre Nacht. „Es fuhr kein Zug. Auf der S-Bahnstrecke ging wegen eines Betriebsschadens nichts mehr. Fliegende Bierverkäufer machten das Geschäft ihres Lebens. Die improvisierte Straßenparty rund um das Volksparkstadion endete erst tief in der Nacht", schwelgt Mansen in Erinnerungen.

Auf der anderen Seite legte eine Tragödie einen Schatten auf den alten Volkspark. Vor dem letzten Spieltag der Saison 1978/79 stand der Hamburger SV bereits als Deutscher Meister fest. Am 9. Juni 1979 versammelte sich die Fangemeinde, um die Meisterschaft zu feiern. Eigentlich fieberten alle diesem freudigen sportlichen Anlass entgegen. Doch kurz vor Spielende stürmten erst einige wenige, dann Hunderte, später Tausende das Spielfeld. Die Masse der Fans drängte von hinten. Schließlich gaben die Absperrzäune nach. An diesem schrecklichen Nachmittag verletzten sich 71 HSV-Fans.

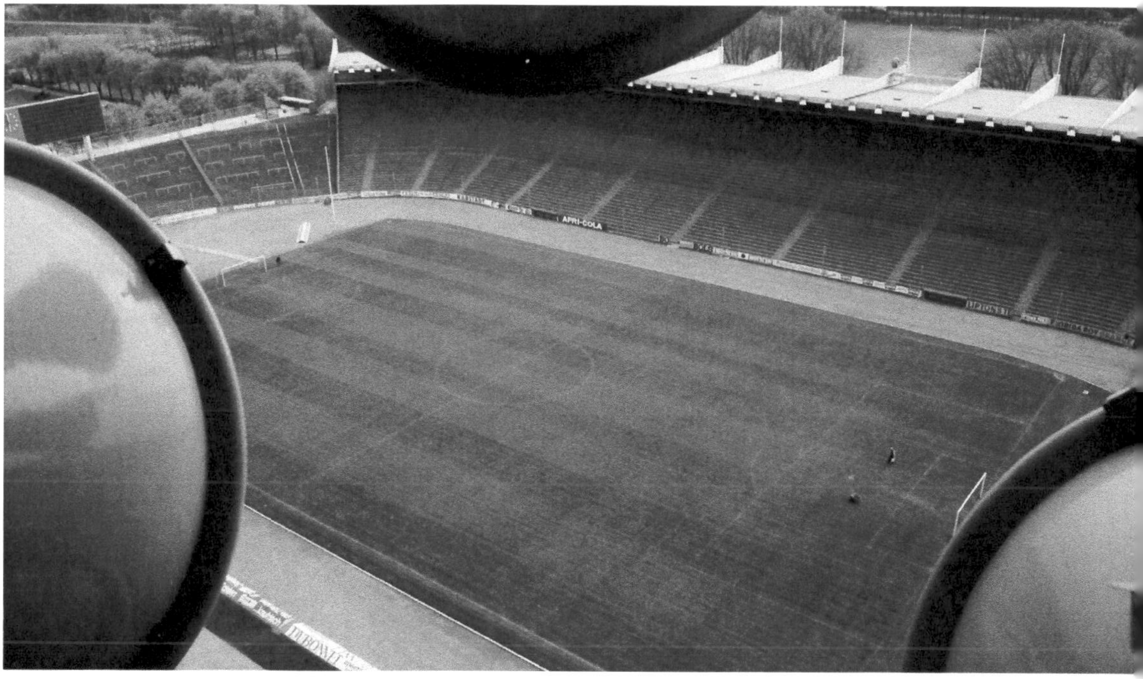

Volksparkstadion aus Flutlichtmast fotografiert *Foto: Staatsarchiv Hamburg*

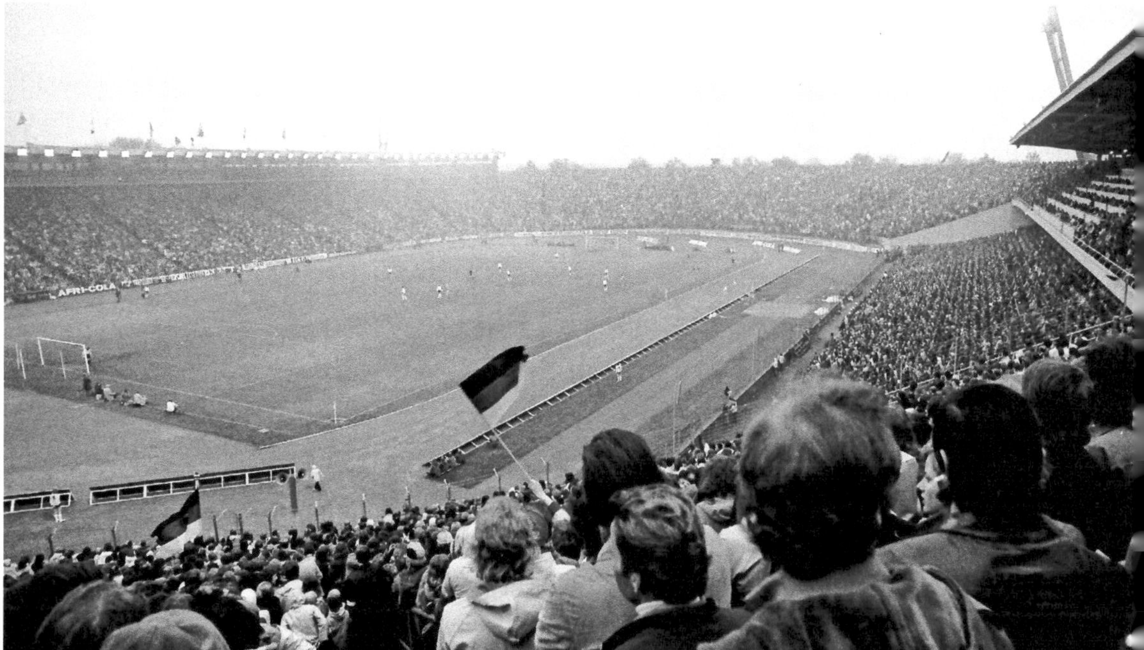

Freundschafts-Länderspiel Deutschland – Schweden am 1.5.1974 *Foto: Staatsarchiv Hamburg*

Dieser schicksalhafte Tag, mangelnder Komfort und unterkühlte Atmosphäre bilden nur das eine Gesicht des alten Volksparkstadions. Die einzigartigen Spiele, verbunden mit den größten Erfolgen der Vereinsgeschichte des HSV und die individuellen Glückmomente der Fans stehen auf der Habenseite des Stadions. Nur in einer Sache sind sich viele HSVer einig. Auch die neue Arena ist und bleibt ihr Volksparkstadion. Die Anhänger weigern sich zunehmend, jede Namensänderung mitzutragen. So fasst Bernd Schlüter in einem Essay für den Norddeutschen Rundfunk zusammen: „Volksparkstadion: Geliebt wird nur der Name." Diese etwas verkürzte Sichtweise spricht vielen Besuchern aus der Seele. Und die ist bestimmt am 1. Juli 2015 aufgeblüht. Der Unternehmer und HSV-Investor Klaus-Michael Kühne sicherte sich vor einiger Zeit das Namensrecht des Stadions. Seither pilgern die Hamburger wieder ins Volksparkstadion.

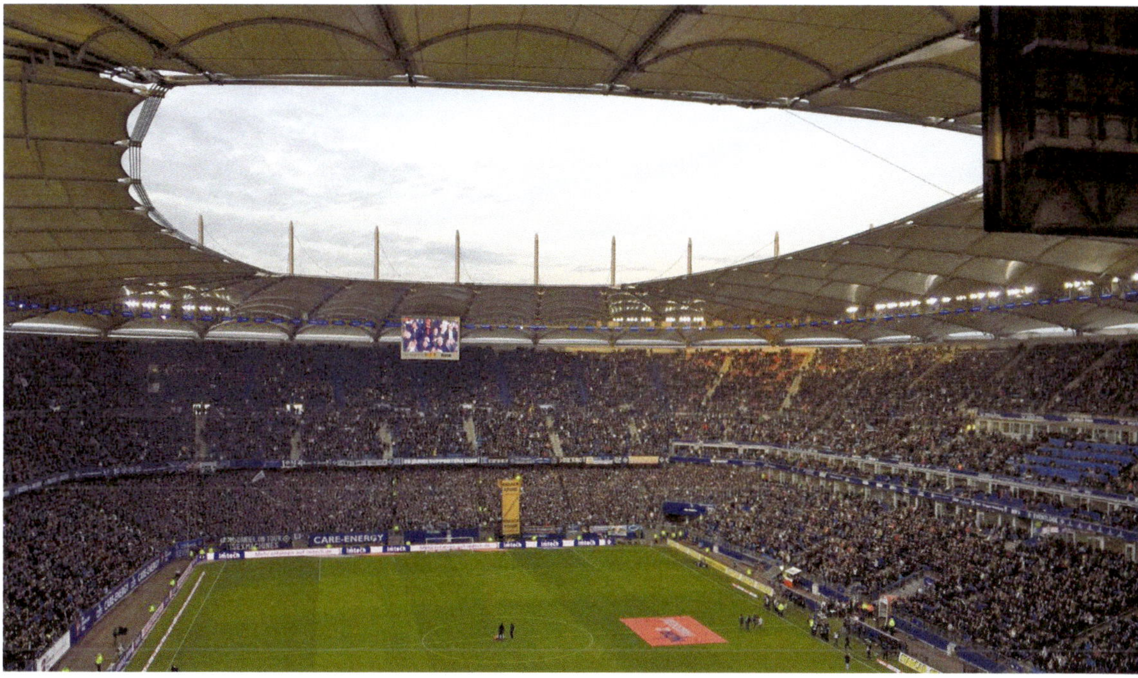

Der „neue“ Volkspark im Jahr 2014 *Foto: Klaus-Hendrik Mester*

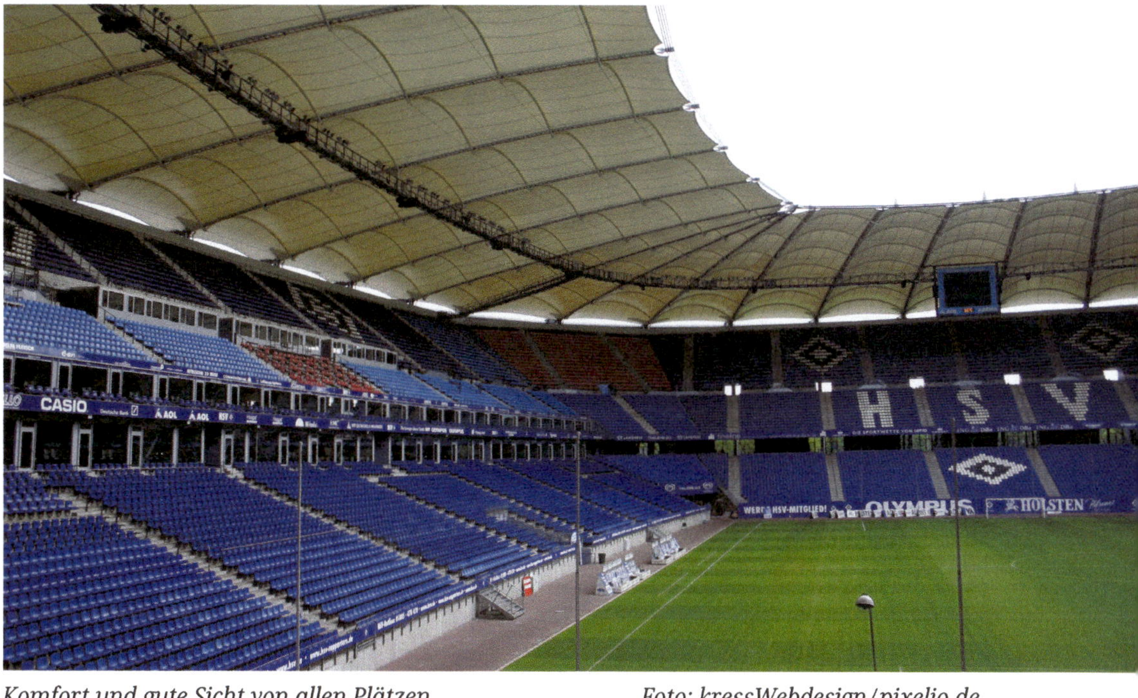

Komfort und gute Sicht von allen Plätzen *Foto: kressWebdesign/pixelio.de*

Weiterführende Informationen

Das HSV-Museum in der Arena (Sylvesterallee 7, 22525 Hamburg) bietet einen speziellen Themenbereich zum Volksparkstadion. Aktuelle Öffnungszeiten und Eintrittsreise finden sich auf der Homepage des Museums unter:
http://hsv.de/volksparkstadion/uebersicht/das-volksparkstadion/

Bernd Schlüter gibt einen kurzen Abriss zur Geschichte des Stadions auf der Internetseite des Norddeutschen Rundfunks (NDR):
www.ndr.de/sport/fussball/125jahrehsv/Volksparkstadion-Geliebt-wird-nur-der-Name,hsv7243.html

Weitere Lektüre:
Werner Skrentny: Orte der Leidenschaft – Der HSV und seine Stadien. Vom Rothenbaum zur AOL-Arena; Göttingen 2006.

Thorsten Eikmeier, Thorsten Ewert, Malte Laband, Philipp Markhardt, Jan Möller, Thomas Reifschläger und Jörn von Ahn: Kinder der Westkurve: Die Geschichte der HSV-Fans; Hamburg 2012.

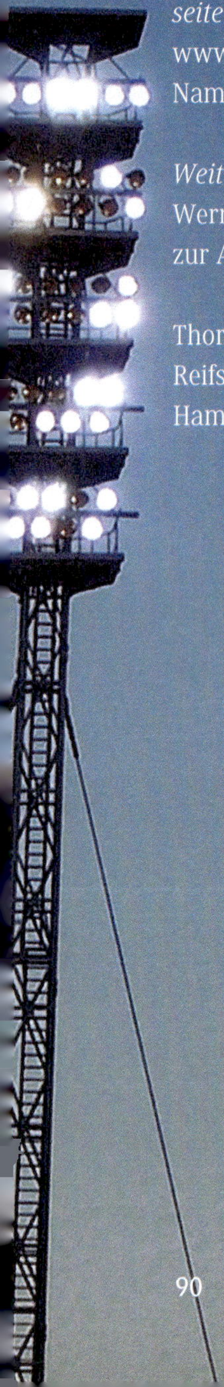

http://hsv.de/volksparkstadion/stadionfuehrung-museum/museum/museum/

Hamburg

Sportplatz am Rothenbaum

Fassungsvermögen: 30.000 Zuschauer (Stand: 1924)

Eröffnung: 10.9.1911

Umbau: 1919 (Beseitigung starker Schäden aus dem Ersten Weltkrieg), stetiger Ausbau in den Jahren 1921 bis 1924, 1937 (Einweihung von zwei überdachten Tribünen)

Abriss: 1997

Standort: zwischen Rothenbaumchaussee und St.-Johannis-Kirche

Besondere Spiele

National: Hamburger SV – 1. FC Nürnberg 4:2 (Endrunde um die Deutsche Meisterschaft, 27.4.1952, 28.000 Zuschauer)

Hamburger SV – MSV Duisburg 2:4 (letztes Spiel der HSV-Profi-Elf im Stadion; DFB-Pokal, 1. Runde; 19.8.1989, 6.100 Zuschauer)

Schulterklopfer für „Uns Uwe"

Heute erinnert nichts mehr an ein Fußball-Stadion. Viele Wohnungen und einige Büros sorgen für eine nüchterne Atmosphäre. Das austauschbare Gebäude-Ensemble in diesem Stadtquartier könnte gleichwohl in Berlin, München oder Köln stehen. Im schicken Stadtteil Rotherbaum geht es ruhig und beschaulich zu.

Das war mal ganz anders. Fast ein Jahrhundert lang elektrisierte der HSV zwischen Rothenbaumchaussee und der St. Johanis-Kirche die Massen. Das pralle Leben regierte im Stadtteil. Der Sportplatz am Rothenbaum lockte im 14-Tages-Rhythmus die Fußballliebhaber an. Die Anhänger bevölkerten die Kneipen in Rotherbaum. Ihre Vorfreude auf das Spiel übertrugen sie auf den ganzen Stadtteil. Dann zogen die Fan-Gruppen in Richtung Traditions-Sportstätte. Im engen Stadion sorgten sie für eine einzigartige Atmosphäre. Einige Besucher standen nur wenige Meter von der Spielfeldbegrenzung entfernt. Stars wie Charly Dörfel oder „Uns Uwe" Seeler waren zum Greifen nah. Nicht selten versorgten die Anhänger ihre Idole mit aufmunternden Sprüchen. Falls die Wortwahl doch etwas spitz ausfiel, konterten die Fußballer schon einmal zurück. Nach dem Spiel trafen die Wort-Duellanten dann mitunter direkt aufeinander. Gerne nahmen die Stadionbesucher ein „kühles Blondes" in der Vereinskneipe zu sich. Diese befand sich im HSV-Clubhaus direkt vor dem Stadion. Die wunderschöne Villa beherbergte Kneipe, Geschäftsstelle, Wohnung des Platzwarts und die Umkleidekabinen der Spieler. Manchmal kreuzten sich die Wege von müden Akteuren und angeheiterten Anhängern in der „Burg am Rothenbaum". So nannten die Hamburger das Clubhaus wegen des markanten Turmes an einer Seite des Gebäudes.

Als der DFB 1963 die Bundesliga einführte, sank die Bedeutung des Stadions schleichend. Die Sportstätte entsprach nicht mehr den Standards und Vorstellungen der Verbandsfunktionäre. Ein Umzug ins knapp 10 Kilometer entfernte Volksparkstadion war damit unausweichlich. Der Anfang vom Ende des Rothenbaum-Stadions nahm seinen Lauf.

1989 bestritten die Profis des Hamburger Sportvereins ihr letztes Pflichtspiel am Rothenbaum. Am 19. August unterlag die Elf dem MSV Duisburg in der 1. DFB-Pokal-Hauptrunde mit 2:4. Ausschreitungen von Hooligans versinnbildlichten den traurigen Untergang der Spielstätte.

Doch Anfang der 1990er-Jahre nutzten die HSV-Verantwortlichen das Stadion noch gerne für Freundschaftsspiele. Fans berichten noch heute von dem einzigartigen morbiden Charme, den die Kult-Spielstätte in dieser Zeit auf sie versprühte. Im Februar 1991 lud der HSV seine Anhänger zu einem Freundschaftsspiel gegen Bröndby Kopenhagen ein. Und dies war durchaus wörtlich zu nehmen. Ab 11.30 Uhr bot der Club seinen Fans einen Frühschoppen mit Bier und Würstchen für je 1 DM an. Im Restaurant „Oswald" – direkt gegenüber dem Sportplatz – stimmten sich die Anhänger auf das Fußballspiel ein. Karten gab es

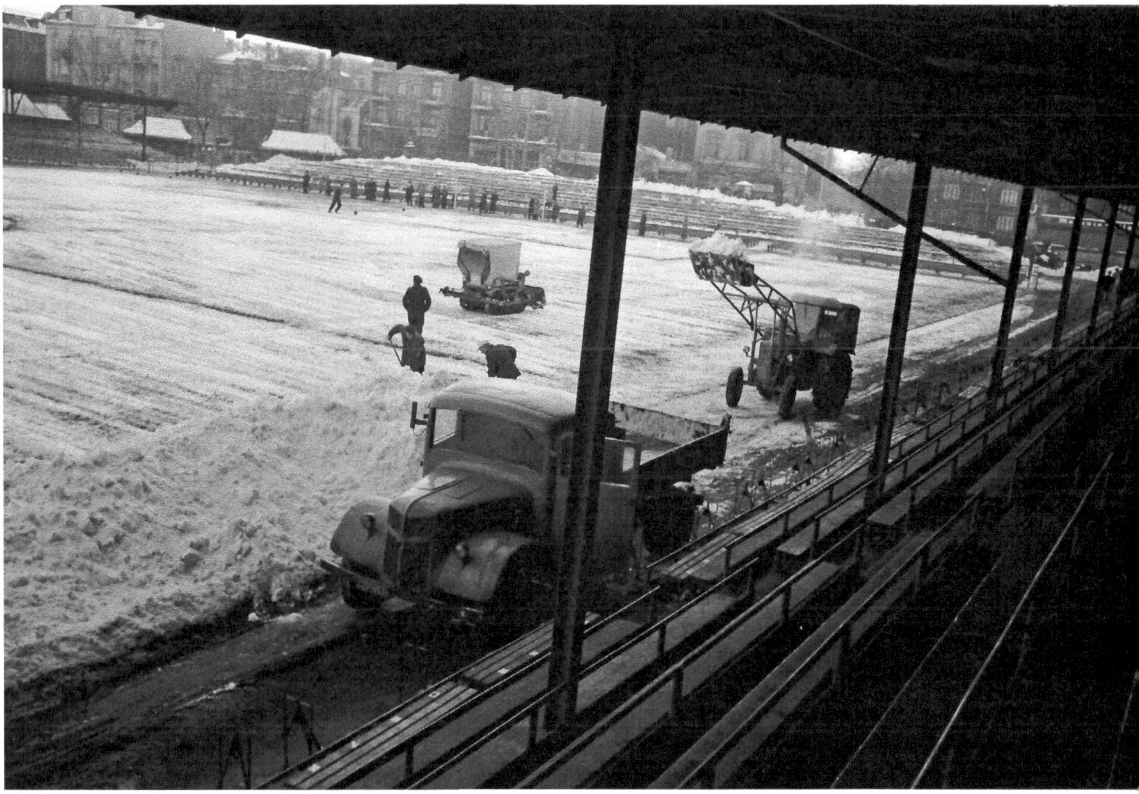

Schneeräumung im Rothenbaum-Stadion (1955) *Foto: Staatsarchiv Hamburg*

für 4 DM. Hört sich nach einem perfekten Tag an. Fußballnostalgikern würden heute bei diesem Angebot die Freudentränen wie Alpenbäche nach der Schneeschmelze durch das Gesicht laufen. Die familiäre Fankultur sollte an diesem 9. Februar 1991 ein letztes Mal am Rothenbaum aufflackern.

Diese liebenswerte Endzeitstimmung erlebte Dirk Mansen hautnah. 1996 nahm der eingefleischte Anhänger eine Anstellung als kaufmännischer Angestellter beim HSV an. Hinter der trockenen Berufsbezeichnung verbarg sich jedoch das pure Leben. Bevor sich Mansen als Fanbeauftragter des Clubs für die Belange seiner Schäfchen einsetzen konnte, musste erstmal renoviert werden. Teppich verlegen, Wände streichen, Schreibtisch aufbauen. Die Anstrengungen sollten sich lohnen. Die alte Sprecherkabine des „Rothenbaums“ diente dem neuen Fanbeauftragten als Büro.

Von dort verfolgte Erwin Seeler, der Vater von Uwe, die Spiele der Amateurelf des HSV. „Er saß meist bei mir im Büro an der Heizung. Ich versorgte Erwin im Winter oft mit einem Gläschen Glühwein“, erinnert sich Dirk Mansen, der heute für das HSV-Museum, das Ticketing, Fanreisen und Events in der Arena zuständig ist.

Im schicken Stadtteil wirkte das Stadion wie ein Relikt aus einer längst untergegangen Fußballepoche. Doch dessen Tage waren gezählt. Es folgte ein schmerzlicher Abschied auf Raten. Die Diskussion über den Abriss des Rothenbaum-Stadions spitzte sich im Senat immer mehr zu. „Das Herz des HSV verschwindet“, titelte das Hamburger Abendblatt 1991. Im April 1992 sperrten die Verantwortlichen Teile der Nordtribüne. Im Laufe des folgenden Jahres keimte jedoch bei einigen Fußballromantikern Hoffnung auf. Die Aktion „Rettet den Rothenbaum“ formierte sich. Das Bündnis aus Vereinsfunktionären des HSV und Anhängern wollte die Kultstätte erhalten. Letztlich scheiterte das Vorhaben jedoch an den fehlenden finanziellen Mitteln.

Im Dezember 1993 beschloss der Hamburger Senat den Abriss. Die Politiker gaben dem Sportplatz am Rothenbaum keine Chance mehr. Die ersten Bagger versetzten den morschen Tribünen 1994 den ersten Dolchstoß. Drei Jahre später verschwand das Stadion ganz.

Noch heute setzen sich aus dem „Kerngebiet“ des Hamburger SV, dem Stadtteil Rotherbaum, vor Heimspielen Busse und Bahnen in Richtung Arena in Bewegung. Hier stimmen sich ältere und treue Mitglieder des HSV auf die Begegnungen ein. Seit 1997 ist die Spielstätte zwar nur noch Legende und für immer verschwunden. Doch die Erinnerungen der Fans an unvergessene Spiele, Ereignisse und Menschen werden weiterleben.

Interview mit Uwe Seeler

„Was es nicht gibt, vermisst man nicht!"

Er kennt sie alle. Im Stadion am Rothenbaum spielte schon seit Vater Erwin. Mit seinem Bruder feierte er dort den Deutschen Meistertitel 1960. Im Volksparkstadion folgten große internationale Auftritte. Für den Bau der neuen Arena setzte er sich früh ein und ist stets ein gern gesehener Gast im Schmuckkästchen. Uwe Seeler hat die Stadien des HSV so intensiv erlebt wie wohl kein Zweiter.

Herr Seeler, wie empfanden Sie die Atmosphäre im und rund um das Stadion am Rothenbaum?

Das Stadion entstand in einfacher Bauart und lag mitten in der Stadt. Gegenüber befand sich die alte HSV-Villa. Das Gebäude war eine Augenweide. Oben wohnte der Platzwart, darunter war die Geschäftsstelle des HSV untergebracht. Wir Spieler nutzten den Keller als Umkleidekabine. Vor jeder Begegnung wurde die Straße abgesperrt, damit wir schnell zum Stadion gelangen konnten. Da blieb der direkte Kontakt mit den HSV-Anhängern nicht aus. Wenn wir nicht so gut durchtrainiert gewesen wären, hätten wir von den zahlreichen Schulterklopfern blaue Flecken bekommen. Im Winter mit unseren Stollen auf der Straße hatten wir oft Probleme, nicht auszurutschen. Später schlich sich aber auch hier Routine ein.

Im Stadion selbst herrschte eine sensationelle Stimmung, die aber nie aggressiv war. Es gab keine Zäune. Nur eine sehr schmale Aschenbahn trennte uns von den Zuschauern. Es ging alles ganz eng zu. Wir spielten fast immer vor ausverkauftem Haus. Nur der Rasen war immer viel zu hoch. Die Vertreter der Stadt Hamburg, zuständig für die Rasenpflege, ließen da nicht mit sich reden. *Wenn der Rasen zu kurz gemäht wird, erstickt er* bekamen wir zu hören. Als technisch gute Mannschaft waren wir darüber nicht gerade begeistert.

Erinnern Sie sich an besondere Momente?

Ich muss heute noch schmunzeln, wenn ich an Charly Dörfels Gespräche mit dem Publikum während des Spiels denke. Auf Zurufe reagierte er häufig sofort. Ab und zu habe ich auch mit den Zuschauern einen kurzen Plausch gehalten. Durch die direkte Nähe ging es sehr familiär zu. Dieser persönliche Kontakt war schon etwas ganz Besonderes. Die Zuschauer haben ja die Spielsituationen mitgelebt. Der Komfort jedoch ließ zu wünschen übrig. Im Winter kamen die Leute oft wegen der klirrenden Kälte ganz dick eingepackt ins Stadion. Vom Spielfeld aus blickte ich in eine Heerschar von Vermummten.

Hat Ihnen der Abriss des Rothenbaum-Stadions leidgetan?

Klar, ich war schon traurig. Es hat ja auch mal Bestrebungen gegeben, eine größere und modernere Spielstätte am Rothenbaum zu bauen. Das haben aber die U-Bahnschächte direkt am Stadion nicht zugelassen. Heute deutet dort nichts mehr auf die Fußballspiele hin. Auf dem ehemaligen Stadiongelände stehen nun Geschäfte und Wohnungen.

Der HSV ist dann ins Volksparkstadion umgezogen. Wie haben Sie das Stadion empfunden?

Die Überdachung im Volksparkstadion fiel für die Zuschauer recht spärlich aus. Im Winter mussten wir mit einem Boden so hart wie Beton Vorlieb nehmen. Es herrschte noch die Bauart alter Prägung vor, mit breiten Bahnen für die Leichtathleten und wenig Komfort auf den Rängen. Aber meiner Meinung nach hinken die Vergleiche zwischen den Stadien.

Wie meinen Sie das genau?

Ich sage oft „was es nicht gibt, vermisst man nicht". Das gilt nicht nur für die Ausstattung und den Komfort in den Stadien. Die Zeiten und der Zeitgeist ändern sich ständig. Als ich beispielsweise meine Karriere beim HSV begann, erhielt ich eine Aufwandsentschädigung von 320 DM im Monat. Mit der Einführung der Bundesliga waren es dann schon 1.250 DM. Nebenbei bin ich mit dem Auto 70.000 km im Jahr im Rahmen meiner adidas-Vertretung durch Deutschland gefahren. Ein Vergleich zu den Lebensumständen aktueller Bundesliga-Profis würde doch sehr hinken. Oder betrachten Sie weitere Rahmenbedingungen wie etwa die Trainingsausstattung. Zu Beginn meiner Laufbahn bei der Nationalelf im Jahr 1954, kurz nach der WM, trugen wir Trainingskleidung aus Wolle. Da wog man nach einem Regenschauer mal 10 kg mehr. Die Zeiten kann man nicht miteinander vergleichen. Ähnlich ist es mit den Fußballstadien. Die Unterschiede zwischen Rothenbaum, Volksparkstadion und erst recht zur neuen Arena sind gewaltig. Früher haben wir die heutigen Annehmlichkeiten wie etwa eine Rasenheizung oder ähnliches nicht vermisst. Wir kannten ja nur die damalige Ausstattung im Stadion.

Sie denken, jedes Stadion hat seine Zeit?

Ja. Vor kurzem saßen wir mit einigen ehemaligen Spielern zusammen, darunter auch Horst Schnoor und Jochenfritz Meinke. Zu Rothenbaum-Zeiten spielten fast nur Hamburger Jungs im Team. Die Zeit war wunderbar. Die kommt aber nicht wieder. Als der HSV im Volksparkstadion spielte, habe ich mich bei der Stadt Hamburg für den Bau eines neuen Stadions eingesetzt. Die Rahmenbedingungen haben sich einfach geändert. Ohne moderne Arena kann kein Verein mehr in der Bundesliga bestehen oder internationale Spiele ausrichten. Hier spielen sicherlich wirtschaftliche Aspekte, höhere Sicherheitsstandards und auch gestiegene Ansprüche der Zuschauer an den Komfort in den Stadien eine Rolle. Ich habe unserem Bürgermeister damals gesagt: „Wenn wir kein neues Stadion bauen, spielt der HSV bald viertklassig."

Wie wirkt die neue Arena auf Sie?

Das Stadion lässt keine Wünsche offen. Die Zuschauer können von jedem Platz aus bestens das Spiel verfolgen. Die Stimmung ist toll. Der Komfort ist vom Feinsten. Es gibt nichts, was es nicht gibt. Ich hielt den Stadionbau immer für eine wirtschaftliche Notwendigkeit für den HSV und zur Sicherung Hamburgs als erstklassigen, konkurrenzfähigen Fußballstandort. Die Kosten für die neuen Arenen müssen natürlich im Rahmen bleiben. Ein Stadion muss nicht um jeden Preis eine noble Bude sein. Zum Fußball gehört immer auch ein Stück Rustikales.

Wo in der Arena verfolgen Sie die Bundesligaspiele?

Ich habe Ehrenkarten, aber auf der Tribüne sitze ich nur selten. Meistens verfolge ich die Spiele in Ruhe aus dem Logenbereich. Je nach Befinden wechsele ich die Räumlichkeiten dort. Mal schaue ich bei Freunden in einer Loge vorbei, in der richtig Stimmung herrscht. Wird es mir zu trubelig, ziehe ich mich einfach in etwas ruhigere Bereiche zurück. Ich kann nicht lange ruhig sitzen, insofern stehe ich fast immer. Alles in allem fühle ich mich in der neuen Arena sehr wohl, es ist richtig gemütlich und immer ein Erlebnis, dort zu sein.

Vermissen Sie trotzdem etwas?

Ein altes Stadion mitten in der Stadt, wie damals am Rothenbaum, das wäre schon außergewöhnlich. Die Spielstätte von Viktoria Hamburg fällt mir diesbezüglich ein. Das Stadion Hoheluft ist uralt. Ein solches Stadion wäre für die Zuschauer eine Attraktion, aber der HSV wäre damit absolut nicht konkurrenzfähig.

Was sind Ihre Hoffnungen und Ziele für den HSV?

Ich hoffe, dass wir uns in der Bundesliga stabilisieren und mit dem Abstieg nichts mehr zu tun haben. Perspektivisch denke ich, dass der HSV das obere Drittel der Tabelle anpeilen sollte und sich langfristig dort etablieren könnte. Insbesondere vor dem Hintergrund der uns plagenden Schulden wird das aber ein schwieriger Weg. Für den Verein und die Weltstadt Hamburg wünsche ich mir, dass der HSV diesen Weg erfolgreich meistert.

Weiterführende Informationen

Das HSV-Museum in der Arena (Sylvesterallee 7, 22525 Hamburg) bietet einen speziellen Themenbereich zum alten Stadion am Rothenbaum. Aktuelle Öffnungszeiten und Eintrittspreise finden sich auf der Homepage des Museums unter:
http://hsv.de/volksparkstadion/stadionfuehrung-museum/museum/museum/

Einen interessanten Kurzbericht des NDR zur Historie der „Kultstätte" können Sie im Internet nachlesen:
www.ndr.de/sport/fussball/125jahrehsv/Rothenbaum-Kultstaette-von-1911-bis-1963,hsv7233.html

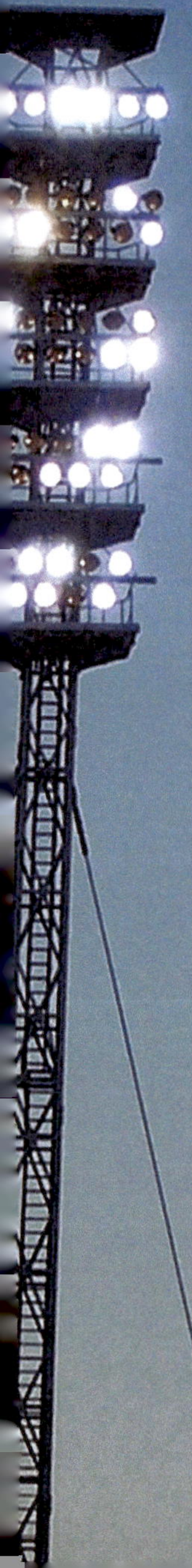

Hintergrundbild: © Verena N./pixelio.de

www.fcstpauli.com/home/stadion/millerntor/historie

Hamburg-St. Pauli

Millerntor-Stadion

Fassungsvermögen: 32.000 Zuschauer (Stand: 1963)

Eröffnung: 1963

Umbau: 2006 bis 2010, 2012, 2014, 2015

Standort: Heiligengeistfeld, 20359 Hamburg

Besonderheiten: 1999 setzten die Mitglieder des FC St. Pauli die Namensänderung von „Wilhelm Koch-Stadion" wegen der NS-Vergangenheit von Wilhelm Koch in „Millerntor-Stadion" durch.

Besondere Spiele

National:

FC St. Pauli – FC Homburg 5:0
(34. Spieltag der 2. Bundesliga 1994/95, 18.6.1995, 21.000 Zuschauer)

FC St. Pauli – Bayern München 2:1
(21. Spieltag der Bundesliga 2001/2002, der FC St. Pauli geht als der „Weltpokalsiegerbesieger" in die Fußballgeschichte ein, 6.2.2002, 20.700 Zuschauer)

FC St. Pauli – Werder Bremen 3:1
(DFB-Pokal-Viertelfinale 2005/06, 12.2.2006, 19.800 Zuschauer)

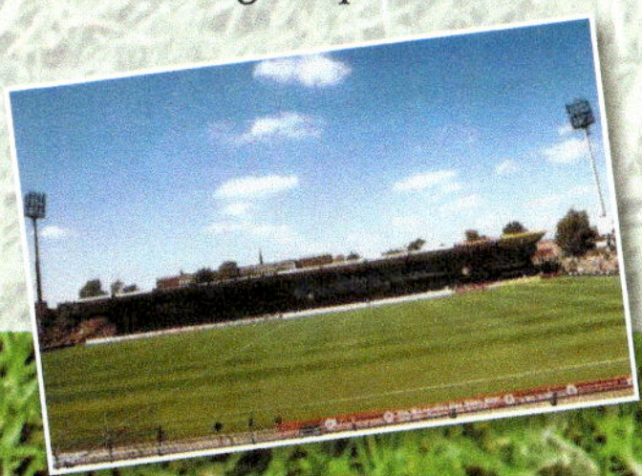

Haupttribüne mit ehemaligem „Kuchenblock" (2003)
Foto: Ansgar Spiertz

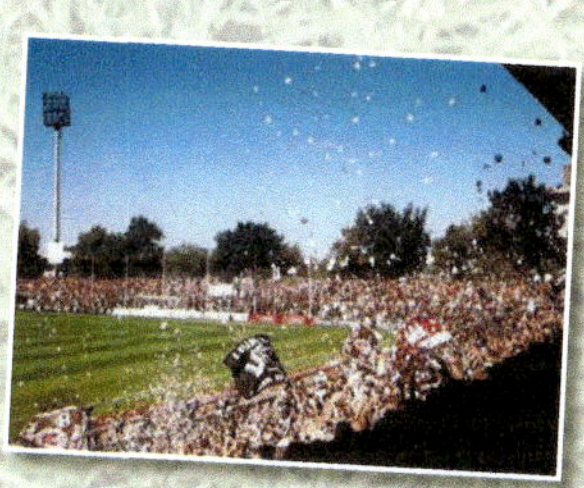

Partystimmung am Millerntor (2003)
Foto: Ansgar Spiertz

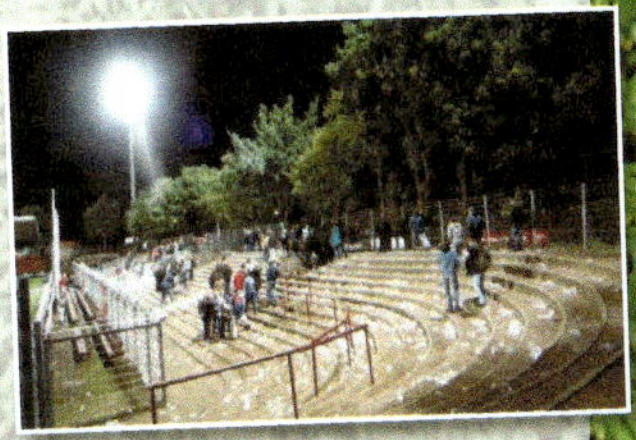

Durst gestillt
Foto: Ansgar Spiertz

Kuchenblock trifft Fischbrötchen

Wer einem logischen Muster folgt, den kann „das Millerntor" nicht überraschen. Der wohl ungewöhnlichste Profiverein in Deutschland empfängt seine Gegner in einem der ungewöhnlichsten Stadien im Land. Die Lage lässt das Herz eines jeden Nostalgikers höher schlagen und aufgeregte Schnappatmung einsetzen: Auf dem Heiligengeistfeld, mitten auf dem Kiez, umgeben von Michel, Reeperbahn und dem Park „Planten un Blomen", lädt die Kultspielstätte zum Besuch ein. Bis vor einigen Jahren ging es noch kultiger zu. Das Stadion glich einem Provisorium. Hinter den Toren rutschten die Anhänger auf lehmigen Stufen hin und her. Die kleine Haupttribüne bot den Komfort in Form einiger weniger Sitzplätze im engen Stadion. Die Gegengerade bildete seit eh und je das Herz des Spielstätte. Bis vor kurzer Zeit brachten die Fans das fragile Gebilde aus bröckelndem Stehrang und rostiger Stahlrohrtribüne oft bedenklich zum Beben. Dieser Stadionabschnitt fiel 2012 den Baggern zum Opfer.

Neben der architektonischen Einzigartigkeit füllten vor allem die Zuschauer das Millerntor mit einer phantastischen Stimmung aus: kreativ, fair, lautstark. Ein Besucher der ersten Stunden ist Frank Wiekhorst. Seit 1980 passiert er regelmäßig die Eingangspforten des Millerntor-Stadions. An einem warmen Augusttag 2015 steht er inmitten von 30 Fußballinteressierten auf dem Harald-Stender-Platz. Mit seiner langjährigen Fanerfahrung besetzt Wiekhorst den Posten als Stadionguide ideal. Mit seinem Angebot „Auf St. Pauli duzen wir uns alle untereinander, ich bin der Frank" bringt er ein Stück St. Paulianer Lockerheit und Menschlichkeit zum Ausdruck. Alle schlendern in Richtung Kultstätte. Die wuchtige Backsteinfassade der neuen Südtribüne ragt steil in den wolkenverhangenen Himmel auf. Wir umwandern die Tribüne und kommen am Spielfeldrand an. Die drei offenen Seiten des Stadions geben den Blick in die Umgebung frei. Das Millerntor integriert sich in das Stadtviertel, wirkt wie ein Teil von St. Pauli. Innen fallen die besprühten, bekritzelten Betonstufen der Gegengeraden auf. Aufkleber und Spuckis hellen die sonst so grauen Querstangen der Wellenbrecher auf. „Die Fans können sich dort auslassen. Vieles duldet der Verein", erklärt Frank die bunte Tribüne. Ein großer Teil der Anhänger erfreut sich nach wie vor am traditionsreichen Stadionnamen. Niemand muss sich im Zwei-Wochen-Rhythmus auf den Weg zur „Astra-Arena", „Beckskiste" oder „Airbus-Tempel" machen.

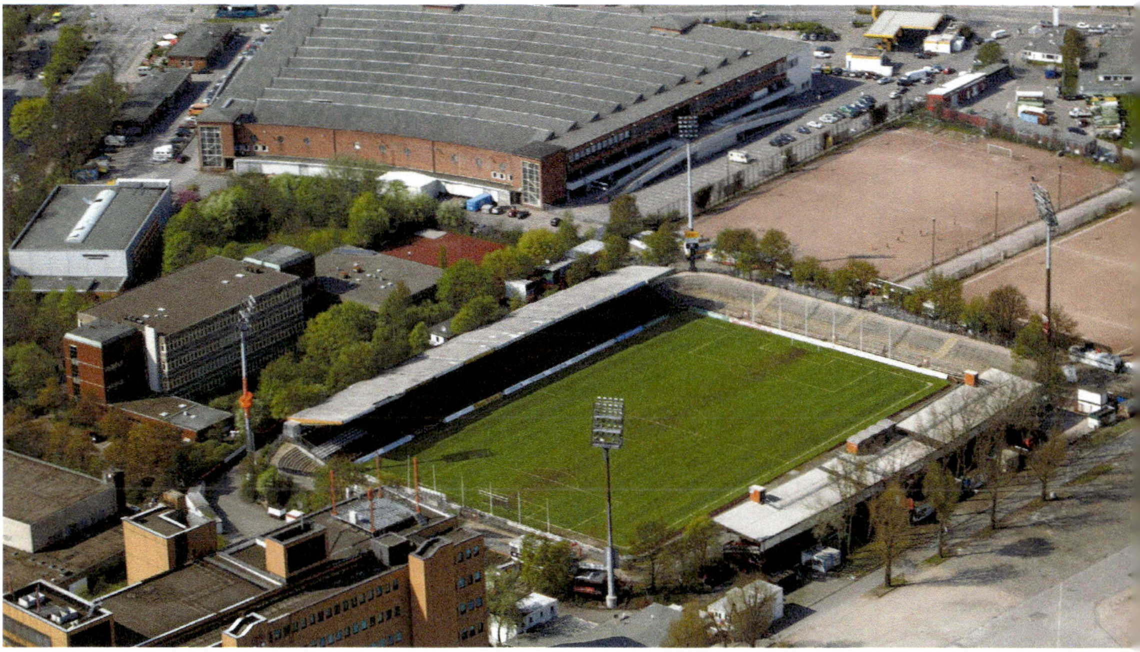

Das Millerntorstadion 2006 *Foto: imago/Hoch Zwei/Angerer*

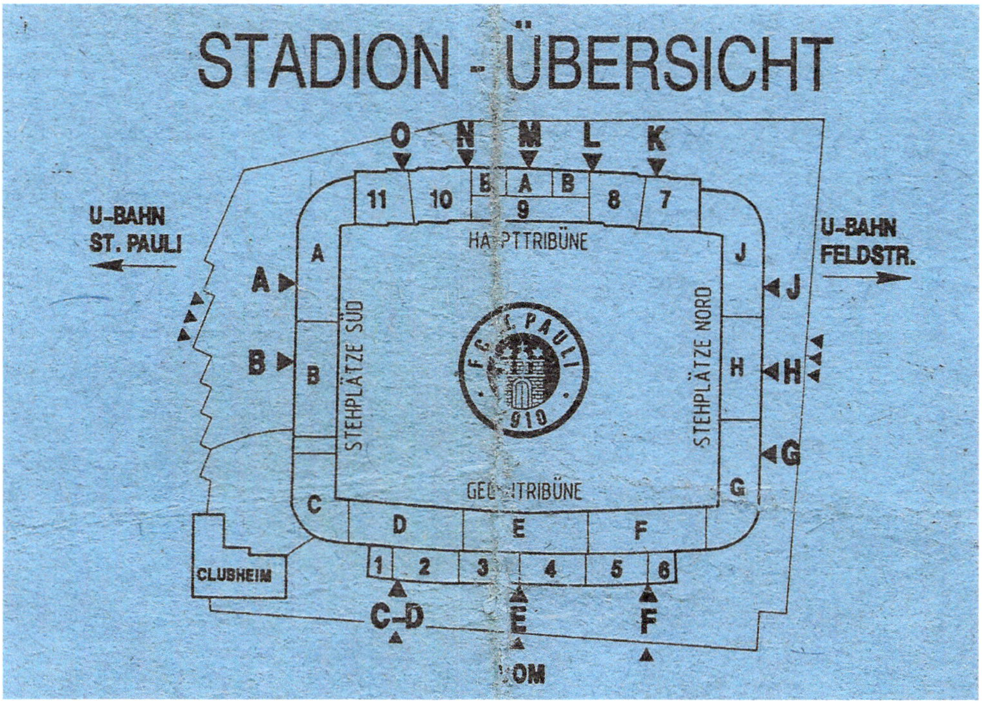

Noch als „Wilhelm-Koch-Stadion" in der Saison 1995/96 *Foto: Klaus-Hendrik Mester*

Der Neubau weckt bei mir Erinnerungen. Vor 20 Jahren führte mich ein Auswärtsspiel meines Vereins nach St. Pauli. Als ich mit einigen Freunden den Zugang zum Gästeblock betrat, standen wir schon direkt hinter dem Tor. In gefühlter Armlänge Abstand spulte bereits Gladbach-Keeper Uwe Kamps sein Aufwärmprogramm ab. Ich fand es irre, wie nah wir am Spielfeld standen. Schotter und kleine Kieselsteine bedeckten die wenigen Stufen der Stehplatzkurve. Das alles hatte etwas von familiärer Sportplatz-Atmosphäre, wären da nicht die stimmgewaltigen Fans gewesen. Plötzlich intonierten tausende Anhänger „You'll never walk alone". Zum ersten Mal hörte ich diesen Song. Die Liebe und Treue der Zuschauer zu ihrem Verein spürten alle und lag als verbindender Schleier über dem Millerntor. Es war der Wahnsinn. Wäre ich nicht schon Gladbach-Fan gewesen, ich hätte auf der Stelle einen Mitgliedsantrag des FC St. Pauli ausgefüllt.

„Wie gefällt euch unser neues Stadion?" Frank Wiekhorsts Frage reißt mich aus den Erinnerungen an meinen früheren Besuch am Millerntor. Auf den ersten Blick verlieben sich Nostalgiker sofort in das neue Millerntor. Alte Werte, architektonische Details und Mitbestimmung der Fans bilden einen deutlichen Gegenentwurf zu modernen Arenen. Die vermitteln oft das Flair, als seien sie aus Fischertechnik- oder Legobaukästen entstanden. Ich frage mich: Was fehlt dem neuen Stadion? Was war früher besser?

Frank Wiekhorst könnte bei der Antwort helfen. Es sprudelt aus ihm heraus: „Ich fühle mich im Stadion zwar pudelwohl, aber einige Sachen haben sich hier im Laufe der Zeit schon verändert", leitet er seine Reise in die Anfangstage des Fußballbooms auf St. Pauli ein. Früher quoll das Millerntor vor Individualität und familiärer Atmosphäre über. Das Clubheim direkt am Stadion zog die Fußballfans magisch an. Der graue Klinkerbau glich eher einem Toilettenhäuschen. Doch innen tobte das Leben. Durstige Fans trafen dort die Spieler an der Theke. Nach Trainingseinheiten oder Heimspielen entsponnen sich heiße Diskussionen. Hier schien die Zeit seit den 1960er-Jahren stehen geblieben zu sein. Über der Theke nahmen bunte Wimpel unzähliger Fußballvereine die Gäste mit auf eine Zeitreise und erinnerten an schöne oder weniger erfolgreiche Begegnungen: Teutonia Ottensen, der VfB Stuttgart oder Werder Bremen. Vereint saßen alle auf den wackligen, dunkelbraunen Holzhockern mit rotem Sitzpolster. Wer keinen der wenigen heißbegehrten Sitzplätze ergatterte, stand dichtgedrängt im kleinen Schankraum.

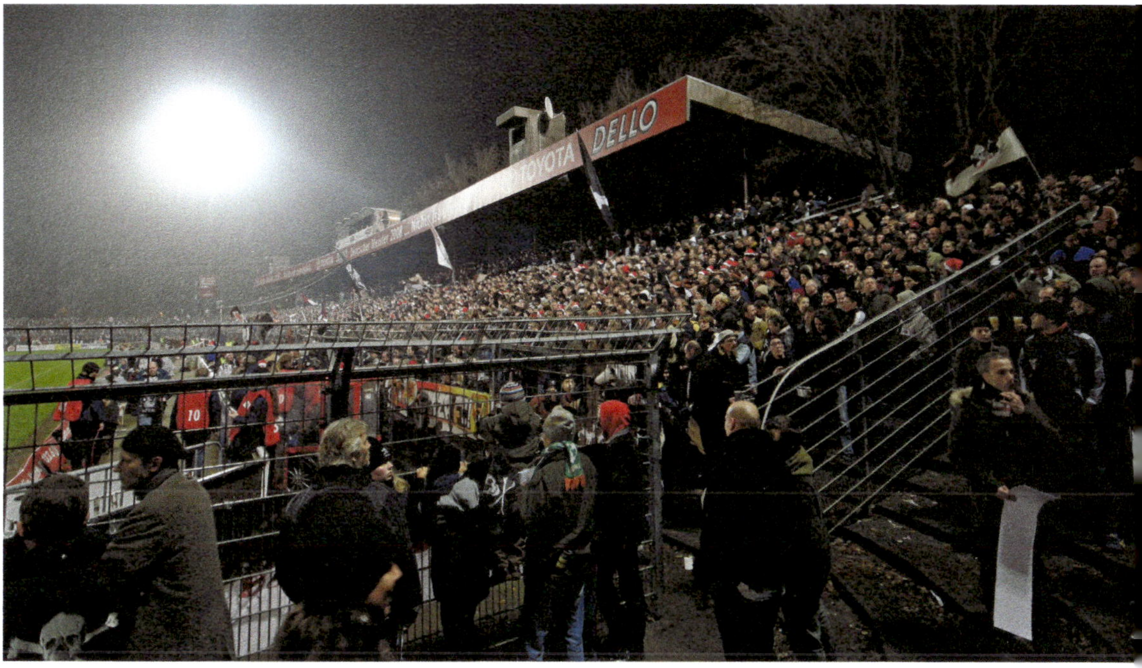

Die Fans stehen dicht gedrängt in der „Singing-Area“ auf der Gegengeraden (DFB-Pokal-Achtel-Finale zwischen dem FC St. Pauli und Hertha BSC am 21. Dezember 2005)

Foto: Ansgar Spiertz

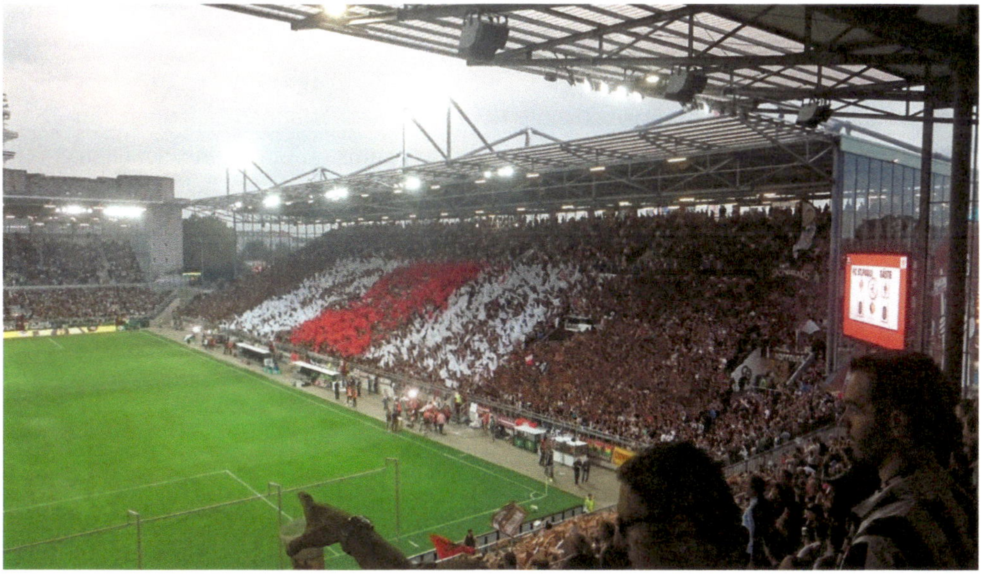

Etwas wuchtig: Die neue Gegengerade ist zum größten Teil mit Stehplätzen ausgestattet. Stimmungsvolles „Intro“ vor der DFB-Pokalbegegnung des FC St. Pauli gegen Borussia Mönchengladbach (2015)

Foto: Klaus-Hendrik Mester

Doch nicht nur im Clubheim herrschte Wohlfühlstimmung. Gegenüber auf der Haupttribüne verbreitete eine Aktion eine ganz besonders familiäre Atmosphäre. In den frühen 1980er-Jahren kämpften die Verantwortlichen des FC St. Pauli mit finanziellen Engpässen. Nach Kräften hielt die Führungsriege um Präsident Dr. Otto Paulick den Verein über Wasser. Das blieb dessen Ehefrau Annegret nicht verborgen. Kurzerhand organisierte sie eine Hilfsaktion, die viele Jahre lang Geld in die klammen Kassen spülen sollte. Vor den Heimspielen kochte Annegret Paulick Kaffee und backte mehrere Kuchen. Immer mehr Mütter von Kindern, die mit dem Sohn der Paulicks in der Jugendmannschaft des FC St. Pauli spielten, beteiligten sich. Von nun an zog die kleine Konditorei auf der Haupttribüne das Sitzplatz-Publikum an. Besonderer Verkaufsschlager: Der in den Vereinsfarben gehaltene braun-weiße Glasurüberzug auf den Süßwaren. Neben dem Verkaufsschlager, dem Napfkuchen, entfaltete sich bald ein bunter Mix aus internationalen Nachspeisespezialitäten auf den Tischen. Diese spiegelten die vielfältigen Nationalitäten der Kinder in der Jugendmannschaft wider. Die Einnahmen der kreativen und individuellen Idee halfen der Nachwuchsabteilung des Clubs. Der legendäre „Kuchenblock" auf der kleinen Haupttribüne des Millerntors erfreute bis zum Abriss des Stadions Tausende Fußballfreunde.

Zu diesem Catering der besonderen Art gesellten sich zahlreiche kleinere Anbieter von Speisen und Getränken. Rund um die Tribünen lockten bunte Buden zum Snack und erfrischenden Schluck. Aus den breiten Fenstern des knallroten Kastenwagens nahmen die Fans Pappschalen mit duftenden Crêpes entgegen. Die ausladende Theke einer dunkelbraunen Holzbude, kaum drei Meter breit, zog die Besucher magisch an. Zwei weiße Schilder mit der Aufschrift „Leckere Fischbrötchen" prangten unterhalb des Thekenbretts. Die Konkurrenz von „Jan's leckeren Fischbrötchen" lockte aus einer braunen Bretterbude heraus. Gegen Regen schützte eine gelbe Markise. In einer Ecke unter dem Tribünendach überspannte ein weißer Schirm ein Holzoval mit rot-weißem Fachwerkmuster. Ein breiter Schwenkgrill in der Mitte dieses überdimensionalen Fliegenpilzes verbreitete den wohligen Duft von schmorenden Steaks und Würstchen. Grafitti in weißen und roten Farben mit einem schwammigen FC St. Pauli-Logo in der Mitte überdeckte die komplette Bierbude. Natürlich floss Astra erst durch die Zapfhähne und dann durch die Kehlen. Kein Stand, keine Bude, kein Verkaufswagen sah aus wie der andere. Die Besucher wähnten sich eher inmitten eines Wochenmarktes als in einem Fußballstadion.

Diese individuelle Vielfalt ging mit dem Neubau des Millerntors verloren. Nur noch ein Caterer sorgt für das genormte, standardisierte Wohl der Zuschauer. „Das ist zwar etwas schade. Aber wir auf St. Pauli vollführen einen Spagat zwischen der notwendigen Professionalität und des zunehmenden Kommerzes auf der einen Seite, um in der Liga konkurrenzfähig zu bleiben. Andererseits wollen wir möglichst an alten, liebgewonnenen Traditionen festhalten", wägt Stadionguide Wiekhorst ab. Er muss es wissen, denn der Diplom-Volkswirt fing seine Jobkarriere am Millerntor als Servicekraft eines Caterers an. Seither leitete er den VIP-Bereich, übernahm das legendäre Clubheim von Brigitte Mayer und führt heute interessierte Besucher durch die Spielstätte.

Im Herbst legte sich eine ganz besondere Stimmung auf das Millerntor. Ringsherum wogten alte Eichen und Pflaumenbäume im strammen Nordwind. Wenn sich die Blätter in verschiedene Gelb- und Brauntöne färbten und langsam von den Bäumen auf die Stufen der Tribünen und bis hinunter auf das Spielfeld wehten, entwickelte sich ein ganz eigenes Fluidum. Neben dem leicht melancholischen, friedlichen Flair bot der Baumbestand auch einen praktischen Nutzen. Oft belagerten Dutzende Anhänger die Astgabeln oder kletterten bis in die Baumkrone. Die Natur verlieh ihnen somit einen Sitzplatz an der Sonne mit bestem Blick auf das Spielgeschehen. Jetzt sind die Bäume gefällt. Alles ist kahl.

Der marode Charme der alten Stahlrohrtribüne auf der Gegengeraden, die bunten Verkaufsstände, der alte Baumbestand, der Kuchenblock, das Clubheim: Mit ihnen ging ein Teil des „Herzens von St. Pauli" unwiderruflich verloren. Doch die Clubverantwortlichen geben sich große Mühe, weiterhin Freiräume im Bundesliga-Zirkus zuzulassen. Das ist spürbar. Das ist zu sehen. Das ist auch von den Rängen zu hören. Zu hoffen bleibt, dass Kreativität, Individualismus und Familiarität auch im neuen Millerntor eine Heimat haben werden. So wie früher eben.

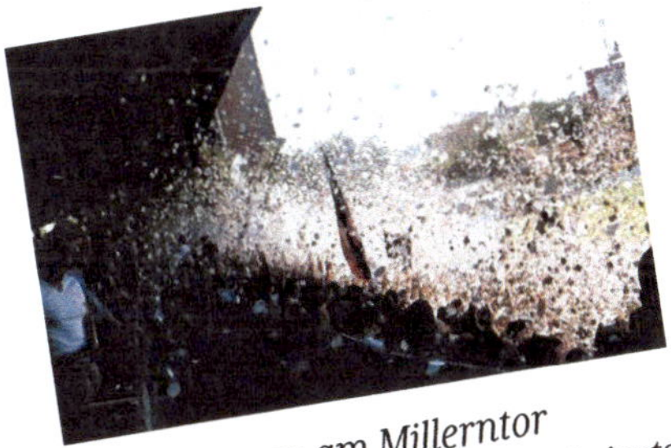

Konfettiregen am Millerntor
Foto: Ansgar Spiertz

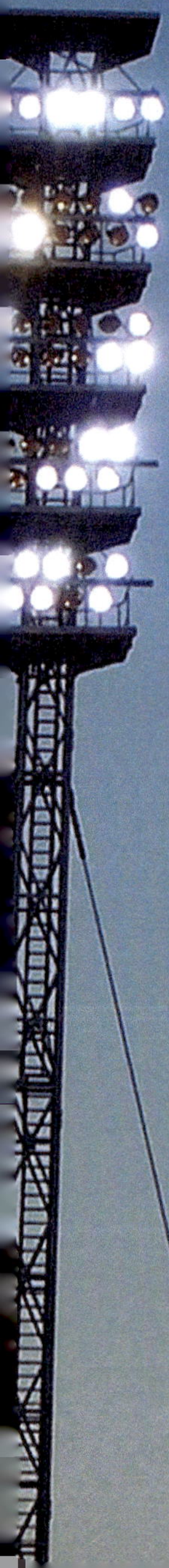

Weiterführende Informationen

Ein Buchtipp der besonderen Art: Die wunderbaren Fotos von Menschen, Originalen und vom Stadion sprechen meist für sich und charakterisieren den einzigartigen Geist und Lebensstil am Millerntor. Liebevolle Portraits von Fans, Platzwart, Vereinskneipenwirtin, Ex-Profis und vielen mehr runden das einzigartige Buch ab. Für jeden Nostalgiker ein absolutes „Muss“:
Susanne Katzenberg, Olaf Tamm und Ronny Galczynski: Millerntor: Eine Liebeserklärung an das alte Stadion des FC St. Pauli; Berlin 2012.

Die Autoren portraitieren – auch mit zahlreichen Fotos – den Stadtteil St. Pauli sowie seinen Fußballclub und lassen den Leser zum Mitbewohner des Kiezes werden. Auf zwei beiliegenden CDs präsentieren Bands typischen „St.-Pauli-Sound“:
Robert Grischek und Christian Sobiella: St. Pauli – Vom Pfosten bis zur Ritze; Hamburg 2012.

Dieses Buch rollt die komplette Stadiongeschichte auf. Besonders die zahlreichen historischen Fotos lösen bei Nostalgikern entspanntes Lächeln und melancholische Seufzer aus:
René Martens: Niemand siegt am Millerntor. Die Geschichte des legendären St.-Pauli-Stadions; Göttingen 2008.

www.fc-koeln.de/fc-info/stadion/rheinenergiestadion/ueber-das-stadion/

Köln

Müngersdorfer Stadion

Fassungsvermögen:	76.000 Zuschauer (Stand: 1953)
Eröffnung:	1923, Neubau 1975
Abriss:	2001
Standort:	Aachener Straße 999, 50933 Köln

Besondere Spiele

National:	1. FC Köln – Werder Bremen 7:2 (3. Spieltag Bundesliga 1977/78, 6 Tore von Dieter Müller, 17.8.1977, 19.000 Zuschauer)
	1. FC Köln – Fortuna Köln 1:0 (DFB-Pokal-Endspiel, 11.6.1983, 61.000 Zuschauer)
International:	1. FC Köln – Sporting Lissabon 2:0 (UEFA-Pokal-Viertelfinale, 19.3.1986, 37.000 Zuschauer)
Länderspiele:	Deutschland – Wales 2:1 (entscheidendes Qualifikationsspiel für die WM 1990, 15.11.1989, 60.000 Zuschauer)
	Niederlande – UdSSR 0:1 (Vorrundenspiel der EM 1988, 12.6.1988, 54.300 Zuschauer)

Schritt für Schritt in die Moderne

Das weitläufige Areal im Kölner Stadtteil Müngersdorf brachte drei völlig unterschiedliche Stadiontypen hervor. Das riesige Oval in den 1920er-Jahren bot fast 80.000 Zuschauern Platz. Zu jener Zeit galt es als eine der modernsten Spielstätten in Deutschland. Ab 1975 erfreuten sich die Kölner an der Architektur und dem Komfort ihres neuen Stadions. Als eine der ersten deutschen Sportstätten verfügte die Heimat des 1. FC Köln über eine komplette Überdachung aller Plätze. Seit 2004 bietet ein Neubau die Bühne für stimmungsvolle Heimspiele des FC. Die markanten Eckpfeiler ragen weit über das Stadion hinaus. Bei Dunkelheit leuchten die vier hohen Säulen.

Beginnen wir unsere Zeitreise in den 1980er-Jahren. Die Bundesliga beklagte einen zunehmenden Zuschauerschwund. In den Stadien dominierte das männliche Publikum. Die Fußballspiele lockten lediglich eine Stammanhängerschaft an. Der Sport schien Lichtjahre von der heutigen hohen gesellschaftlichen Bedeutung und der enormen öffentlichen Präsenz entfernt zu sein. Die Fernsehanstalten interessierten sich für das „Produkt Fußball" nur sehr mäßig und sporadisch. Einzig die ARD-Sportschau bildete eine feste TV-Größe. Die Hooligan-Kultur sorgte für Unsicherheit in und um die Spielstätten.

Doch dieser Zeit konnten die Anhänger durchaus auch positive Seiten abgewinnen. Gerade in Köln bot die komplette Überdachung des Stadions einen für damalige Verhältnisse seltenen Komfort. Zudem gab es an den Kassenhäuschen erschwingliche Eintrittskarten zu kaufen. Auch der untergeordnete Stellenwert des Fußballs im öffentlichen Leben der damaligen Zeit brachte Vorteile mit sich. Ein spontaner Besuch der Heimspiele des 1. FC Köln stand den Anhängern jederzeit offen. Mittlerweile bleibt den Fußballfreunden ohne Dauerkarte oder Clubmitgliedschaft zumindest zu den Top-Spielen der Zutritt oft verwehrt. Tickets auf dem freien Markt sind heißbegehrt.

Die Architektur des Müngersdorfer Stadions bestach früher wie heute. Ein Jahr nach der Fußball-Weltmeisterschaft 1974 bestaunten die Kölner erstmals den Neubau. Das frei schwebende Dach verlief in einem weiten Oval rund um das Spielfeld. Auf dem Tribünendach sorgten an den Ecken riesige Flutlichtmasten für beste Sicht bei Abendspielen. Ein Meer aus Scheinwerfern ragte leicht nach vorne geneigt auf jeweils zwei Pfeilern in Richtung Rasenfläche.

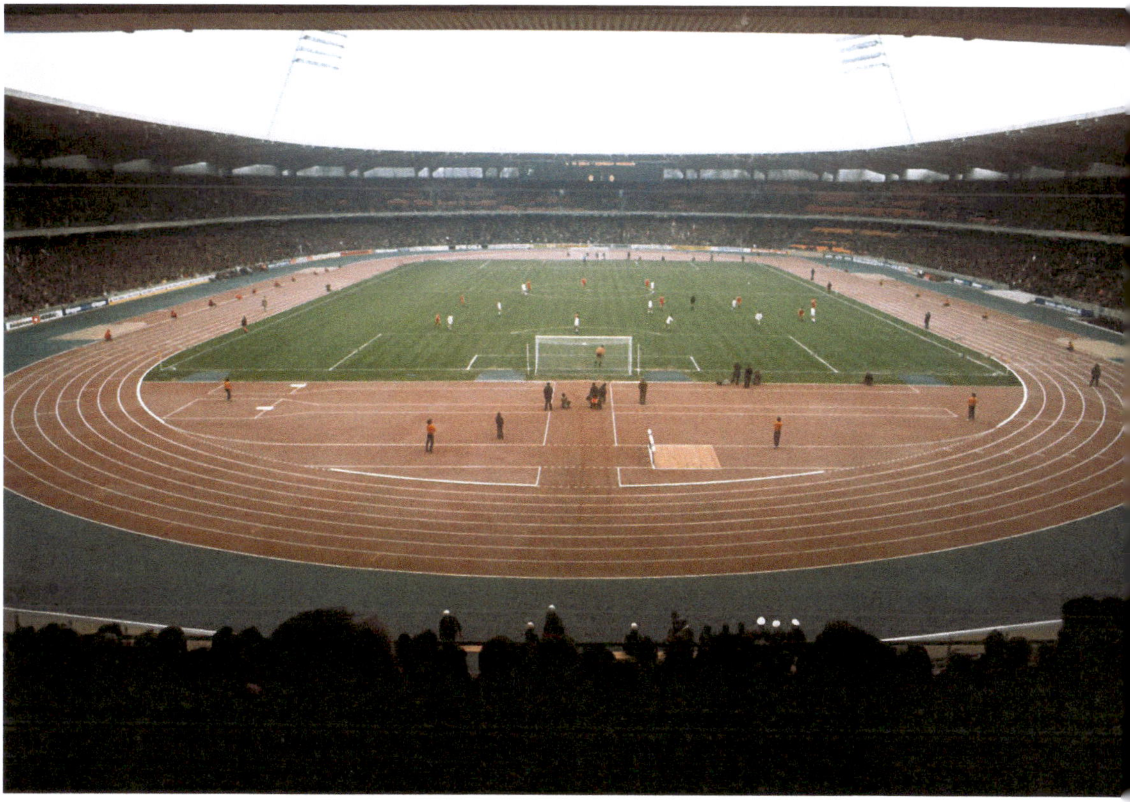

Das Müngersdorfer Stadion bei einem Bundesligaspiel im Oktober 1976 *Foto: imago/Werek*

Ein Fußball-Highlight der besonderen Art trug sich 1983 in Müngersdorf zu. Als Austragungsort des DFB-Pokalfinales stand Köln schon lange Zeit fest. Kurioserweise trafen mit dem 1. FC und der Fortuna zwei Clubs aus der Stadt aufeinander. Zweitligist Fortuna hielt die Begegnung lange Zeit ausgeglichen. Der Underdog rackerte und kämpfte. Die Stars des FC um Nationaltorwart Toni Schumacher agierten eher behäbig. Erst ein Treffer von Pierre Littbarski in der 68. Minute brachte die Führung. Mehr als dieses eine Tor schafften die Nationalstürmer Klaus Allofs, Klaus Fischer und Pierre Littbarski nicht, doch es sollte zum Pokalsieg reichen.

Solch ein Erfolg würde heutzutage wohl für einen einwöchigen Ausnahmezustand in der Stadt am Dom sorgen. Das komplette öffentliche Leben käme zum Erliegen. Ganz anders 1983: Nach dem Abpfiff hallte ein gellendes Pfeifkonzert durch das Stadion. Die völlig unkreative und statische Spielweise des FC quittierten die Zuschauer auf ihre Weise. Tosenden Applaus erhielt hingegen der Außenseiter aus der Kölner Südstadt, die Fortuna. Gerade einmal 500 FC-Anhänger beklatschten später die siegreiche Elf beim Empfang im Kölner Rathaus.

Das Müngersdorfer Stadion spiegelt die rasante Entwicklung des Fußballs während der letzten Jahrzehnte wider. Von einer eher nebensächlichen Erscheinung des öffentlichen Lebens mauserte sich die Sportart zu einem wirtschaftlichen Milliardengeschäft. Früher tummelten sich in Müngersdorf nur die treuesten FC-Fans. Nicht selten verloren sich nur wenige Tausend im weiten Oval. Aktuell findet sich die lokale und regionale Prominenz in der oft ausverkauften Arena ein. Sehen und gesehen werden im kölschen Klüngel. 50.000 Besucher füllen dann die Ränge. Es ist schick, zum Fußball zu gehen. Gefühlsgetragene „kölsche Lieder“ stimmen die Anhänger vor dem Anpfiff ein. Das Publikum feiert sich, den Verein und die Stadt. Eine normale Bundesligabegegnung wird als lokalpatriotischer Event zelebriert. Das ist sicherlich identitätsstiftend. Die Zeiten spontaner Stadionbesuche für kleines Geld scheinen jedoch auch in Köln unwiederbringlich vorbei zu sein.

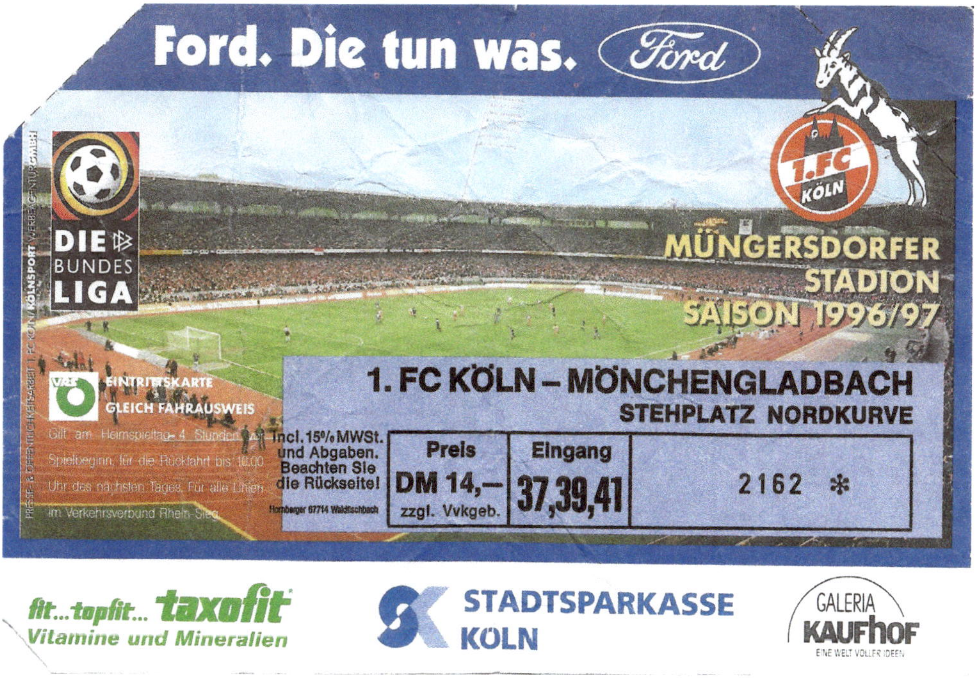

Eintrittskarte für das Müngersdorfer Stadion (1996) *Foto: Klaus-Hendrik Mester*

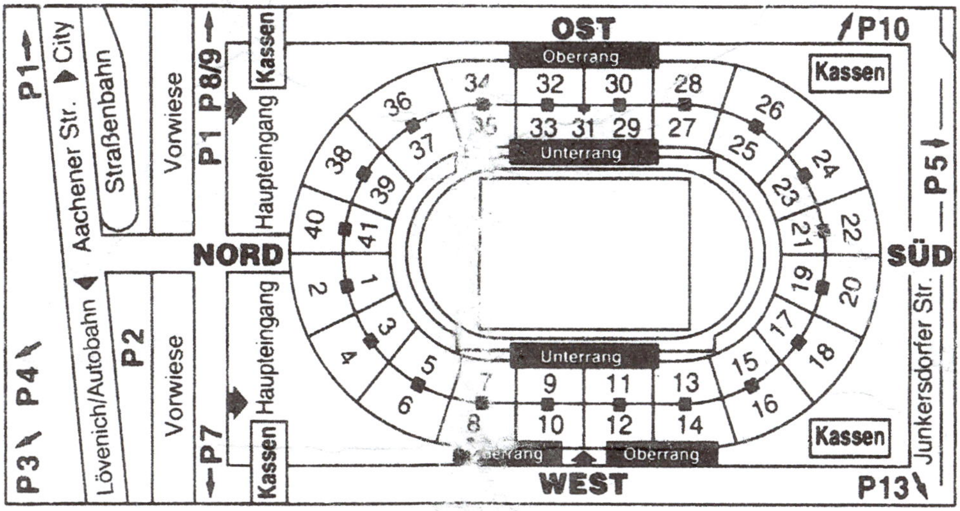

Stadionplan Müngersdorfer Stadion *Foto: Klaus-Hendrik Mester*

Weiterführende Informationen

Eine ausführliche Beschreibung der Ereignisse im Stadion, auch außerhalb des Fußballs, gelingt den Autoren Thomas Geres und Gabi Langen:
Thomas Geres und Gabi Langen: Müngersdorfer Stadion Köln; Köln 1998.

Auf der Internetseite des Kölner Stadtanzeigers findet sich ein Abriss der Geschichte des Müngersdorfer Stadions in Wort und Bild:
www.ksta.de/1--fc-koeln/von-1923-bis-heute-die-geschichte-des-muengersdorfer-stadions,15188010,31501698,item,1.html

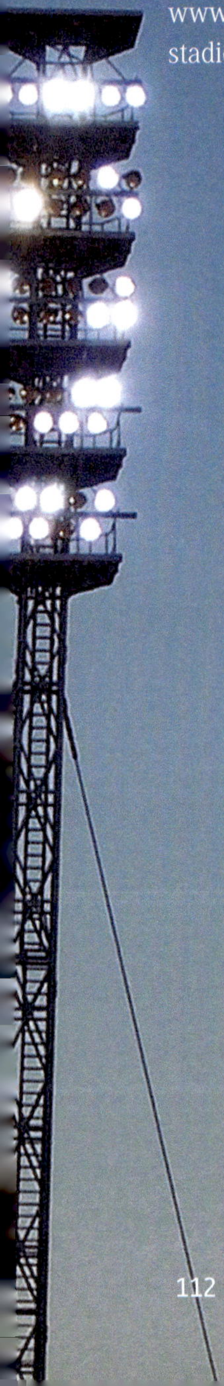

www.erlebnis-stadion.de/seiten/zentralstadion.php

Leipzig

Zentralstadion

Fassungsvermögen:	110.000 Zuschauer (Stand: 1956)
Architekt:	Karl Souradny
Eröffnung:	4.8.1956
Abriss:	2000
Standort:	Am Sportforum 3, 04105 Leipzig
Besonderheit:	Errichtung des Stadions auf einem mehr als 20 Meter hohen Berg aus Trümmerschutt des Zweiten Weltkriegs

Besondere Spiele

National:	Wismut Karl-Marx-Stadt – 1. FC Kaiserslautern 3:5 (Freundschaftsspiel, 6.10.1956, 110.000 Zuschauer)
	Chemie Leipzig – Vorwärts Berlin 2:1 (letztes Heimspiel in der Meistersaison, 3.5.1964, 45.000 Zuschauer)
	VfB Leipzig – FSV Mainz 05 2:0 (letzter Spieltag der 2. Bundesliga, Aufstieg in die 1. Bundesliga, 6.6.1993, 38.000 Zuschauer)
International:	1. FC Lokomotive Leipzig – Fortuna Düsseldorf 3:0 (Achtelfinale des UEFA-Pokals, 12.12.1973, 80.000 Zuschauer)
	1. FC Lokomotive Leipzig – Girondins Bordeaux 6:5 i. E. (Halbfinale des Europapokals der Pokalsieger, 22.4.1987, 73.000 Zuschauer)
	1. FC Lokomotive Leipzig – SSC Neapel 1:1 (2. Runde des UEFA-Pokals, mit Diego Maradona, 26.10.1988, 80.100 Zuschauer)
Länderspiele:	DDR – CSSR 1:4 (Qualifikationsspiel zur WM 1958, 27.10.1957, 110.000 Zuschauer)
	DDR – Rumänien 2:0 (Entscheidendes Qualifikationsspiel zur WM 1974, 26.9.1973, 95.000 Zuschauer)
	DDR – Frankreich 2:0 (Qualifikationsspiel zur WM 1986 gegen den amtierenden Europameister, 11.9.1985, 78.000 Zuschauer)

Auferstanden aus Ruinen und den 100.000 zugewandt

Graue Straßen winden sich durch dunkle Gebäudeschluchten. Fieser Nieselregen legt sich über die Stadt. Das matte Licht der Laternen kämpft gegen die einsetzende Dunkelheit an. Menschen in farblosen Kleidern hasten mit starren Blicken aneinander vorbei. Ab und zu knattert ein maroder Trabi durch die trübe Szenerie. Dieses überzeichnete Klischee der DDR transportierten alte Agentenfilme in Zeiten des „Kalten Krieges“ in die bundesdeutschen Wohnzimmer. Blendend eingereiht in diese Karikatur hätte sich das Zentralstadion in Leipzig: Ein schnödes, riesiges Oval aus Beton breitet sich auf einem über 20 Meter hohen Hügel aus. Den türmten tausende Leipziger aus zusammengetragenem Trümmerschutt des Zweiten Weltkriegs auf.

Am 4. August 1956 war es soweit. Die DDR-Führung sah sich am Ziel ihrer Planungen. Auf ihre Weisung hin schufteten mehr als ein Jahr insgesamt fast 200.000 Menschen am Bau des Stadions und ließen einen gigantischen Koloss mit weit über 100.000 Sitzplätzen entstehen. Der thronte auf 1,5 Millionen Kubikmetern Trümmerschutt. Die Spielstätte symbolisierte eine neue, auf Solidarität basierende Gesellschaftsordnung, die aus den Schutthalden des zurückliegenden Krieges erwachsen war und Großes verheißen ließ. Die praktische Nutzung sollte jedoch ambivalent ausfallen.

Einerseits begeisterten hier Akteure unterschiedlichster Sportarten die Massen. Die Vielfalt, die sich hier bot, dürfte bis heute einzigartig für ein deutsches Stadion sein. 1956 katapultierte Fritz Walter akrobatisch im Flug mit der Hacke den Ball in die Maschen. Ein Jahr später schlug die DDR die Bundesrepublik im Feldhandball. Das Radidol des Ostens, Gustav-Adolf „Täve“ Schur, setzte zum Schlussspurt der Friedensfahrt-Etappe an. Renate Stecher lief Weltrekord. Ein Jahr vor der Wende schlug Diego Armando Maradona Zuckerpässe. Die schillernde Gallionsfigur des SSC Neapel überzog die architektonisch recht triste Schüssel mit internationalem Glanz. Wohl weit mehr als 100.000 Fußballbegeisterte erlebten den letzten ganz großen Fußballmoment im Zentralstadion. Der nüchterne Bau mutierte in solchen Momenten zu einem Quell voller Lebensfreude. Gänsehautstimmung erfüllte den Klotz oft auch bei Länderspielen der ostdeutschen Kicker. Für das Duell gegen die Tschechoslowakei 1957 baten mehr als 600.000 Fußball-Enthusiasten bei den Organisatoren um Karten. 120.000 von ihnen fanden letztlich auf den komplett überfüllten Tribünen Platz und bilden bis heute die nationale Rekordmarke für Fußballspiele.

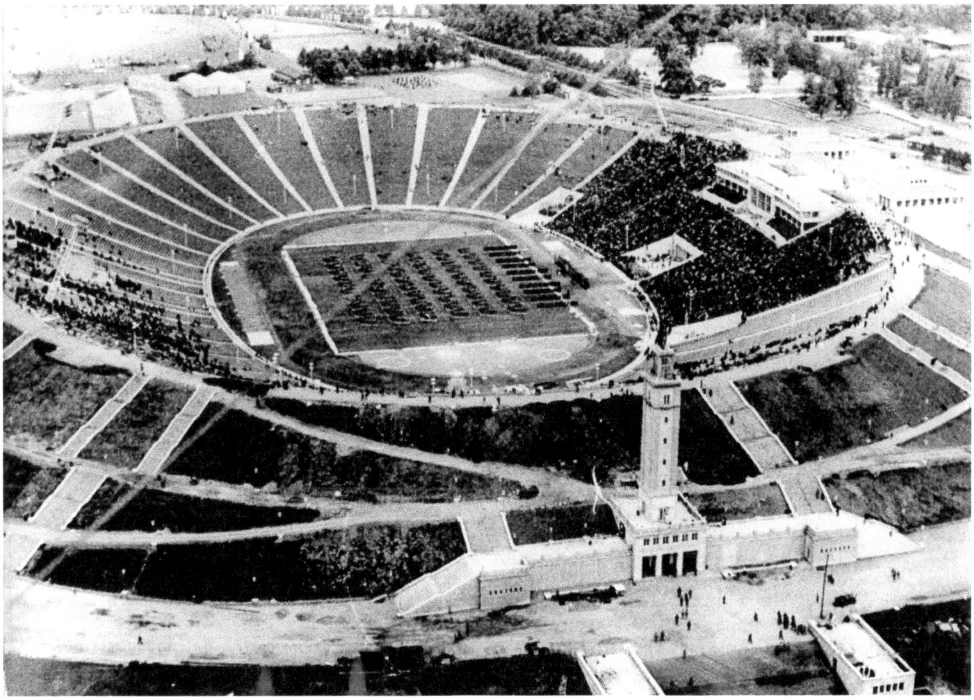

Eine Schüssel für 100.000 (August 1956) *Foto: Bundesarchiv*

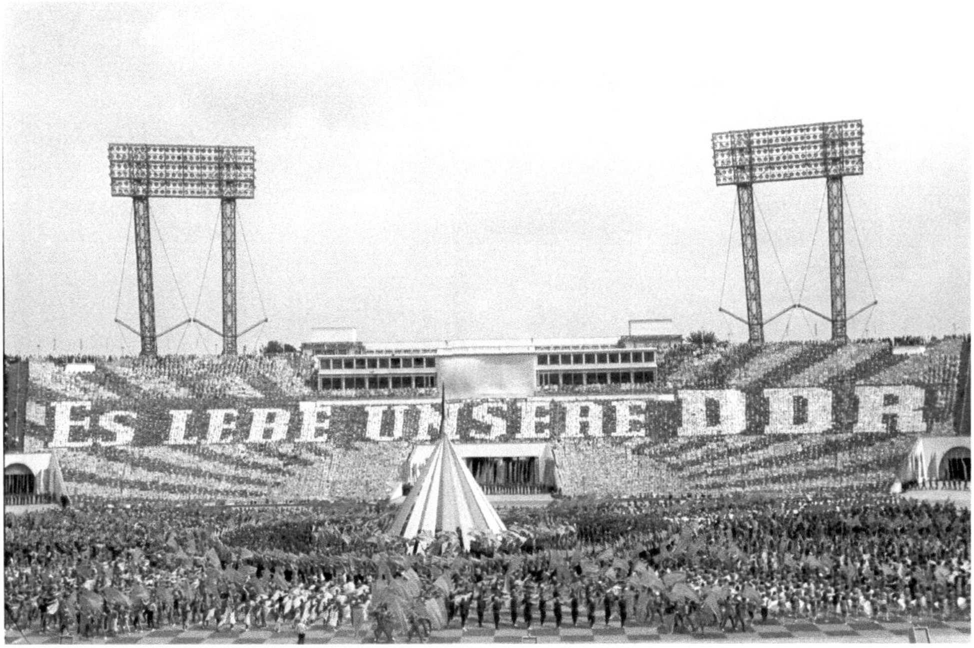

Deutsches Turn- und Sportfest 1977 *Foto: Bundesarchiv/Peter Koard*

Nicht nur die Besucher, sondern auch die ehemaligen Akteure blicken mit Wehmut zurück. Ex-DDR-Nationalspieler Joachim Streich lässt in einem Interview mit dem Mitteldeutschen Rundfunk ganz besondere Momente Revue passieren. Das Zentralstadion diente der Nationalmannschaft als bevorzugter Austragungsort ihrer Länderspiele. Jedes dritte Heimspiel fand hier statt. Die Mannschaft reiste meistens im Bus an. Das Erblicken des riesigen Gebäudes vor dem Haupteingang sorgte bei Streich für Kribbeln und Anspannung. Er wusste, dass hinter dem wuchtigen Gebäude 90.000 Zuschauer und mehr warteten. Dieser Gedanke ließ seine Knie erweichten und die Unruhe bis zum Anpfiff anhalten.

Einen letzten Höhepunkt setzte die Nationalelf 1985. Furios rang das Team um Trainer Bernd Stange die amtierenden Europameister aus Frankreich mit 2:0 nieder. Das Ost-Berliner Fachmagazin „Die neue Fußballwoche“ konstatierte daraufhin für seine Verhältnisse fast schon überschwänglich „Prächtig aufgespielt!“.

Auch für den heimischen 1. FC Lokomotive bot das Stadion die Bühne für ganz große Dramen. Seinen absoluten sportlichen Glücksmoment erlebte Lok-Torhüter René Müller im April 1987. Inoffiziell geschätzte 120.000 „Lokisten“, wie die Anhänger des Clubs genannt werden, teilten diesen unvergesslichen Augenblick. Den Stoff für die Story hätte kein Drehbuch besser beschreiben können. Das entscheidende Rückspiel im Halbfinale des Europapokals der Pokalsieger zwischen Lokomotive und Girondins Bordeaux mobilisierte fast ganz Leipzig. In den Stunden vor dem Anpfiff riss der Lindwurm an Zuschauern, der sich in Richtung Zentralstadion vorschob, nicht ab. Irgendwann kapitulierten die Club-Offiziellen vor den Massen und wiesen die Ordner an, die Leute einfach ohne Eintrittskarte ins Stadion zu lassen. Die Besucher hielten den Lärmpegel im Stadion derart hoch, dass den Spielern die Kommunikation schwer fiel. Mit den begeisterten Fans im Rücken kämpfte sich die Mannschaft bis ins Elfmeterschießen durch. Dann betrat René Müller die Show-Bühne. Erst hielt er den Schuss von Vujovic, um kurz darauf selbst zum Elfmeterpunkt zu schreiten. Der Keeper lief an, nahm Maß und hämmerte den Ball in die Maschen. Zeitgleich schossen die Anhänger aus ihren Sitzen hoch. Der Kessel explodierte. Das Fußballdrama fand sein Happy-End.

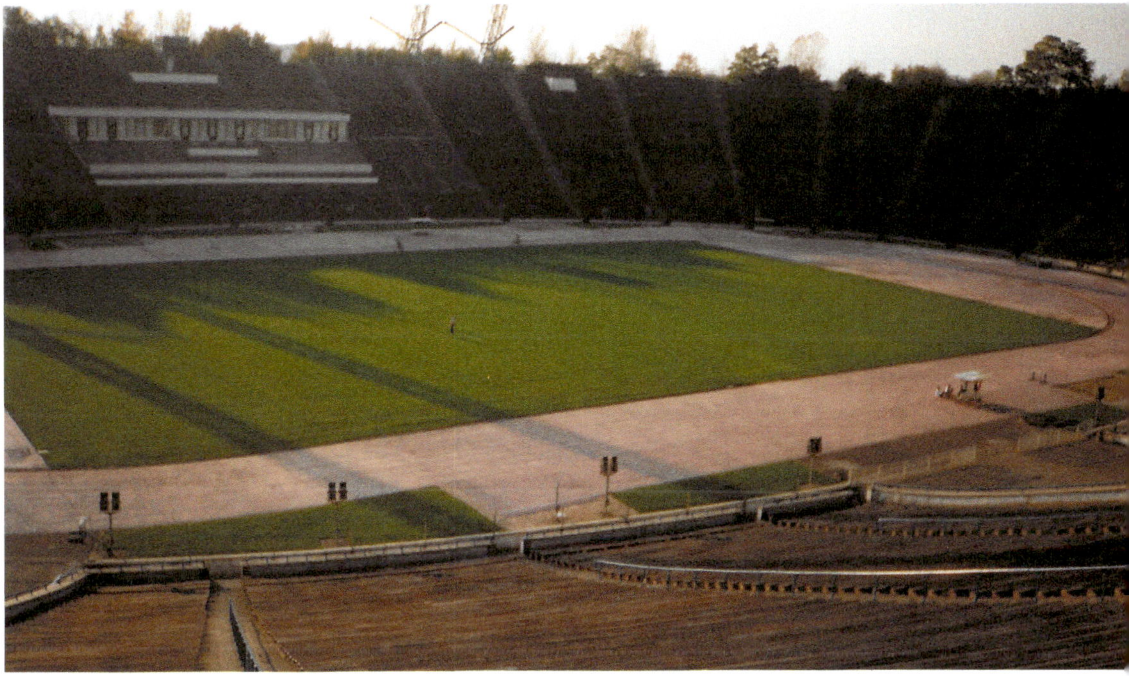

Gigantischer Beton-Koloss (1990) *Foto: Klaus-Hendrik Mester*

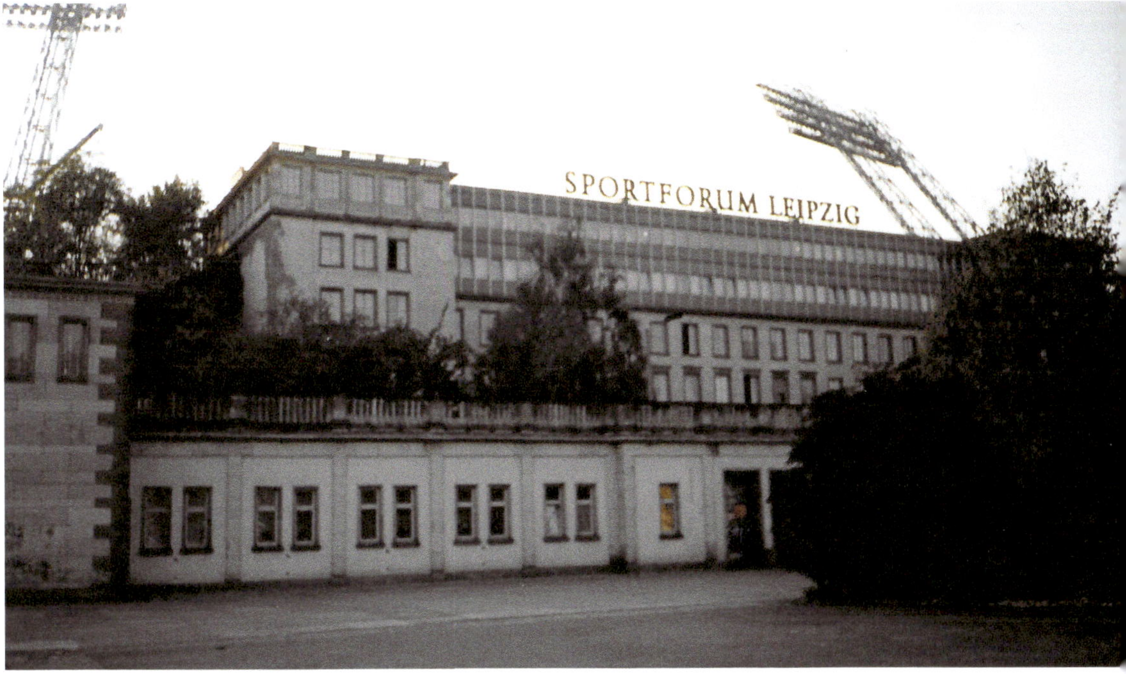

Wuchtiges Hauptgebäude vor dem Stadion (1990) *Foto: Klaus-Hendrik Mester*

Andererseits bereitete das weite Rund aber auch die Plattform für Politpropaganda. Das riesige Stadion bot das optimale Ambiente für die großen Sportschauen der Aktiven einiger Kinder- und Jugend-Spartakiaden sowie aller Turn-und Sportfeste der DDR. Zuletzt strömten Sportfreunde aus der gesamten Republik zwei Jahre vor der Wende zum 8. Turn- und Sportfest nach Leipzig. Die Sportschau der Teilnehmer avancierte zum uneingeschränkten Höhepunkt der Wettkampfwoche in diesen Sommertagen des Jahres 1987. Tausende Sportler auf dem Rasen, mehr als 100.000 erwartungsfrohe Zuschauer auf den Tribünen und unzählige Fernsehzuschauer lieferten den DDR-Verantwortlichen die Steilvorlage für eine gigantische „PR-Aktion". Die Organisatoren nutzten sie. 12.000 Teilnehmer des „Übungsverbands Osttribüne" wurden mit einer Regieanweisung sowie Püscheln, Tüchern und Pappen ausgerüstet. So konnten sie 240 Losungen und Bilder darstellen. Streng der Anweisung folgend hatten die Teilnehmer die Gegenstände nach oben zu halten. Die Devise „Fähnchen heben auf Kommando" ließ spröde Polit-Statements wie „Wir schützen unsere DDR", „Wir ehren Karl Marx" oder „Lebensfreude" entstehen. Hunderte Mitarbeiter des Ministeriums für Staatssicherheit (MfS) und insgesamt 15.000 Sicherheitskräfte der DDR sorgten für einen reibungslosen Ablauf des Spektakels. Das MfS begann schon im Jahr 1985 unter dem Namen „Operation Lebensfreude `87" mit den Planungen zur Absicherung des Großereignisses. Die „Schlapphüte" bildeten Arbeitsgruppen, arbeiteten Maßnahmen- und Einsatzpläne aus und überprüften die Aktiven des Sportfestes.

Auf der einen Seite genossen die Teilnehmer der Sportfeste die lockere Stimmung unter den Sportlern und den Volksfestcharakter. Bundesdeutsche Beobachter attestierten dem Spektakel einen Stimmungsmix aus Parteitag und Karneval. Demgegenüber nutzten die DDR-Politiker die teilweise militärisch anmutende Massenveranstaltung und nicht zuletzt die Teilnehmer als riesige Polit-Propaganda-Show für ihre Zwecke aus.

Die Architektur spaltete ebenfalls die Gemüter. Das Zusammenspiel charakteristischer Bauelemente mündete in einem einzigartigen Gesamteindruck des Stadions. Riesige Flutlichtmasten, ein monumentales Gebäude vor dem Haupteingang und ein fast sakral wirkender Glockenturm auf der Südseite ließen die anströmenden Besucher in Ehrfurcht erstarren. Gleichzeitig wirkte das überdimensionale Betonoval von Innen kalt und abweisend. Architekt und Ingenieure ließen die Zuschauer buchstäblich im Regen stehen, da eine Überdachung der Tribünen komplett fehlte. Laufbahnen, Weitsprunganlagen und ausladende Freiflächen für Leichtathleten trübten bei Fußballspielen den Blick der Zuschauer. Die despektierliche Bezeichnung „Ostblock-Betonschüssel" übertrieb nicht.

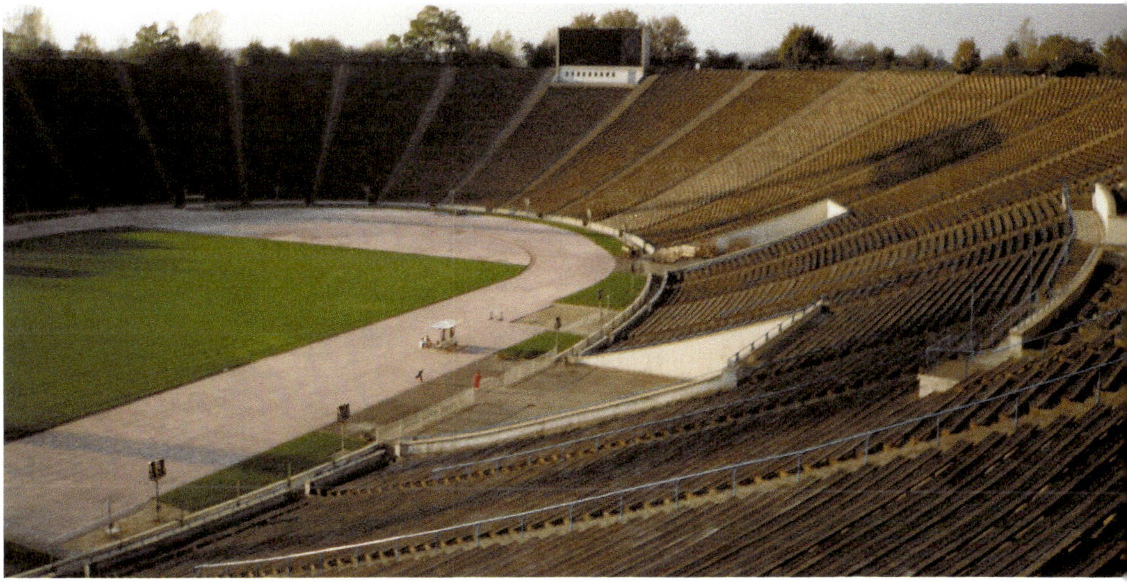

Blick auf die Osttribüne (1990) *Foto: Klaus-Hendrik Mester*

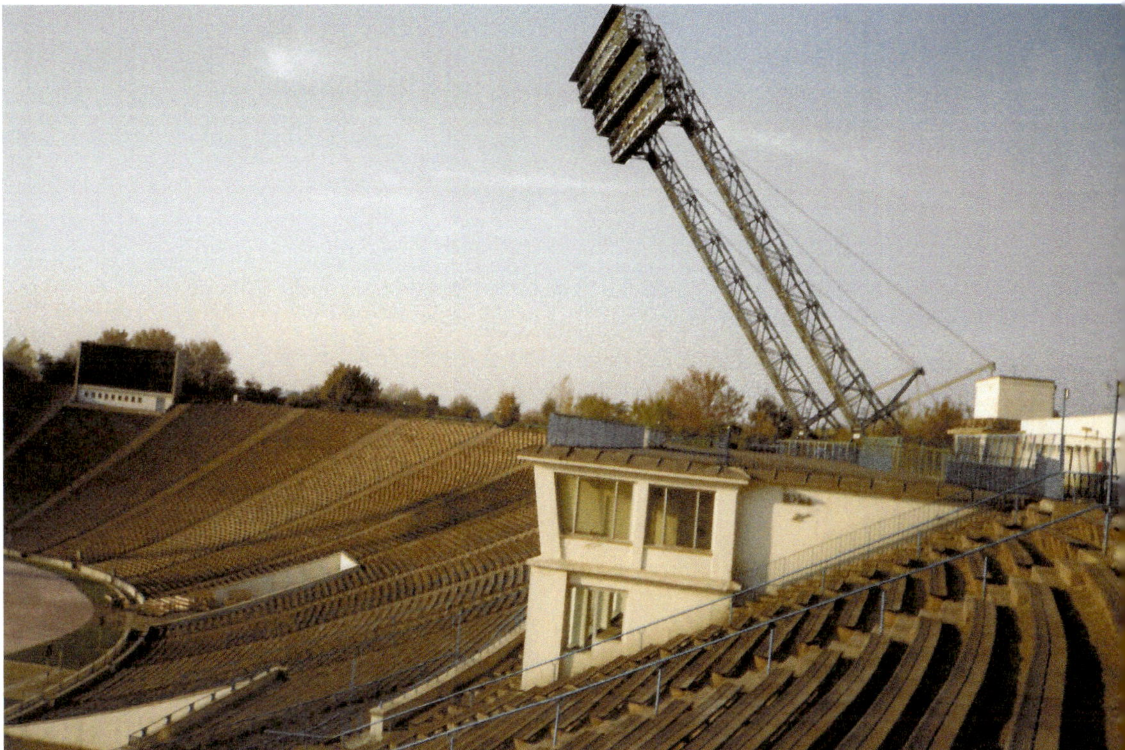

Riesige Flutlichtmasten (1990) *Foto: Klaus-Hendrik Mester*

Aber das weite Oval bot für einige kritische Köpfe zu DDR-Zeiten auch ein kleines Stück Freiheit. Diese konnten ansonsten nur die Kirchen stiften. Die Anonymität der Masse ermöglichte Entfaltungsmöglichkeiten und Freiräume, die einige Anhänger etwa in Schmähgesängen des Gegners oder Sympathierufen für westdeutsche Fußballvereine äußerten. Die meist jungen Fußballfans provozierten mit ihren Jeanskutten, Aufnähern westdeutscher Vereine und längeren Haaren das politische Establishment. Im Gegensatz zu den in evangelischen Kirchen organisierten oppositionellen Gruppen traten die Fans nicht explizit regimekritisch auf. Sie verband der Wunsch nach persönlichen Spielräumen und Anti-Obrigkeitsdenken. Vor allem beim Leipziger Stadtderby Lok gegen Chemie brodelte der Kessel.

Die Provokation und Protesthaltung ging in den 1980er-Jahren immer stärker in Hooliganismus und eine zunehmende Gewaltbereitschaft über. Plötzlich konfrontierten Teile der Fans den Staat mit rechtsradikalen Sprüchen, Prügeleien und vereinzelten Gewaltexzessen. Dem Phänomen standen die verantwortlichen Politiker gegenüber wie das Kaninchen vor der Schlange. Offiziell gab es im real existierenden Sozialismus nämlich keine rechtsnationale Gesinnung.

Gemocht, geduldet, geschmäht: Das alte Zentralstadion lud zu kontroversen Betrachtungen ein. Die Ausnutzung der Massenveranstaltungen für die Festigung der politischen Macht überdeckt die freudigen, teils ekstatischen Sportereignisse. Imposante und interessante Architekturbestandteile kämpften gegen den kalten Gesamteindruck des Ostblockcharmes an. Zur mutig artikulierten Provokation auf den Rängen gesellten sich im Lauf der Jahre immer mehr rechte Parolen.

Im von Erdwällen umfassten weiten Innenraum des alten Stadions entstand pünktlich zur Fußball-WM 2006 eine moderne Spielstätte. Offen bleibt, ob die Arena den Leipzigern eine gleichermaßen ambivalente als auch facetten- und ereignisreiche Zukunft bieten kann, wie es der Vorgängerbau in der Vergangenheit tat.

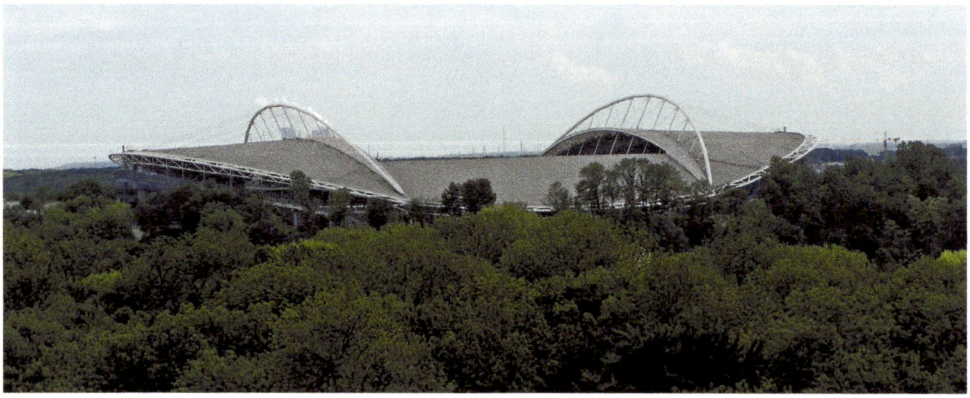

Das neue Leipziger Stadion *Foto: Onkel Ans/pixelio.de*

Weiterführende Informationen

Ein Artikel auf der Homepage des Mitteldeutschen Rundfunks (MDR) bietet eine kurze Beschreibung der herausragenden Ereignisse im Zentralstadion:
www.mdr.de/damals/archiv/artikel98308.html

Das Museum in der „Runden Ecke“ liefert in einem Ausstellungsraum sehr interessante Hintergrundinformationen über die vom Staat lancierten Sportfeste im Zentralstadion. Fotos, Kommentare und Originaldokumente der Staatsicherheit veranschaulichen die Rolle der Sportstätte für den Staat. Das Museum befindet sich in der ehemaligen Leipziger Bezirksregierung der Staatssicherheit (Dittrichring 24, 04003 Leipzig). Weitere Informationen finden sich auf der Internetseite des Museums:
www.runde-ecke-leipzig.de/

Für den Leser mit Interesse an detaillierten Informationen zur Historie der Spielstätte empfiehlt sich ein Blick in folgendes Werk:
Andreas Debski, Michael Kraske und Ingolf Rackwitz: Zentralstadion Leipzig. Vom Stadion der Hunderttausend zum Fußballtempel; Berlin 2006.

Sowohl die Unterhaltungsliteratur als auch wissenschaftliche Studien haben sich in den vergangenen Jahren des Themas „Fußball und Fankultur in der DDR“ verstärkt angenommen. Ein erster Überblick über Hintergründe und Zusammenhänge bietet sich auf den Seiten der Bundeszentrale für politische Bildung. Dort werden auch umfangreiche Literaturhinweise gegeben:
www.bpb.de/gesellschaft/sport/bundesliga/166321/fussball-land-ddr?p=all
www.bpb.de/geschichte/zeitgeschichte/deutschlandarchiv/135223/hooliganismus-in-der-ddr?p=all

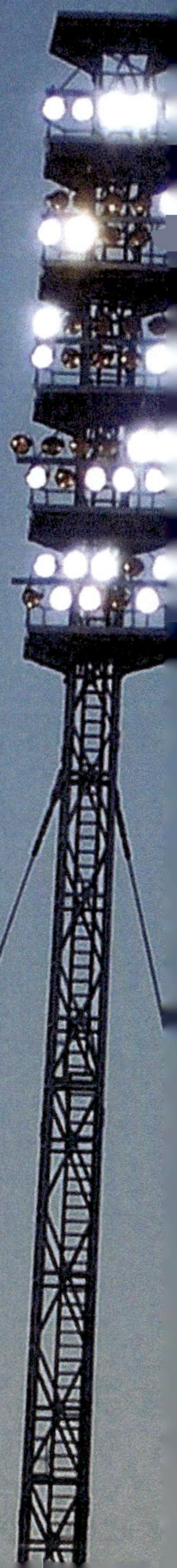

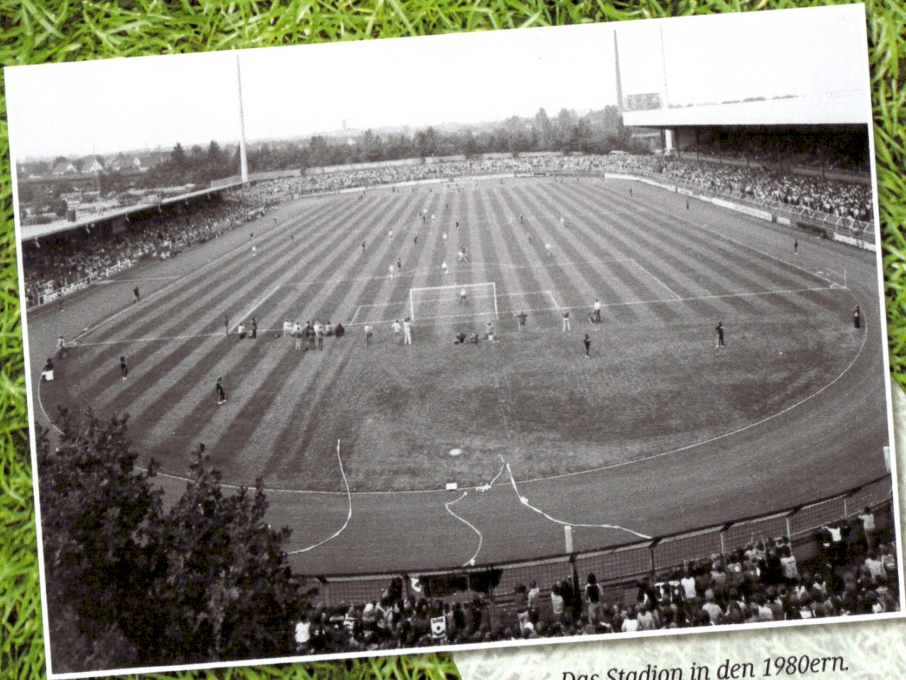

Das Stadion in den 1980ern.
Foto: Bayer AG/Corporate History & Archives

www.bayer04.de/b04-bay/de/237.aspx?guid=237-EBC279EE-D274-4523-A7C4-11AE32098A18

Leverkusen

Ulrich-Haberland-Stadion

Fassungsvermögen: 26.000 Zuschauer (Stand: 1991)

Eröffnung: 1923 als „Bayer-Platz", 1958 als „Ulrich-Haberland-Stadion"

Umbau: 1932 Einweihung „Stadion am Stadtpark";

1963 (Flutlichtanlage); 1986 bis 1990; 1997;

ab 1998: Umbenennung in „BayArena"; weiterer Ausbau 2009

Standort: Bismarckstraße 122–124, 51373 Leverkusen

Besondere Spiele

National: Bayer 04 Leverkusen – Rot-Weiß Lüdenscheid 8:1 (31. Spieltag der Bundesliga Nord-Saison 1978/79, 16.4.1979, 4.000 Zuschauer)

Bayer 04 Leverkusen – FC Schalke 04 6:1 (8. Spieltag der Bundesliga-Saison 1992/93, 26.9.1992, 23.900 Zuschauer)

Bayer 04 Leverkusen – 1. FC Kaiserslautern 1:1 (Rettung vor dem Abstieg am 34. Spieltag der Bundesliga-Saison 1995/96, 18.5.1996, 19.500 Zuschauer)

Bayer 04 Leverkusen – Bayern München 4:2 (15. Spieltag der Bundesliga-Saison 1997/98, 30.11.1997, 22.500 Zuschauer)

International: Bayer 04 Leverkusen – Espanyol Barcelona 6:2 n. E. (UEFA-Pokal-Finalrückspiel 1988, 18.5.1988, 22.500 Zuschauer)

Länderspiele: Deutschland – Luxemburg 4:0 (Qualifikation zur EM 1992, 18.12.1991, 26.000 Zuschauer)

Deutschland – Moldawien 6:1 (Qualifikation zur EM 1996, 8.10.1995, 18.500 Zuschauer)

Bauwut unterm Bayer-Kreuz

Kaum ein anderes Stadion durchlebte einen so vielfältigen und auch rasanten Entwicklungsprozess wie das nach einem langjährigen Bayer-Vorstandsvorsitzenden benannte Ulrich-Haberland-Stadion. Noch in den 1920er-Jahren wurde hier auf einem einfachen Sportplatz gebolzt. Dann entstanden die ersten Tribünen. Mitte der 1950er-Jahre ließ Bayer die Spielstätte an gleicher Stelle neu bauen. 20.000 Besucher fanden im weiten Rund Platz. Keine zehn Jahre später ermöglichte eine Flutlichtanlage die ersten Abendspiele im Ulrich-Haberland-Stadion. Ab Mitte der 1980er-Jahre wandelte sich das kleine Stadion mit wenigen Sitzplätzen zu einem „Schmuckkästchen". Mehrere Bauabschnitte führten schließlich dazu, dass die Bayer-Fans die Spiele ihres Teams in einer der modernsten Spielstätten des Landes verfolgen konnten. Im Jahr 2009 erhielt das Stadion, mittlerweile zur „BayArena" verwandelt, nochmals ein anderes Gesicht. Durch den Bau eines Oberrangs finden mittlerweile mehr als 30.000 Besucher Platz.

Diese enorme Wandlungsfähigkeit charakterisierte über Jahrzehnte die Sportstätte. Das Stadion glich einer Großbaustelle, gefühlt stoppten die An-, Um- und Weiterbaumaßnahmen nie. Mitten in eine Umbauphase platzte das bis heute herausragende sportliche Ereignis, das sich im Ulrich-Haberland-Stadion abspielte: Bayer 04 ergatterte in einem dramatischen Finale gegen Espanyol Barcelona den UEFA-Cup.

Den Beweis, dass der überspringende Funke von stimmgewaltigen Fans auf eine Mannschaft nicht zwingend von einer vollkommenen Architektur eines Stadions abhängt, erbrachten die Besucher an jenem Abend. Hinter den beiden Toren ragten Stahlrohrtribünen in den Sommerhimmel. Dicht gedrängt standen dort die Bayer-Anhänger und gegenüber die katalanischen Schlachtenbummler. Ein riesiges Ungetüm aus Beton erstreckte sich auf der Ostseite. Die neue Tribüne befand sich im Rohbau. Ausnahmsweise fanden dort für diesen besonderen Anlass Fußballfreunde Platz. Einzig die gerade neu gebaute Haupttribüne glänzte mit blitzblanken Sitzplatzschalen und lichtdurchfluteter Dachkonstruktion. Insgesamt strömten 22.500 Besucher ins Stadion und sollten Zeuge eines unvergesslichen, gar historischen Ereignisses werden.

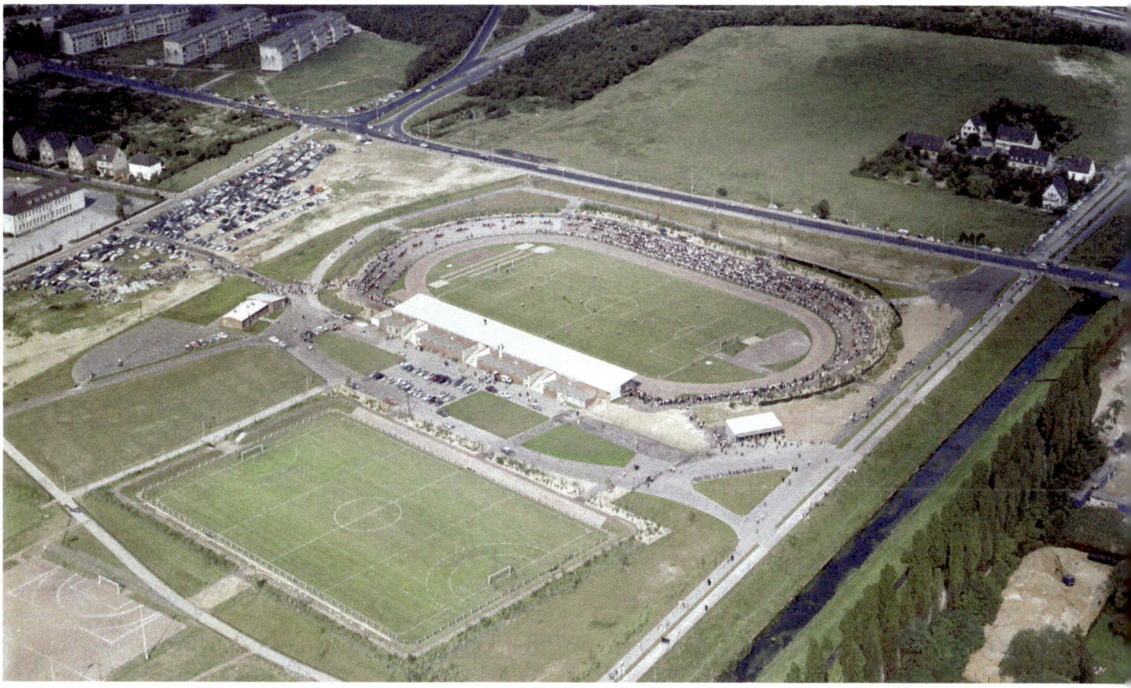

Stadionfoto aus dem Jahr 1959 *Foto: Bayer AG/Corporate History & Archives*

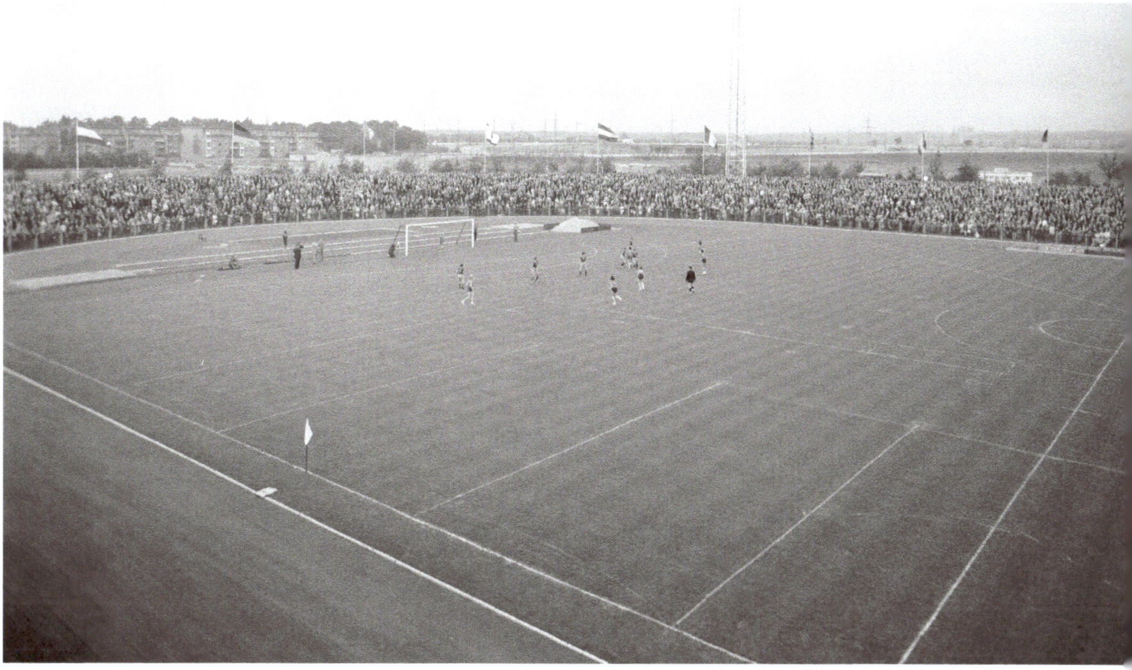

Bayer-Firmenjubiläum im Jahr 1963 *Foto: Bayer AG/Corporate History & Archives*

Bis dahin hatte sich die Atmosphäre im Haberland-Stadion nicht gerade den Ruf als die Brasilianischste der Bundesliga erworben. Karnevalstimmung kam doch eher selten auf. Das sollte sich am 18. Mai 1988 ändern. Schon beim Betreten des Stadions spürten Torhüter Rüdiger Vollborn und Co., dass etwas Besonderes in der Luft lag. Die Fans vermittelten ihrer Mannschaft mit aufmunternden Sprechchören volles Vertrauen. Sie glaubten an ihre Elf und gaben ihr die Kraft, die 0:3-Hinspielpleite doch noch umzubiegen. Aus der Aufmunterung erwuchs mit zunehmendem Spielverlauf Begeisterung. Nach dem 1:0 und dem 2:0 der Werkself entwickelte sich langsam Enthusiasmus unter den Fans. Die Mannschaft von Trainer Erich Ribbeck erhielt einen weiteren, letzten Schub. Der sollte sich auszahlen, denn Bayers südkoreanischer Stürmer Bum-Kun Cha traf neun Minuten vor dem Ende zum erlösenden 3:0. Die Verlängerung plätscherte dahin. Der Sieger musste im Elfmeterschießen ermittelt werden. Die große Stunde bzw. die genialen Minuten des Bayer-Keepers Rüdiger Vollborn sollten schlagen. Mit ausufernden Ruderbewegungen seiner Arme, seltsam anmutenden Hüftwacklern und einem Blick, der wilde Löwen hätte erstarren lassen, irritierte er die Elfmeterschützen von Espanyol. Es sollte helfen. Bei drei Spielern versagten die Nerven. Zwei verschossen, einen Elfmeter hielt Vollborn. Wenige Minuten später reckte der Torhüter den schweren UEFA-Pokal in den rheinischen Nachthimmel.

Dieser Mai-Abend bewies wieder einmal, was Fans mit ihrer bedingungslosen Unterstützung bewirken können. Nach dem Schlusspfiff strömten die Leverkusener aus ihren Häusern auf die Straße. Jubelnde Menschen und Autokorsos prägten das Stadtbild dieser Nacht.

Die architektonischen Wandlungen des Ulrich-Haberland-Stadions im Laufe der Jahrzehnte sind fast schon idealtypisch. Die einzelnen Etappen der Stadionhistorie zeigen den Weg vom kleinen Sportplatz bis hin zur hochmodernen Arena. In den 1950er- und 1960er-Jahren konzentrierte sich der Zuschauerkomfort auf eine kleine überdachte Sitzplatztribüne. Ansonsten standen die Besucher im weitläufigen Oval.

Anlässlich des Firmenjubiläums der Bayer AG erhielt das Stadion im Jahr 1963 dann eine moderne Flutlichtanlage.

1979 erhöhte der Bau einer Holztribüne auf der Ostseite des weiten Runds den Wohlfühlfaktor. Im Laufe der folgenden Jahrzehnte verwandelte sich die Spielstätte in ein Stadion mit den höchsten Komfort-Standards.

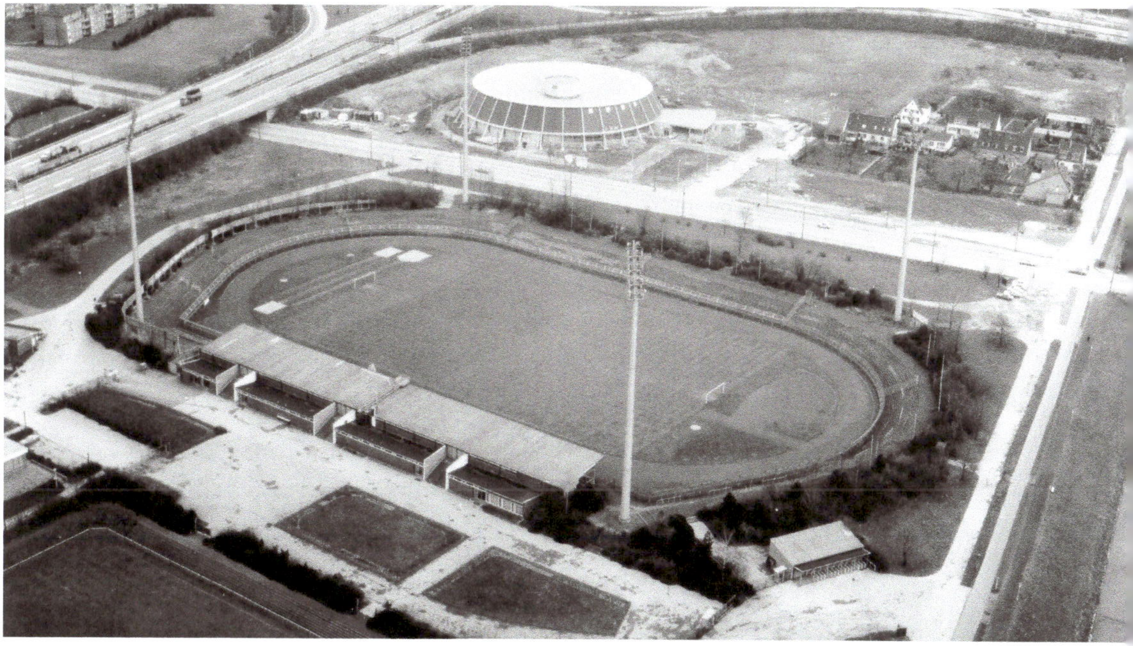

Von oben nach rechts: Rundturnhalle, Ulrich-Haberland-Stadion, Trainingsplatz. Aufnahme aus dem Jahr 1975. *Foto: Bayer AG/Corporate History & Archives*

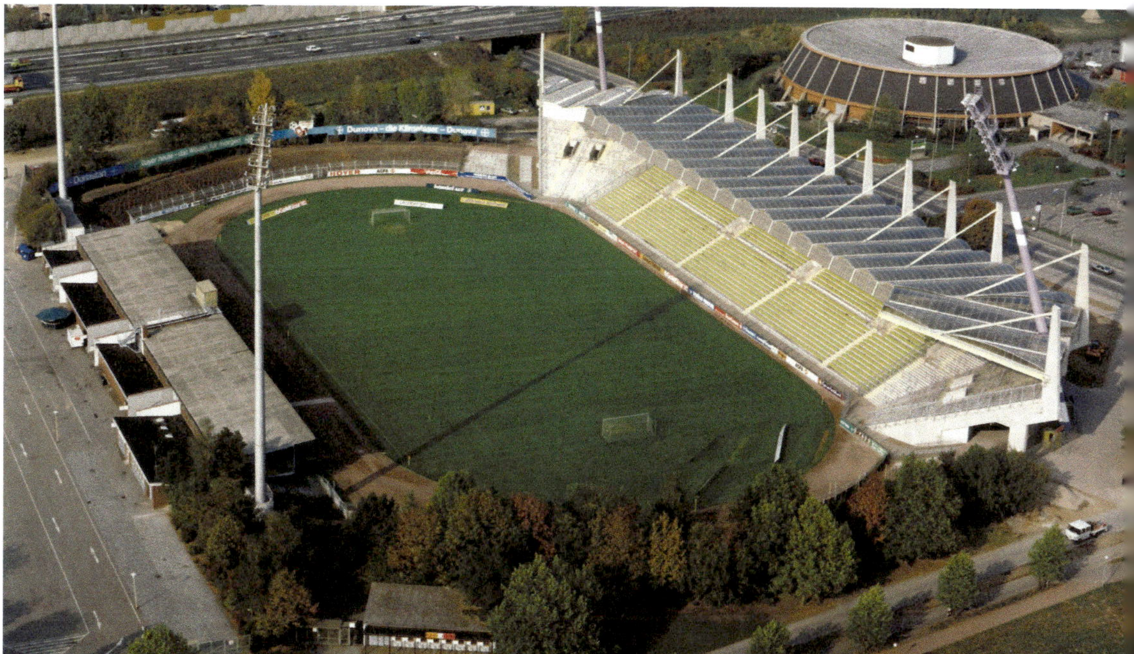

Stadion mit der neu erbauten Haupttribüne *Foto: Bayer AG/Corporate History & Archives*

Ab 1985 setzten umfangreiche Umbaumaßnahmen ein. Zunächst ließen die Vereinsverantwortlichen die Westseite des Stadions erneuern. Eine weitere moderne Tribüne entstand. Das Bauwerk gab aber nur einen Vorgeschmack von dem, was an dieser Stelle etwa 30 Jahre später einmal stehen würde: eine der modernsten Arenen Deutschlands.

Wenige Jahre darauf konnten die Leverkusener Fußballfreunde bereits auf den beiden Längsseiten komfortabel und entspannt dem Spielverlauf folgen.

Kurze Zeit später umfassten drei moderne Tribünen das Spielfeld. Das Ulrich-Haberland-Stadion diente als Vorläufer der heutigen Arenen.

Am Ende der 1990er-Jahre erhielt das Stadion auf der einzigen noch nicht modernisierten Seite Logen und eine kleine Vortribüne. Damit avancierte es endgültig zum „Schmuckkästchen“ der Fußball-Bundesliga. Die Umbenennung in „BayArena“ erfolgte zum Beginn der Saison 1998/99. Wenig später eröffnete sogar ein Hotel im Stadion. Im Jahr 2007 begannen nochmals umfangreiche Umbauten, in deren Verlauf Oberränge entstanden. Zudem verlieh eine neue Dachkonstruktion der Arena abermals ein markantes, weithin sichtbares Gesicht.

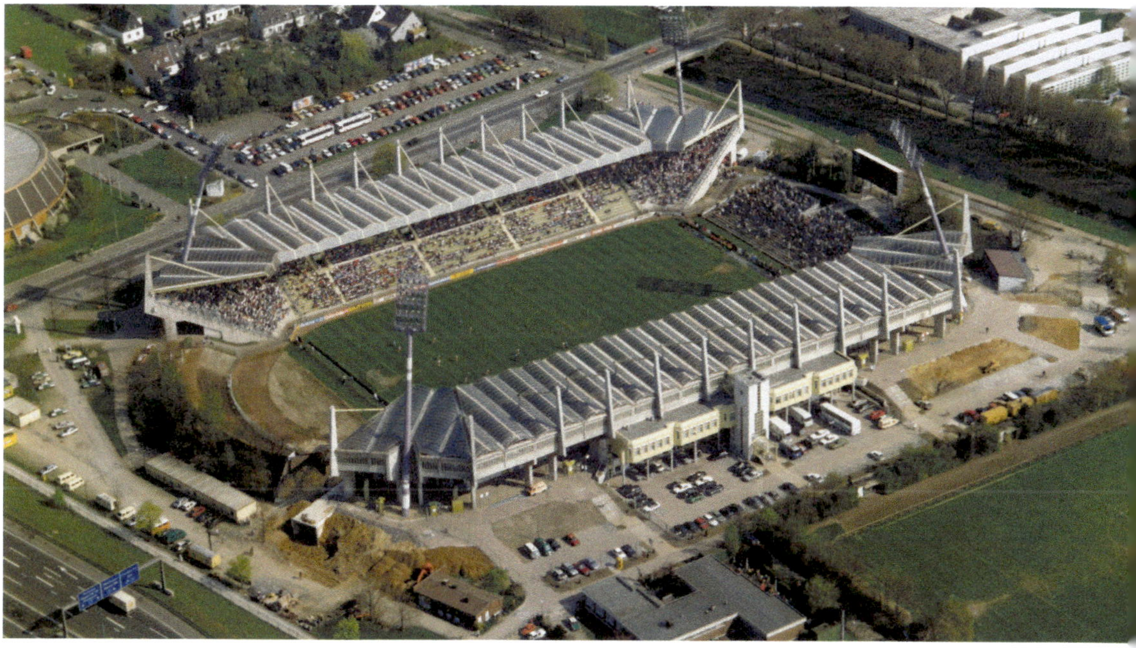

Neue Haupt- und Gegentribüne. *Foto: Bayer AG/Corporate History & Archives*

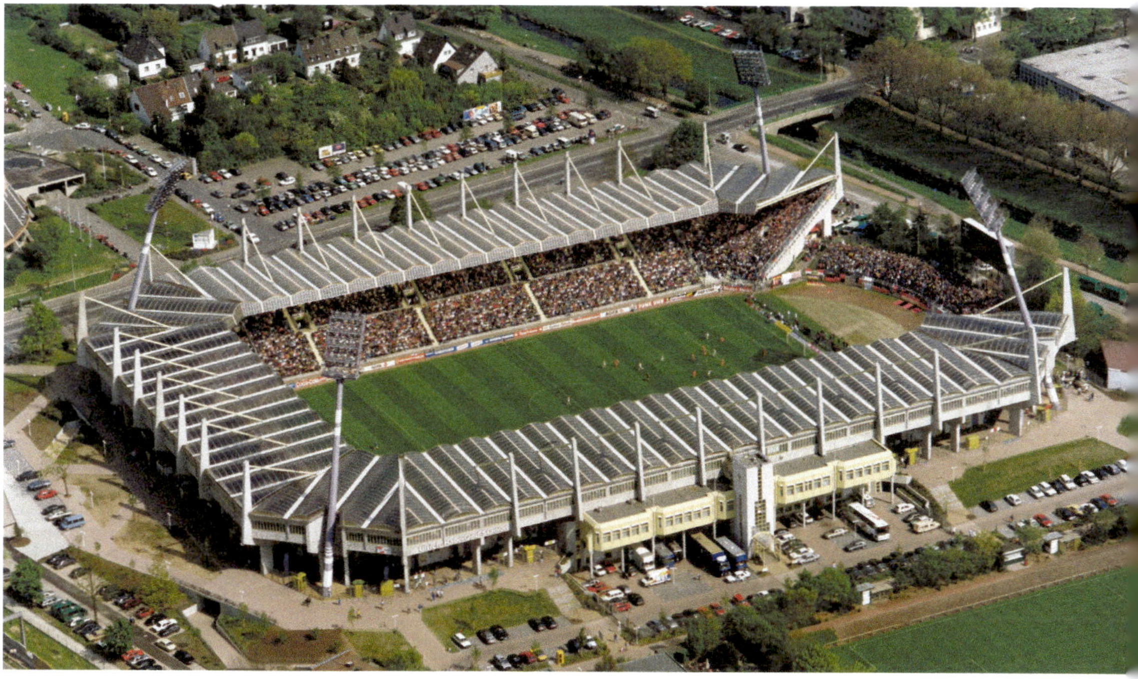

Stadionaufnahme aus den 1990er-Jahren *Foto: Bayer AG/Corporate History & Archives*

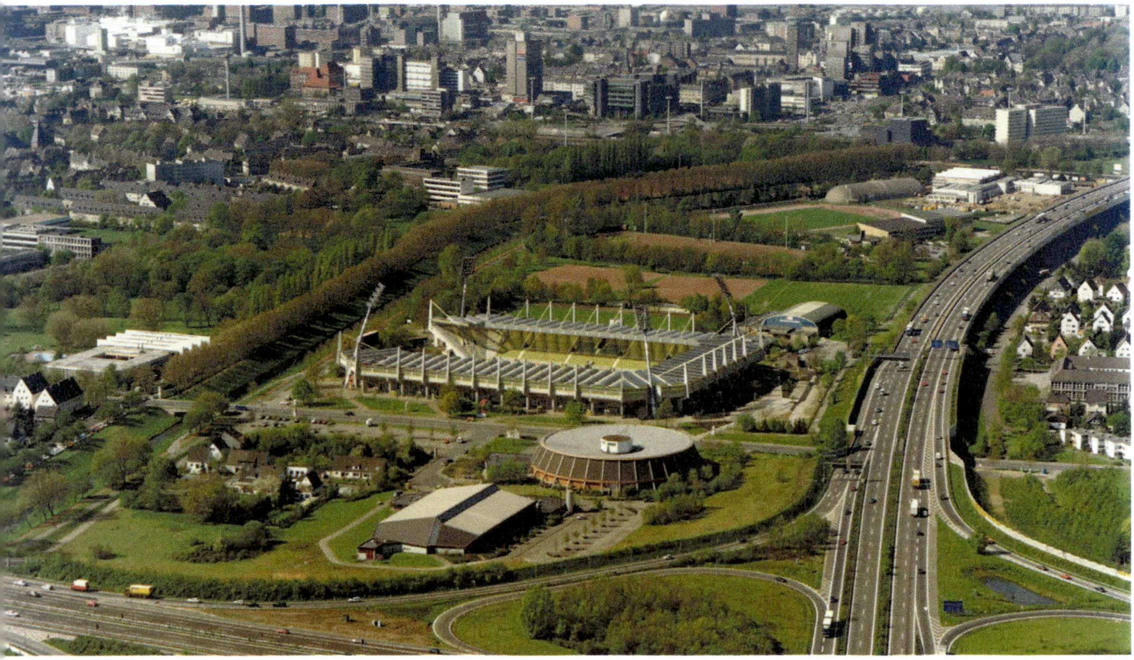

Luftaufnahme aus den 1990er-Jahren. Im Hintergrund: Das Werkgelände der Bayer AG.
Foto: Bayer AG/Corporate History & Archives

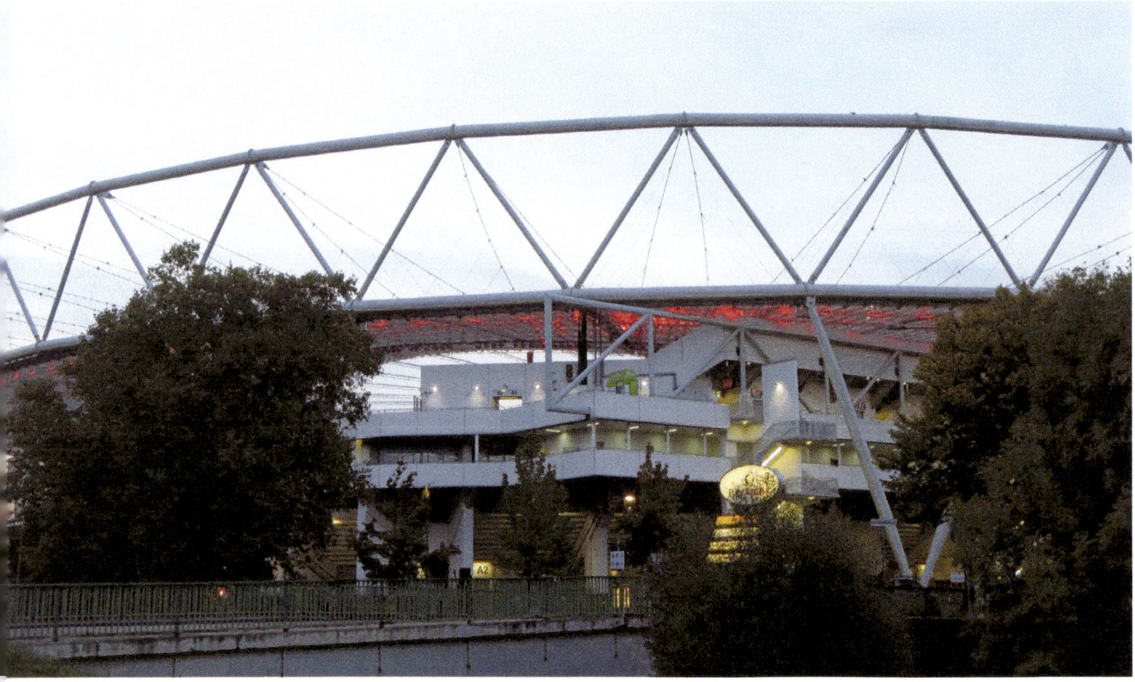

Die hochmoderne Arena heute mit auffälliger Dachkonstruktion Foto: Frederick Kühne/pixelio

Weiterführende Informationen

Zur Historie und Geschichte des Stadions:
www.bayer04.de/b04-bay/de/237.aspx?guid=237-EBC279EE-D274-4523-A7C4-11AE32098A18

Fotoreihe zu den verschiedenen Stadionformen:
www.rp-online.de/sport/fussball/bayer-04/die-bayarena-im-wandel-der-zeit-bid-1.2850589

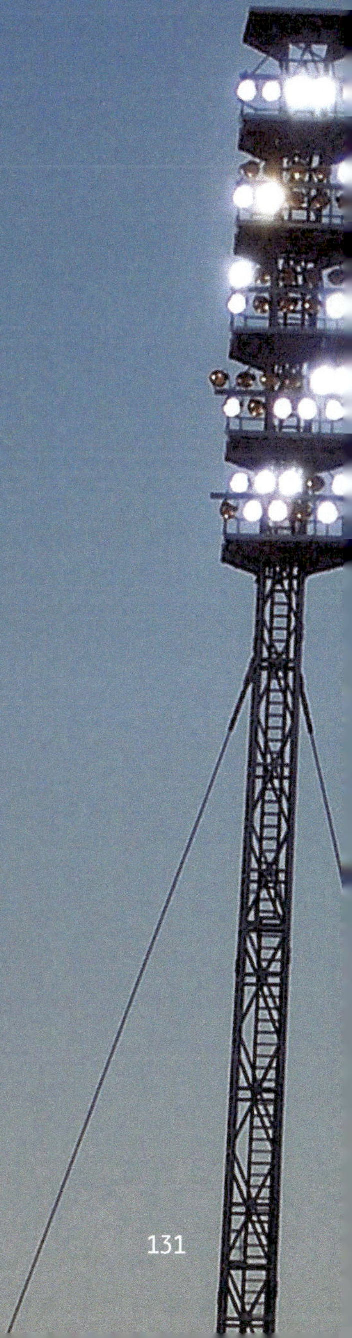

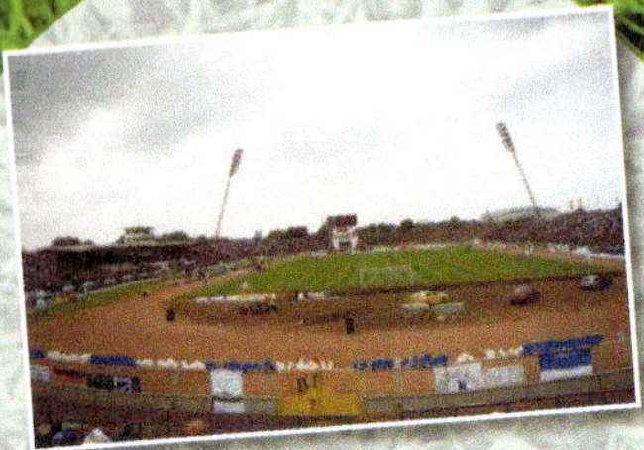

Breite Aschenbahn und kleine überdachte Haupttribüne mit markantem Sprecherturm (2001)
Foto: Ansgar Spiertz

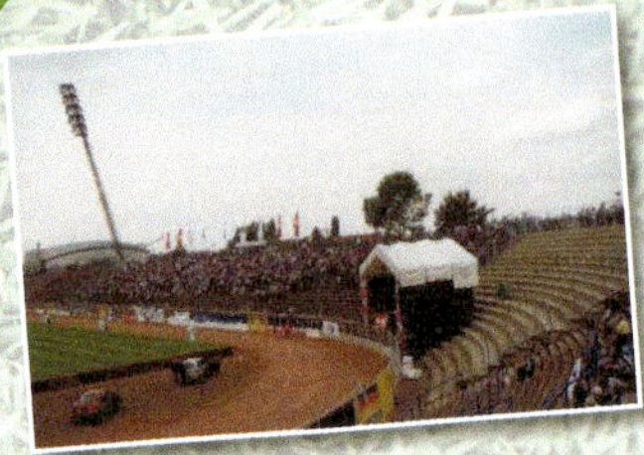

Stadion wie aus einer anderen Zeit (2001)
Foto: Ansgar Spiertz

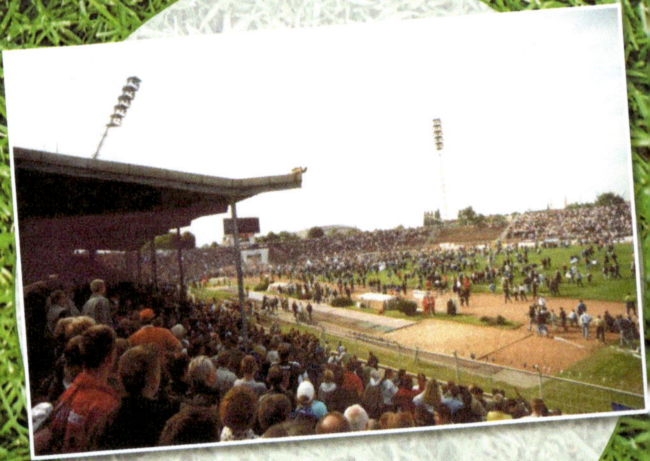

Große Kulisse beim Relegationsspiel in die drittklassige Regionalliga (2001)
Foto: Ansgar Spiertz

http://1.fc-magdeburg.de/verein/historie

Magdeburg

Ernst-Grube-Stadion

Fassungsvermögen:	50.000 Zuschauer (Stand: 1955)
Eröffnung:	1955
Umbau:	In den 1960er- und 70er-Jahren wurden zahlreiche Umbau-, Erweiterungs- und Renovierungsarbeiten vorgenommen, so z. B. 1972 die Errichtung einer Flutlichtanlage.
Abriss:	2005
Standort:	Heinz Krügel-Platz 1, 39114 Magdeburg
Besonderheit:	Der Stadionname erinnert an den kommunistischen Politiker Ernst Grube, der vom nationalsozialistischen Regime verfolgt wurde und kurz vor Ende des Zweiten Weltkriegs im Konzentrationslager Bergen-Belsen verstarb.

Besondere Spiele

National:	1. FC Magdeburg – Dynamo Dresden 2:1 (Einweihung der Flutlichtanlage, 14. Spieltag der DDR-Oberliga 1971/72, 7.1.1972, 38.000 Zuschauer)
	1. FC Magdeburg – Bayern München 4:2 i. E. (DFB-Pokal, 2. Runde, 1.11.2000, 26.000 Zuschauer)
International:	1. FC Magdeburg – Juventus Turin 0:1 (Achtelfinale des Europapokals der Landesmeister, 8.11.1972, 41.790 Zuschauer)
	1. FC Magdeburg – Bayern München 1:2 (Achtelfinale des Europapokals der Landesmeister 1974/54, 5.11.1974, 35.000 Zuschauer)
	1. FC Magdeburg – Sporting Lissabon 2:1 Halbfinale des Europapokals der Pokalsieger, 24.4.1974, 45.000 Zuschauer)
Länderspiele:	DDR – Norwegen 3:1 (Qualifikationsspiel zur EM 1988, 28.10.1987, 10.000 Zuschauer)

Stoff für Agentenfilme

Wenn Betonblöcke sprechen könnten, läge heute in den Verkaufsregalen des Fachhandels ein preisgekröntes Hörbuch aus Magdeburg. In der Rubrik Sporthistorie gäbe es kaum interessantere Werke. Was sich auf den Betonstufen und auf dem Rasen des alten Ernst-Grube-Stadions seit den 1950er-Jahren abspielte, hätte facettenreicher kaum sein können. Etwas pathetisch formuliert: Hier ereignete sich ein Stück deutscher Sportgeschichte.

Unter den schräg nach oben ragenden Flutlichtmasten spielten sich historische Fußballmomente ab. In den 1970er-Jahren lieferten sich die Magdeburger mit Dynamo Dresden spannende Duelle um die nationalen Titel. Beide Vereine bildeten das Pendant zur Rivalität zwischen Bayern München und der Fohlenelf von Borussia Mönchengladbach zur selben Zeit im Westen. Allein in dieser Dekade erkämpfte sich der 1. FC Magdeburg jeweils drei Meistertitel und nationale Pokalsiege. Als Krönung feierte ganz Magdeburg den einzigen Europapokalsieg einer DDR-Mannschaft. Der Europacup der Pokalsieger ging 1974 in die Stadt an der Elbe nach einem Sieg gegen den stolzen AC Mailand. Den Grundstein für den größten Erfolg der Vereinsgeschichte legten Mannschaft und Zuschauer im heimischen Stadion.

Die Spieler des beliebten Trainers Heinz Krügel stammten ausnahmslos aus Magdeburg und Umgebung. Das wäre heute unvorstellbar. Die Zuschauer identifizierten sich sehr stark mit ihrer Mannschaft. Auf ihre lautstarke Unterstützung konnten sich die Akteure des 1. FC Magdeburg immer verlassen. Das Ernst-Grube-Stadion geriet zur uneinnehmbaren Festung. Die Truppe des „1. FCM" kassierte in der gesamten Europapokalsaison gerade einmal ein Gegentor im heimischen Rund. In den ersten Duellen besiegten die Magdeburger nacheinander NAC Breda (2:0), Banik Ostrau (3:0) und den bulgarischen Vertreter Stara Sagora (2:0). In einem legendären Halbfinal-Rückspiel bezwang die Elf die europäische Spitzenmannschaft von Sporting Lissabon überraschend mit 2:1. Im Finale in Rotterdam gelang Jürgen Sparwasser, Wolfgang Seguin und Co. die Sensation: Die Magdeburger „Regionalauswahl" bezwang den großen, mit Weltstars gespickten AC Mailand 2:0.

Die emotionale Bindung zwischen Anhängern und ihren Helden gipfelte in der Feier nach dem Europapokalsieg. Schon am frühen Nachmittag des 25. April versammelten sich tausende Magdeburger auf dem Alten Markt. Als „die Jungs von nebenan" mit ihrem Trainer die provisorisch aufgestellte Bühne betraten, gab es kein Halten mehr. Jubelschreie und Freudentränen.

Euphorisiert von diesem sensationellen Erfolg machten sich die Magdeburger als Meister weiter auf in Richtung europäischem Landesmeistercup. Nach einem Freilos in der 1. Runde reiste die Mannschaft zu den Bayern ins Münchner Olympiastadion. Die knappe 2:3-Niederlage ließ noch alles für das Rückspiel offen. Am 5. November 1974 empfingen weit mehr als

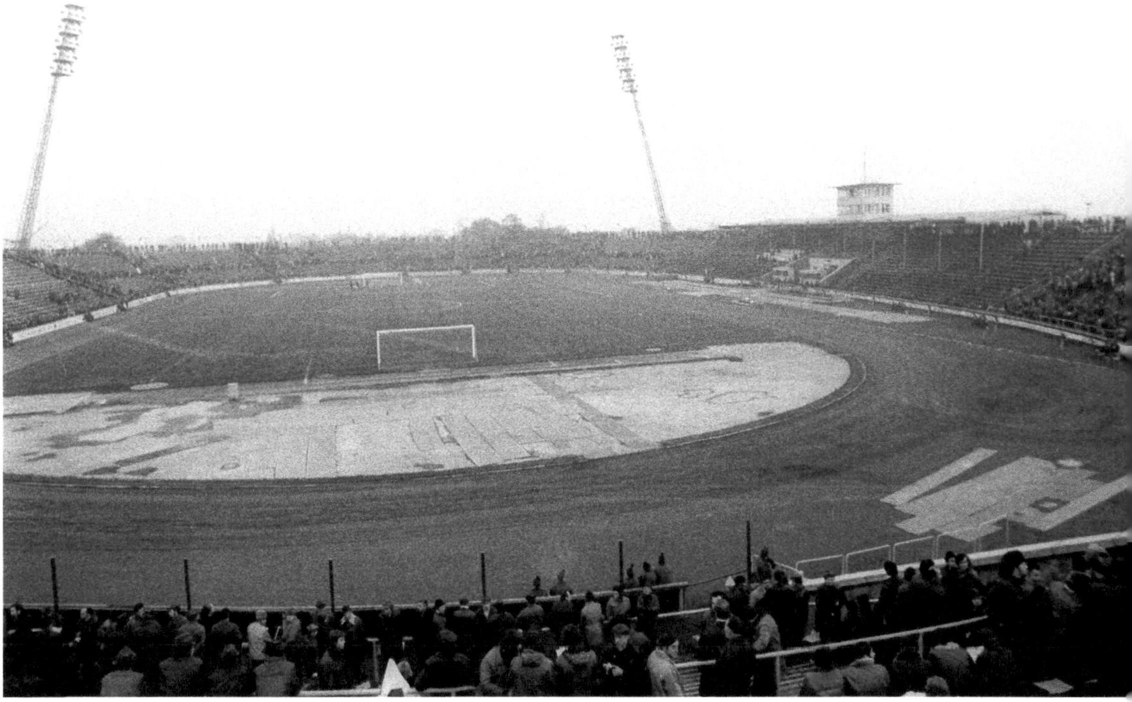

Festtag im November 1974: Die Bayern zu Gast im Ernst-Grube-Stadion
Foto: imago/Horstmüller

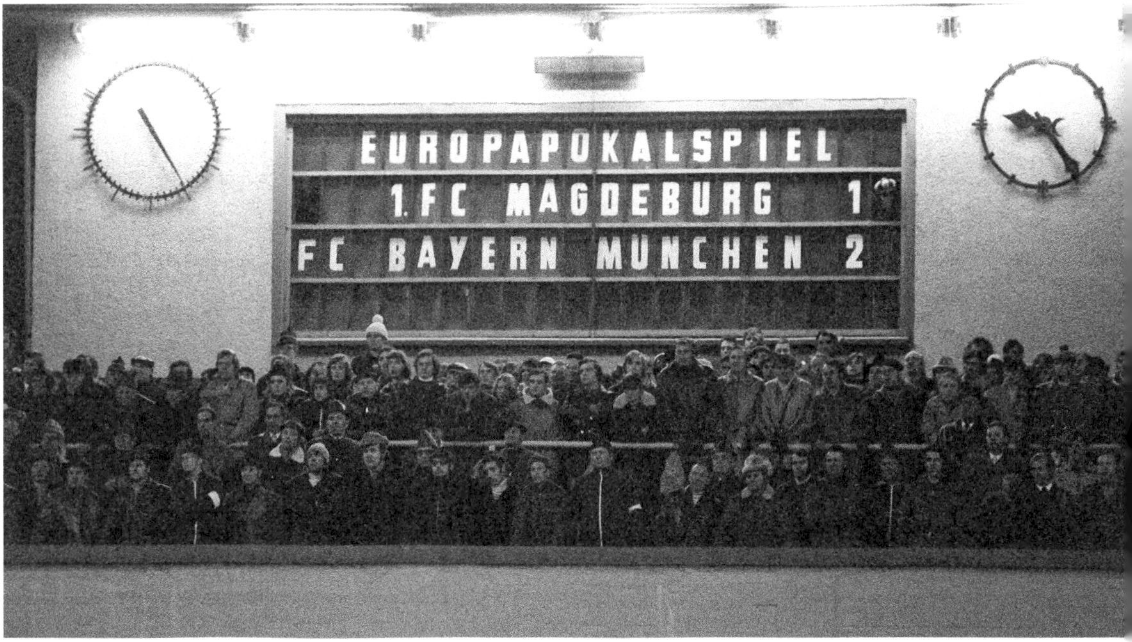

Fünf vor halb zehn: Der 1. FCM schlägt sich ehrenwert *Foto: imago/Sven Simon*

30.000 begeisterte Anhänger den Spitzenverein aus der BRD mit zahlreichen frisch gebackenen Weltmeistern und ihren „1. FCM" im Ernst-Grube-Stadion.

An diesem Europapokal-Abend hätten die Katakomben des Stadions eine Kulisse für einen James-Bond-Streifen abgeben können. Echte DDR-Agenten traten als freiwillige, die Mannschaft des FC Bayern als unfreiwillige Protagonisten auf. Den Filmstoff lieferten die Weltpolitik im Allgemeinen und das angespannte politische Verhältnis beider deutschen Staaten im Speziellen. Die Geschehnisse an diesem Novemberabend gelten bis heute als Sinnbild für den Kampf zweier gegensätzlicher politischer Systeme. Dabei nutzte die DDR-Führung den Fußball rigoros für die Durchsetzung ihrer Ziele aus:

Die Mannschaft des FC Bayern München mitsamt Gefolge nahm Quartier im Hotel „International" und bereitete sich auf die wichtige Begegnung vor. Zu diesem Zeitpunkt hatten Mitarbeiter der Staatssicherheit die Kabine der Bayern bereits präpariert. Großzügig statteten die Stasi-Spitzel die Räumlichkeiten im Ernst-Grube-Stadion mit Wanzen aus. Alles stand bereit für eine große Abhöraktion. Die Ansprachen des Bayern-Trainers Udo Lattek sollten belauscht werden, um die Taktik des bundesdeutschen Fußballmeisters genau analysieren zu können. Doch die Verantwortlichen des Ministeriums für Staatssicherheit machten die Rechnung ohne Magdeburgs Trainer Heinz Krügel. Als ihm die Agenten ihre Pläne offerierten, lehnte dieser vehement ab. Dies sei unsportliches Verhalten. Die Abhöraktion ließ Krügel kalt. Er verwertete keine Informationen aus der Bayern-Kabine. Die Elf sollte auf eine anständige Art und Weise gewinnen. Bayern München entschied das Spiel mit 2:1 für sich. Der unbeugsame Heinz Krügel verlor wenig später seinen Job und wurde erst in den 1990er-Jahren rehabilitiert. 2014 setzten ihm FCM-Fans ein Denkmal vor dem Stadion.

27 Jahre später bildete das Ernst-Grube-Stadion die Bühne für die Revanche. Das Ministerium für Staatssicherheit gab es nicht mehr; ebenso wenig wie die DDR. Die Magdeburger Mannschaft fand sich mittlerweile in der vierten Liga statt auf dem europäischen Fußballthron wieder. In der 2. Runde des DFB-Pokals meinte es die Losfee gut mit dem 1. FC Magdeburg. Rekordmeister Bayern München reiste als haushoher Favorit nach Sachsen-Anhalt. Bot die Begegnung aus dem Jahr 1974 noch den Filmstoff für Agentenfilme, erinnerte das Spiel an diesem 1. November 2000 an eine Schmonzette der ganz besonderen Art. Rosamunde-Pilcher-Filme sind dagegen rüde Dramen ohne Herz. In einem Elfmeterkrimi bezwangen Hannemann, Schmidt, Golombek und Co. Stars wie Olli Kahn, Ciriaco Sforza oder Giovane Elber mit 5:3. Die Stimmung im Stadion dürfte die älteren Magdeburger an die Atmosphäre bei der provisorischen Europapokalfete auf dem Alten Markt erinnert haben.

An der Stelle des alten Stadions lockt heute eine komfortable und dennoch stimmungsvolle Arena die Anhänger des 1. FC Magdeburg an. Zwar hat die moderne Spielstätte noch keine Legenden zu bieten, doch die Atmosphäre bei Heimspielen gestaltet sich oft phänomenal. Fast 20.000 Anhänger pilgern regelmäßig in den Neubau und hoffen auf neue Fußballwunder.

Weiterführende Informationen

Einen knappen Abriss zur Geschichte des Stadions bietet ein Artikel auf der Internethomepage des Mitteldeutschen Rundfunks:
www.mdr.de/damals/archiv/artikel98158.html

Erlebnisbericht eines Groundhoppers aus dem alten Stadion:
http://groundhopping.de/Magdburg.htm

Ausschnitte der ARD-Liveberichterstattung des DFB-Pokalspiels 1. FC Magdeburg – Bayern München vom 1.11.2000:
www.youtube.com/watch?v=nATMN1aBhnA

Eine interessante Schilderung der Ereignisse rund um das Europapokalspiel zwischen dem 1. FC Magdeburg und Bayern München am 5.11.1974 finden Sie auf dem Internetportal der Magdeburger Tageszeitung „Volksstimme“:
http://mauerfall.volksstimme.de/ddr-sport-7895-sicherheitsleute-gegen-bayern/

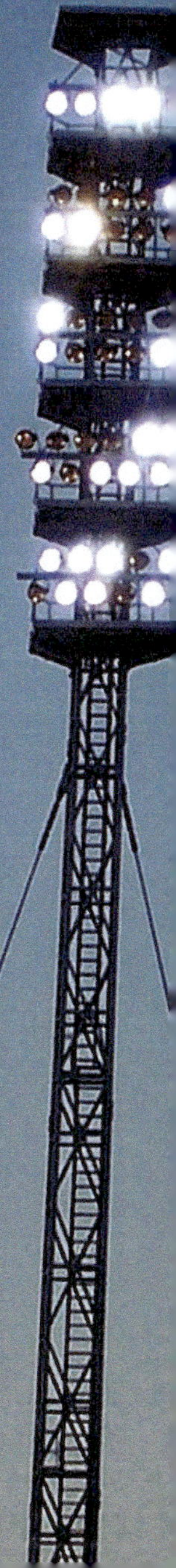

Hintergrundbild: © Verena N./pixelio.de

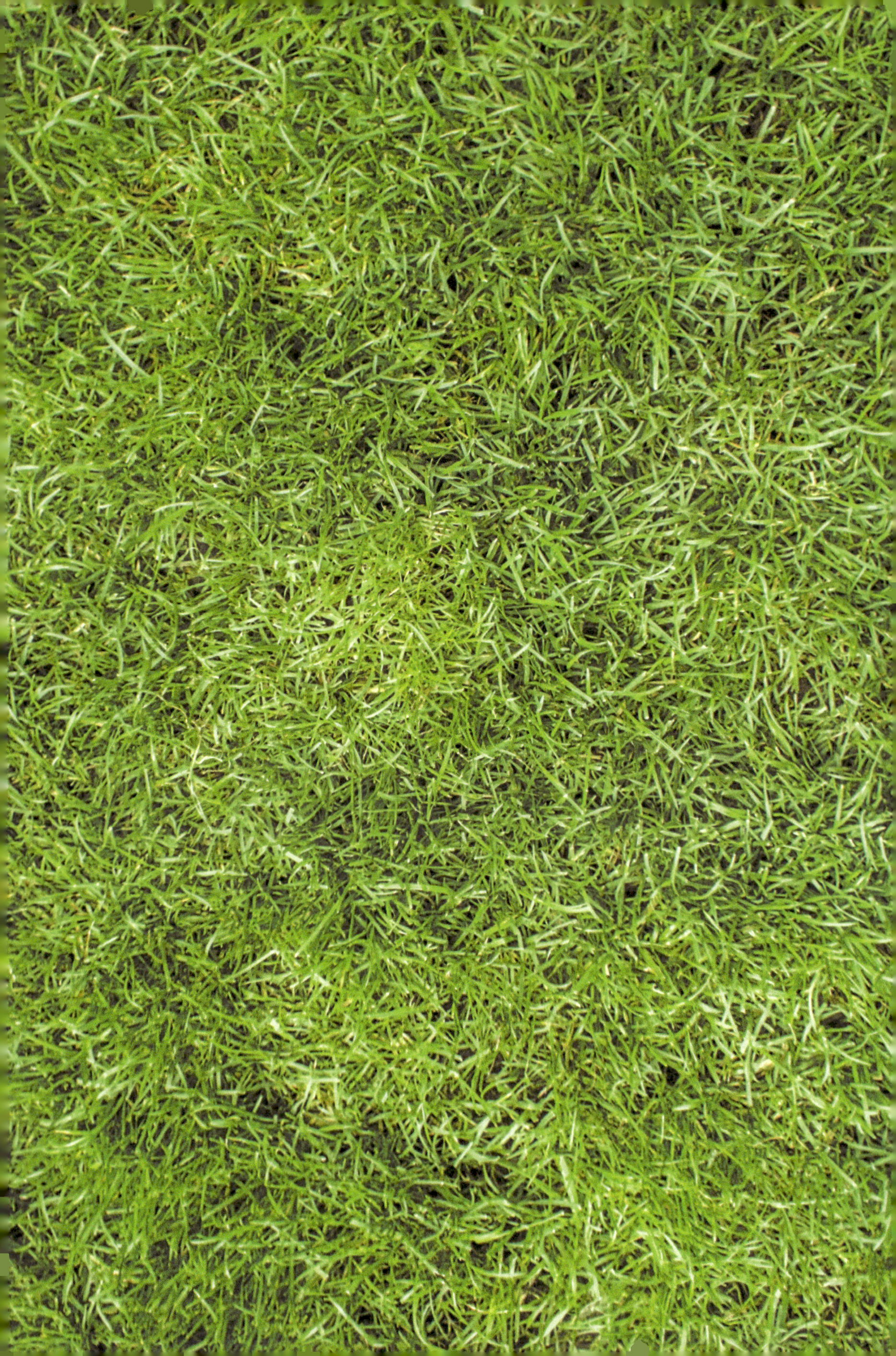

www.borussia.de/de/verein-stadion/stadion/boekelberg.html

Mönchengladbach

Bökelbergstadion

Fassungsvermögen: 34.500 Zuschauer (Stand: 2000)
Eröffnung: 1919
Abriss: Dezember 2005
Standort: Bökelstraße 165, 41063 Mönchengladbach

Besondere Spiele

National:

Borussia Mönchengladbach – Hamburger SV 4:3 (Erster Deutscher Meistertitel der Borussia, 33. Spieltag der Bundeliga 1969/70, 30.4.1970, 32.000 Zuschauer)

Borussia Mönchengladbach – Werder Bremen 5:4 n.V. (DFB-Pokal-Halbfinale, 1.5.1984, 34.500 Zuschauer)

Borussia Mönchengladbach – Eintracht Braunschweig 10:0 (höchster Bundesliga-Heimsieg auf dem Bökelberg, 11.10.1984, 14.000 Zuschauer)

Borussia Mönchengladbach – Bayer Leverkusen 2:0 i.E. (DFB-Pokal-Halbfinale, 23.5.1992, 34.000 Zuschauer)

International:

Borussia Mönchengladbach – Inter Mailand 7:1 (der „Büchsenwurf auf Roberto Boninsegna", Achtelfinale im Europapokal der Landesmeister, 20.10.1971, 27.500 Zuschauer)

Nordkurve vor dem Spiel gegen Hannover 96 am 8.12.2002
Foto: Ansgar Spiertz

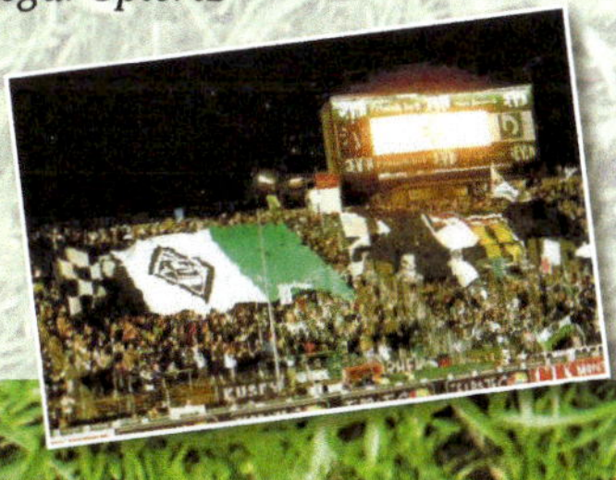

Haupttribüne (2002)
Foto: Ansgar Spiertz

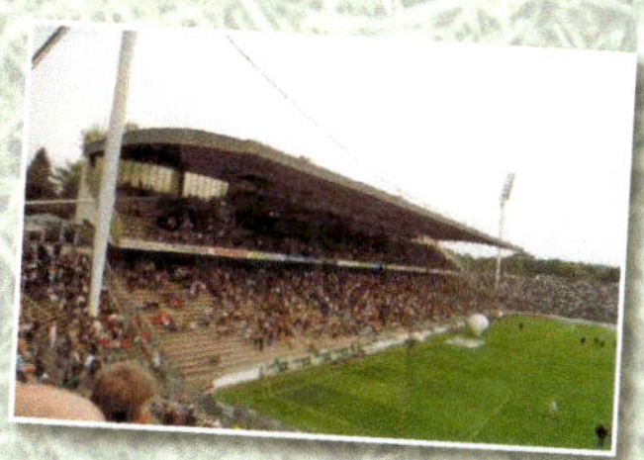

Vom Mythos zur Wohnsiedlung

Die Autofahrt genoss ich in vollen Zügen. Vorfreude hatte sich schon seit Wochen bei mir breitgemacht. Immer wieder redete ich auf meinen Vater ein, doch möglichst früh von zu Hause los zu fahren. Das Kicker-Sonderheft gab das Ziel klar vor: An der Autobahnausfahrt Mönchengladbach-Nord abfahren! Erwartungsfroh wachte ich am Morgen des 27. September 1986 auf. Wenig später fand ich mich neben meinem Vater auf dem Beifahrersitz unseres Autos wieder. An Orten vorbei, deren Namen ich noch nie vorher gehört hatte, näherten wir uns langsam der Ausfahrt. Nach Büderich, Schiefbahn und Neersen erschien endlich Mönchengladbach auf dem blauen Hinweisschild. Geschmeidig lenkte mein Vater den Wagen auf die Ausfahrt zu.

Kurz darauf öffnete ich die Beifahrertür, stieg aus unserem grünen Ford Sierra und setzte meine Füße auf die baumumsäumte Kaldenkirchener Straße. Die Blätter strahlten goldgelb in der matten Sonne. An diesen herrlichen Spätsommertag erinnere ich mich noch ganz genau. Wie ein Spielfilm laufen einzelne Bilder und Momente vor meinem inneren Auge ab. Wir schlendern den Schürenweg hinauf. Schöne Villen säumen den Weg. Akkurat gestutzte Hecken schirmen gepflegte Rasenflächen ab. Viele Fenster sind mit einem schweren Eisengitter versehen. Vor einigen Garageneinfahrten parken wahnsinnig große, schwere Karossen. „Irgendwie wie bei Derrick hier“, denke ich. Im ZDF ermitteln Stephan Derrick, Harry Klein und der schweigsame Berger ausnahmslos unter Großindustriellen, Topmanagern oder Professoren, deren Familien seit Generationen in noblen Anwesen zu leben scheinen. Ich rechne fest damit, dass uns gleich Horst Tappert vor die Füße läuft. Helle Blätter übersähen Straße und Bürgersteig, wehen umher und kündigen den nahen Herbst an. Plötzlich ragt ein Flutlichtmast über die Baumkronen in den blauen Himmel empor und durchbricht wie ein Fremdkörper die Derrick-Kulisse. „Das muss der Bökelberg sein“, schießt es mir durch den Kopf.

Mit erhöhtem Marschtempo steuern wir die Kassenhäuschen an und reihen uns in die Warteschlange ein. Drei Farben beherrschen die Kleidung der Wartenden, schwarz, weiß und grün. „Wo möchtest Du denn sitzen?“ „Möglichst nah an Spielfeld und Nordkurve“, beantworte ich entschlossen die Frage meines Vaters.

Langsam rückt der Spielbeginn näher. Wir passieren die Einlasstore vor dem Stadion. Mich beeindrucken die vielen Menschen. Bei uns im Ort bin ich fast der einzige Gladbach-Fan. Hier versammeln sich gerade mehrere Tausend, um mit der Borussia zu fiebern. Am Zaun zwischen Nordkurve und Haupttribüne erhaschen wir einen ersten Blick auf das Spielfeld. Von den Verpflegungsständen wabert der Rauch von Grillwürstchen herüber und mischt sich mit dem Geruch des satten Rasens, der unter uns liegt. Noch heute liebe ich diese Verschmelzung der beiden Düfte. Herrlich! Das ist Fußball!

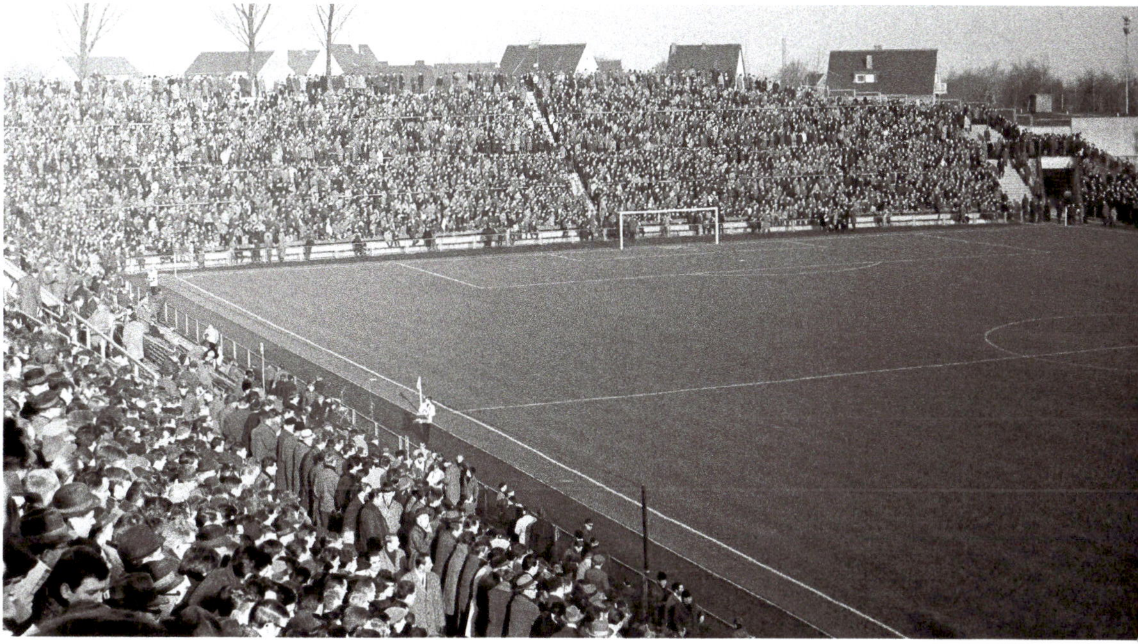

Ausverkauftes Haus am 29. Dezember 1965. Im Hintergrund die akkuraten Einfamilienhäuser *Foto: imago/Werner Otto*

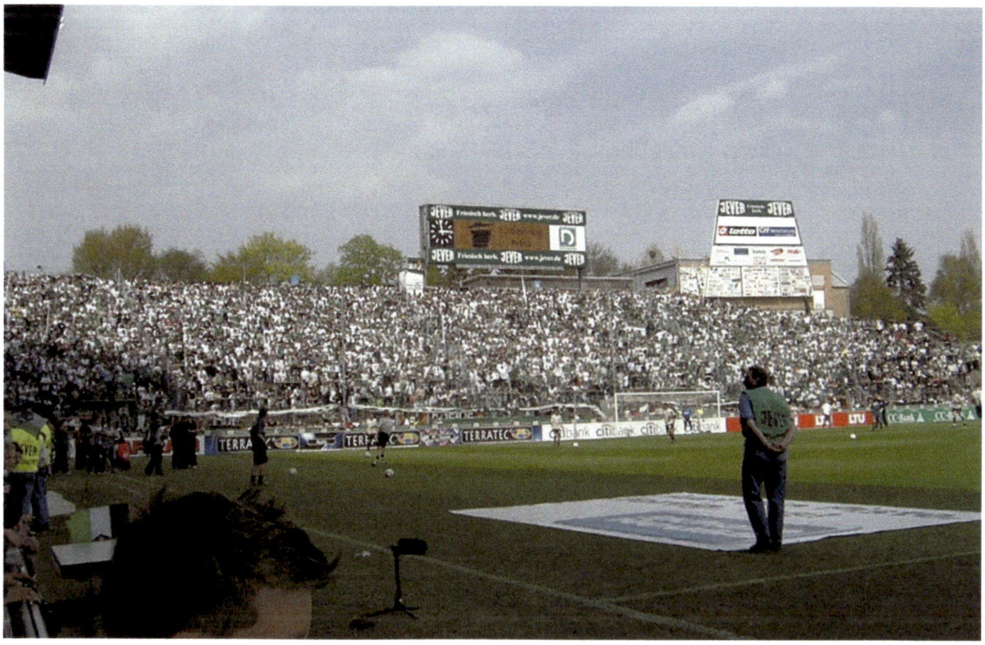

Fast 40 Jahres später eines der letzten Bundesligaspiele am Bökelberg: Die Nordkurve vor dem Spiel gegen Hertha BSC am 17. April 2004 *Foto: Klaus-Hendrik Mester*

„Uwe, Uwe!" hallt es von den Stehrängen. Locker läuft Keeper Uwe Kamps in Richtung Heimtor, grüßt die Anhänger mit anhaltendem Klatschen und beginnt mit seinem Aufwärmprogramm. Zeit für uns, unsere Plätze einzunehmen. Wir steigen die steilen Stufen der Tribüne hinunter. Die Mannschaft von Bayer Leverkusen empfangen die Fans in der Nordkurve mit einem gellenden Pfeifkonzert. Dann springe ich auf, rufe und klatsche wie verrückt. Zum ersten Mal sehe ich meine Lieblingself live und in Farbe. Bruns, Frontzeck und Co. tragen weiße Trikots mit dünnen schwarzen Querstreifen, grünem Kragen und dem erdgas-Werbeschriftzug. Ich verbinde mit diesem Shirt meinen aufregenden ersten Stadionbesuch. Deshalb ist es bis heute mein Lieblingstrikot der Borussia.

Mit jeder Minute, die der Anpfiff näher rückt, spüre ich die steigende Spannung im Stadion. Die entlädt sich, als die Mannschaften auf das Spielfeld einlaufen. Ohrenbetäubender Lärm, Konfettiregen aus weißen Papierschnipseln, überall tosender Beifall. Die Atmosphäre beginnt, mich mehr und mehr in ihren Bann zu ziehen. Mein Vater zwinkert mir zu „Jetzt geht's los. Gefällt's Dir?" Ich bin hin und weg. Was für eine Stimmung!

Nach zwei frühen Toren der Gladbacher bin ich nicht mehr zu halten und stimme in die langgezogenen Anfeuerungsrufe der Fans ein: „VfL, VfL!". Nach der Halbzeitpause wird es nochmal kritisch. Die Leverkusener bekommen nach einem unglücklichen Eigentor der Borussia Oberwasser. Unruhig rutsche ich auf der hellroten Sitzschale hin und her. Gladbach rettet sich schließlich ins Ziel. Mit dem 2:1 gelingt der erste Sieg der Saison. Ich will erstmal gar nicht weg. Wir bleiben noch lange nach Spielschluss auf unseren Plätzen auf der Haupttribüne sitzen. Was war das für ein Erlebnis!

Danach pilgere ich noch häufig zum Bökelberg. Vom Hauptbahnhof aus zieht sich der schwarz-weiß-grüne Lindwurm an zahlreichen Kneipen zur sanften Erhebung des Bökelbergs. Mit einem verklärten Blick zurück erscheinen selbst Spiele wie ein 2:5 an einem kalten Sonntagnachmittag bei strömendem Regen gegen den FC St. Pauli und das ein oder andere Debakel in der Abstiegssaison 1998/99 wie tiefenentspannte Wochenendausflüge.

Am 22. Mai 2004 schließt sich das Kapitel Bökelberg für immer. Dank eines Freundes, der durch eine glückliche Fügung einige Eintrittskarten ergattern konnte, besuche ich mein Lieblingsstadion ein letztes Mal. Schon der Fußweg vom Hauptbahnhof nach Eicken lässt in mir Wehmut aufsteigen. Die Hymne „Bye Bye Bökelberg" hallt uns aus den Stadionlautsprechern entgegen. Die Stimmung an diesem sonnigen Samstagnachmittag wirkt leicht beklemmend. Allen Besuchern ist klar, dass die Partie gegen 1860 München die letzte auf dem Bökelberg ist.

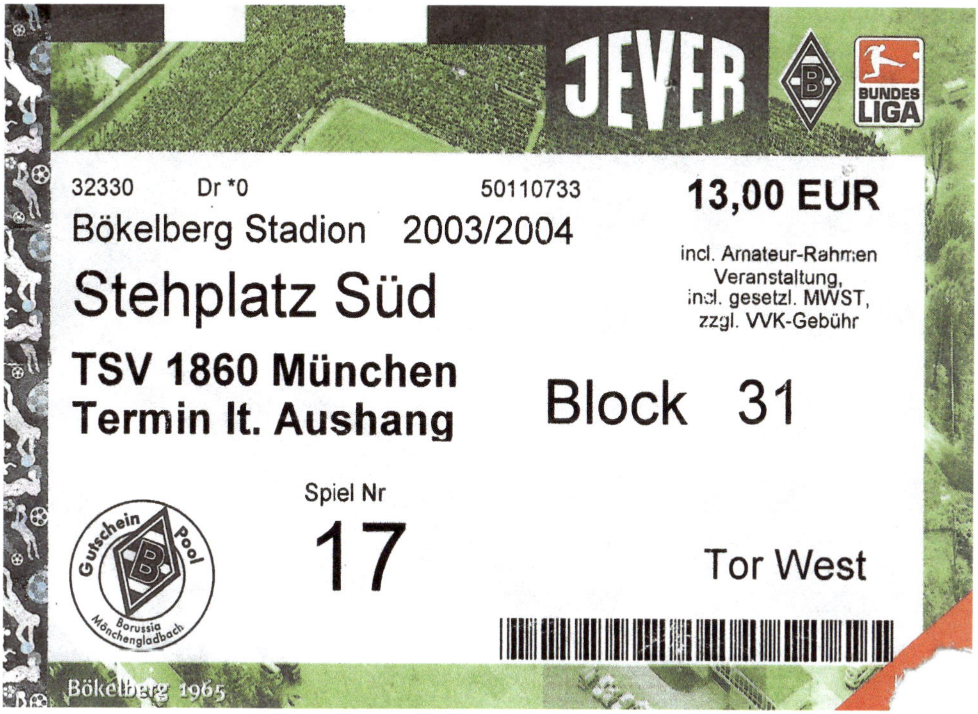

Eintrittskarte des letzten Bundesligaspiels am Bökelberg (2004) *Foto: Klaus-Hendrik Mester*

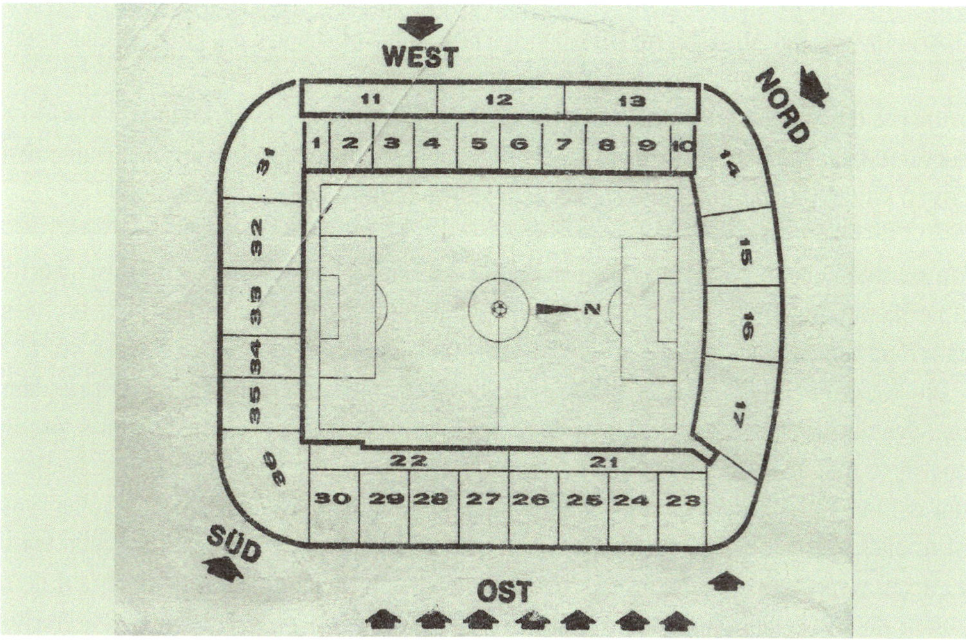

Stadionplan des Bökelbergs *Foto: Klaus-Hendrik Mester*

Von Vorfreude auf die neue hochmoderne Arena, den Borussia-Park, spüre ich an diesem Tag nichts. Ich bin traurig, dass der Bökelberg abgerissen wird. Den einzigen Lichtblick, neben dem für die Borussia bedeutungslosen 3:1-Sieg, bildet an diesem Sommertag Uwe Kamps. Mein Torwart-Idol aus Kindertagen erhält von Trainer Holger Fach als Dankeschön für seine mehr als 20-jährige Vereinstreue und fast 400 Einsätze für die Borussia in der 80. Minute einen Kurzeinsatz. Eigentlich hatte Kamps seine Karriere schon drei Jahre zuvor beendet. Nun sitzt er als Torwarttrainer auf der Bank der Mönchengladbacher. Unter tosendem Beifall, „Uwe"-Sprechchören und dem Jubel der Fans genießt das Gladbacher-Urgestein sichtlich seinen Auftritt und joggt in Richtung Fankurve. Nach Spielende drückt der Abstieg der Münchner Löwen aus der Bundesliga und die Gewissheit der Gladbach-Fans, nie mehr zu einem Bundesligaspiel auf den Bökelberg zurückzukehren, die Stimmung. Den Anhängern der „Sechziger" laufen vielfach Tränen über das Gesicht. Die Fans der Borussia sagen leise Servus.

Seit meinem ersten Stadionbesuch sind fast 30 Jahre vergangen. Statt über den schönen Schürenweg gelangen mein Vater und ich an einem Dezembernachmittag des Jahres 2015 über breite Ausfallstraßen von der Autobahn zum Heimspiel der Borussia. Die Arena erhebt sich weithin sichtbar auf den flachen Wiesen des Niederrheins. Wie ein gestrandetes Ufo liegt der Borussia-Park in der Landschaft. Die Blechlawine der Autos ergießt sich auf die riesigen grauen Parkplatzflächen. Von dort ziehen die Menschenmassen schnurstracks in Richtung Stadion. Möglichkeiten zum Plaudern, Essen und Trinken fehlen. Der Geschmack der Weltklasse-Currywurst kämpft gegen das kalte, seelenlose Ambiente von Betonmassen unter der Osttribüne an. Die Atmosphäre wirkt auf mich wie eine Mischung aus Flughafenterminal, Lagerhalle und Bunker. Zugegeben, Sitzplatzkomfort und Sicht von den Rängen lassen keine Wünsche offen. Der Kartenpreis wohl. Gegen die Bayern berappen wir heute das Vierfache der 60 DM, die mein Vater 1986 am Kassenhäuschen des Bökelbergs für uns beide über den Tresen schob. Damals empfand ich die Sicht als mindestens genauso grandios wie heute.

Ein sensationeller 3:1-Sieg über die bis dato in der Bundesliga-Saison noch ungeschlagene „Übermannschaft" von Bayern München lassen die Wartezeit auf dem Parkplatz und das zähe, langsame Rollen in der Blechlawine zur Autobahnauffahrt dann jedoch vergessen.

Die Rückfahrt führt uns über Eicken. Fast nichts mehr deutet auf das Bökelbergstadion hin. Schmucke Ein- und Mehrfamilienhäuser soweit das Auge reicht. Nur terassenförmig angelegte Aufgänge verbinden das Neubaugebiet auf dem einstigen Spielfeld des Stadions mit den älteren Häuserzeilen etwas oberhalb. Mich beschleicht Schwermut. Früher war nicht alles besser, aber irgendwie familiärer und gemütlicher im Stadion. Wie schön wäre es doch, wenn heute zumindest Borussias Jugend- und Juniorenmannschaften auf dem guten, alten Bökelberg um Punkte kämpfen würden, um die Bande der Tradition aufrechtzuerhalten.

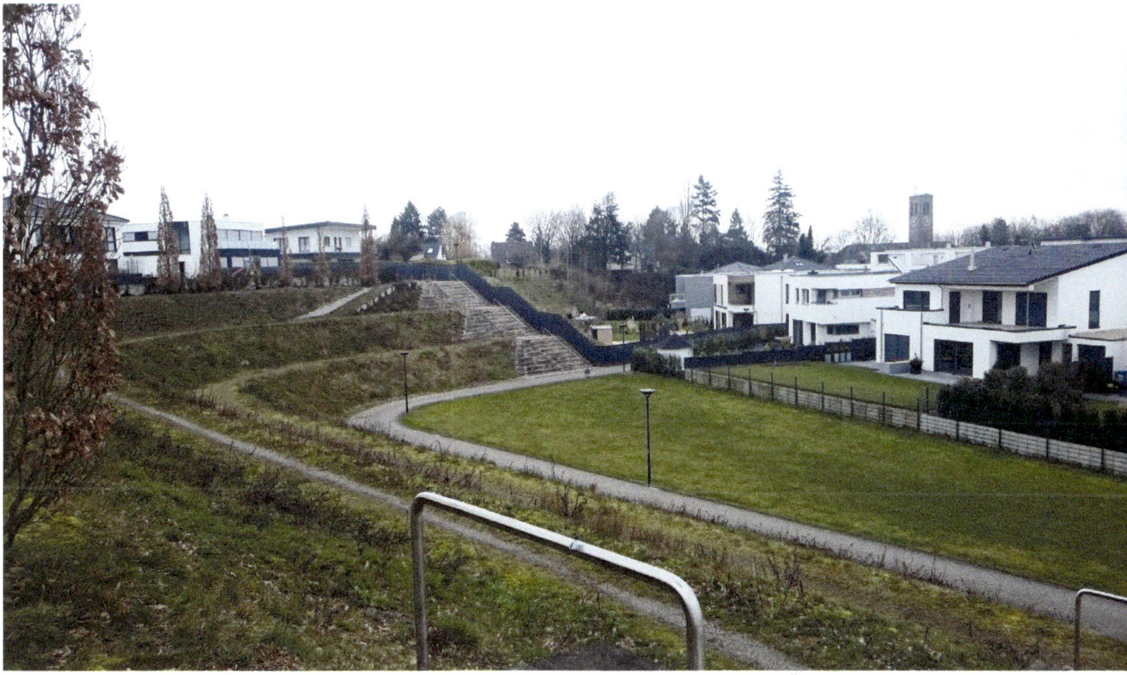

Heute erinnern nur noch Erdwälle an das Bökelberg-Stadion (2016)
Foto: Klaus-Hendrik Mester

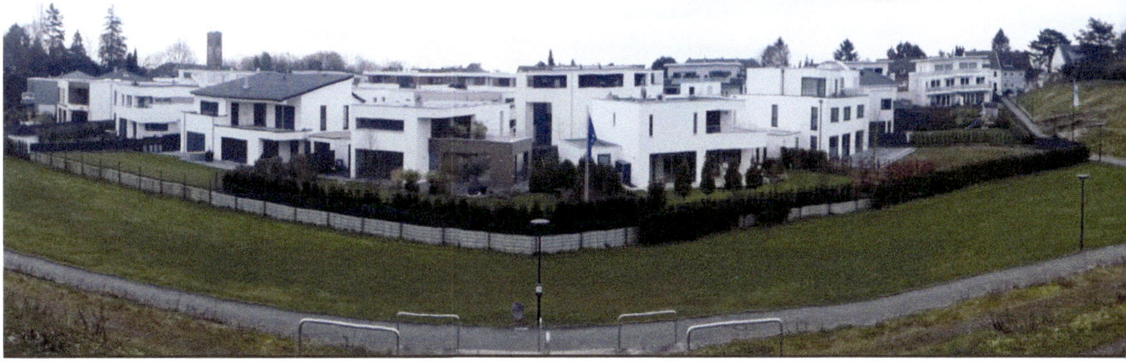

Auf dem einstigen Spielfeld steht eine kleine Wohnsiedlung (2016) Foto: Klaus-Hendrik Mester

Weiterführende Informationen

Die Historie des Stadions beschreibt dieses Werk in ausführlicher Form. Für die teilweise ausdrucksstarken Bilder stöberten die Ersteller des Buches in den Tiefen der Archive:
Markus Aretz: Mythos Bökelberg: Geschichte eines Fußballstadions; Göttingen 2003.

Dieser Bildband dokumentiert die Ereignisse rund um die letzte Bundesliga-Begegnung am Bökelberg zwischen Borussia und 1860 München:
Christoph Buckstegen: Letzter Spieltag Bökelberg; Mannheim 2013.

Die Internetseite bereitet die Geschichte des Stadions fotografisch auf. Auch die Sprengung des Bökelbergs kann der Nostalgiker bildlich nachvollziehen:
www.gone-but-not-forgotten.de

Bericht des ZDF-Sportstudios vom letzten Bundesligaspiel am Bökelberg:
www.youtube.com/watch?v=BlTypdB7xpU

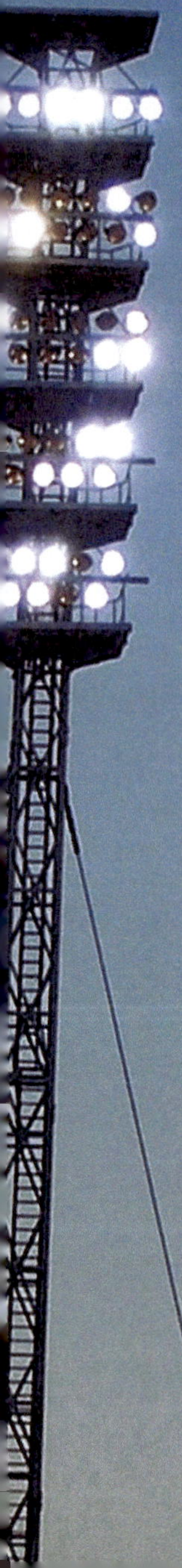

Hintergrundbild: © Verena N./pixelio.de

http://verein.ofc.de/informationen/vereinsdaten.html

Offenbach

Stadion am Bieberer Berg

Fassungsvermögen:	33.000 Zuschauer (Stand: 1968)
Eröffnung:	1921
Umbauten:	zahlreiche Umbaumaßnahmen, z. B. 1952, 1960, 1968, 1973, 1998
Abriss:	2011
Standort:	Waldemar-Klein-Platz 1, 63071 Offenbach

Besondere Spiele

National:	Kickers Offenbach – 1. FC Nürnberg 4:2 n. V. (DFB-Pokal-Halbfinale, 19.8.1970, 33.000 Zuschauer)
	Kickers Offenbach – Eintracht Frankfurt 5:2 (1. Bundesliga 1973/74, 7. Spieltag, 23.10.1973, 31.500 Zuschauer)
	Kickers Offenbach – Borussia Mönchengladbach 4:3 (1. Bundesliga 1974/75, 10. Spieltag, 18.10.1974, 31.000 Zuschauer)
	Kickers Offenbach – Borussia Dortmund 4:2 i. E. (DFB-Pokal, 2. Runde, 27.10.2010, 25.000 Zuschauer)
International:	Kickers Offenbach – FC Brügge 2:1 (Europapokal der Pokalsieger, 1. Runde, 16.9.1970, 20.500 Zuschauer)
Länderspiele:	Deutschland – Nigeria 3:1 (Frauen-Länderspiel, 24.7.2004, 5.567 Zuschauer)

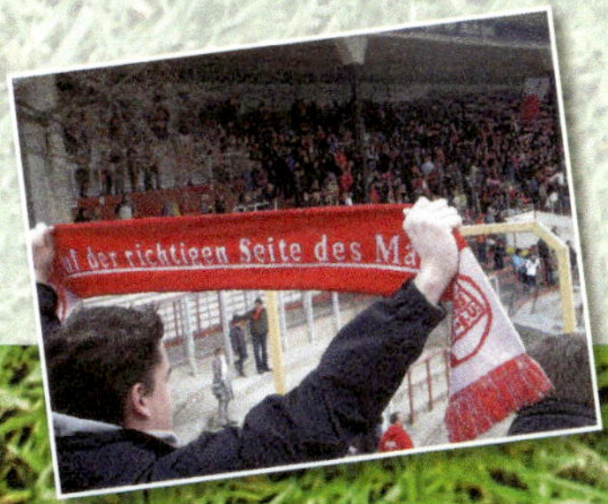

Blick hinüber zur Stehplatzgeraden am Bieberer Berg Foto: Dieter Kieweg

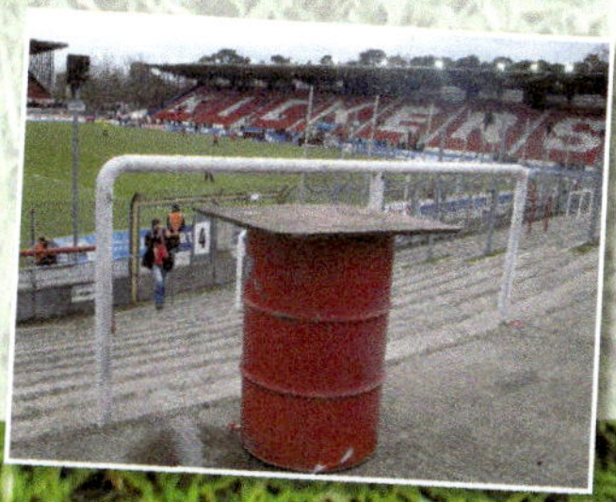

Selbstgebauter Tresen im Stehplatzbereich. Foto: Dieter Kieweg

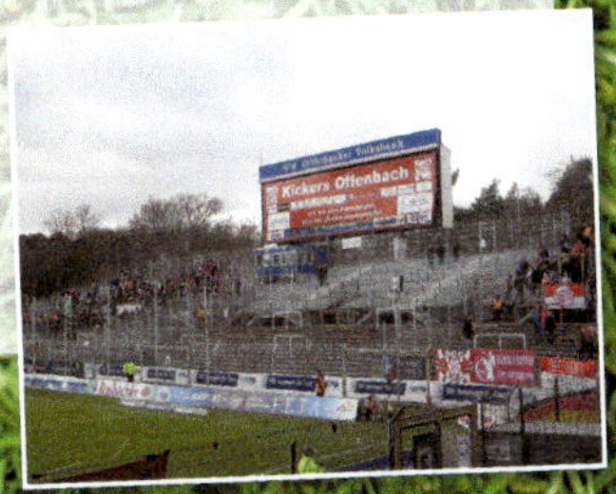

Steinstufen mit Provisorium aus Stahlrohr ergeben einen einzigartigen Mix Foto: Dieter Kieweg

Wenn der „Bersch" ruft

Betzenberg, Bökelberg, Bieberer Berg. Für jeden Fußballfan geht diese Auflistung „runter wie Öl". Reflexartig haben die Kenner stimmgewaltige Gesänge aus den Fankurven im Ohr und spannungsgeladene Spiele vor Augen. Was für Alpinisten Eiger, Mönch und Jungfrau oder für Extrem-Bergsteiger K2, Lhotse und Mount Everest bedeuten, repräsentieren die deutschen Fußballberge für Sportromantiker. Sie bilden Sehnsuchtsorte. Einer davon liegt im Offenbacher Stadtteil Bieber auf einer kleinen Anhöhe. Die Kickers-Fans nennen ihn liebevoll „de Bersch".

Eine gute Gelegenheit, diesem Mythos auf die Spur zu kommen ergibt sich für mich im März 2015. Ich begleite als Gladbach-Fan mein Team nach Hessen. Die Kickers empfangen die rheinische Borussia im Achtelfinale des DFB-Pokals. Vor dem Anpfiff darf ich einen ganz besonderen Termin wahrnehmen. Ein befreundeter Kickers-Anhänger nimmt mich zur Einstimmung auf das Spiel zu einer kleinen Sause mit. Der Fanclub „Bemblerorden" hat eingeladen. Bei Bockwurst und Bier im Garten-Partyzelt schwelgen einige Offenbacher in Erinnerungen.

Früher versammelten sich die Fans an der Kickers-Tankstelle unweit des Stadions. Mit jedem Liter Benzin floss ein Cent direkt in die Vereinskasse der Offenbacher Kickers. Leider existiert dieser beliebte Treffpunkt nicht mehr.

Im Stadion standen die Zuschauer ganz nah am Spielfeld. Auf der Stehplatzgeraden an der Längsseite der Rasenfläche sorgten die Kickers-Fans für eine stimmgewaltige Unterstützung. Die Gerade schien manchmal nur aus einem rot-weißen Schal- und Fahnenmeer zu bestehen. Die beiden Flutlichtmasten aus den 1960er-Jahren, die alten Tribünen aus den 1950er-Jahren, die Nähe zu Spielfeld und Mannschaft sowie besonders die lautstarken Anhänger versprühten eine Stimmung der Extraklasse.

Die Kickers-Fans sahen große Spiele und großartige Spieler. So manche erfolgreiche Karriere nahm hier Fahrt auf. So trugen Rudi Völler, Uwe Bein, Jimmy Hartwig, Winfried Schäfer oder Erwin Kostedde das rot-weiße Trikot der Hessen, bevor sie in die große weite Fußball-Welt starteten.

Architektonisch bestach das alte Stadion am Bieberer Berg als absolutes Unikat. Erst vier, später nur zwei Flutlichtmasten sorgten für die notwendige Helligkeit bei Abendspielen. Von weit her sahen die Fans die Lichter, die das bevorstehende Fußballspiel ankündigten. Die Stahlmasten erhoben sich etwa 70 Meter in die Höhe und bildeten so einen imposanten Anblick. Das Flutlicht sollte später eine fast magische Wirkung auf die eigene und eine ängstigende Wirkung auf die gegnerische Mannschaft entfachen.

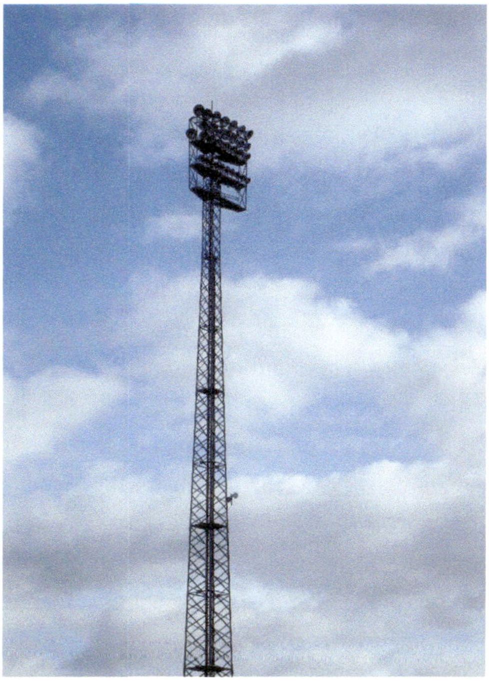

Flutlichtstrahler in schwindelerregender Höhe *Foto: Dieter Kieweg*

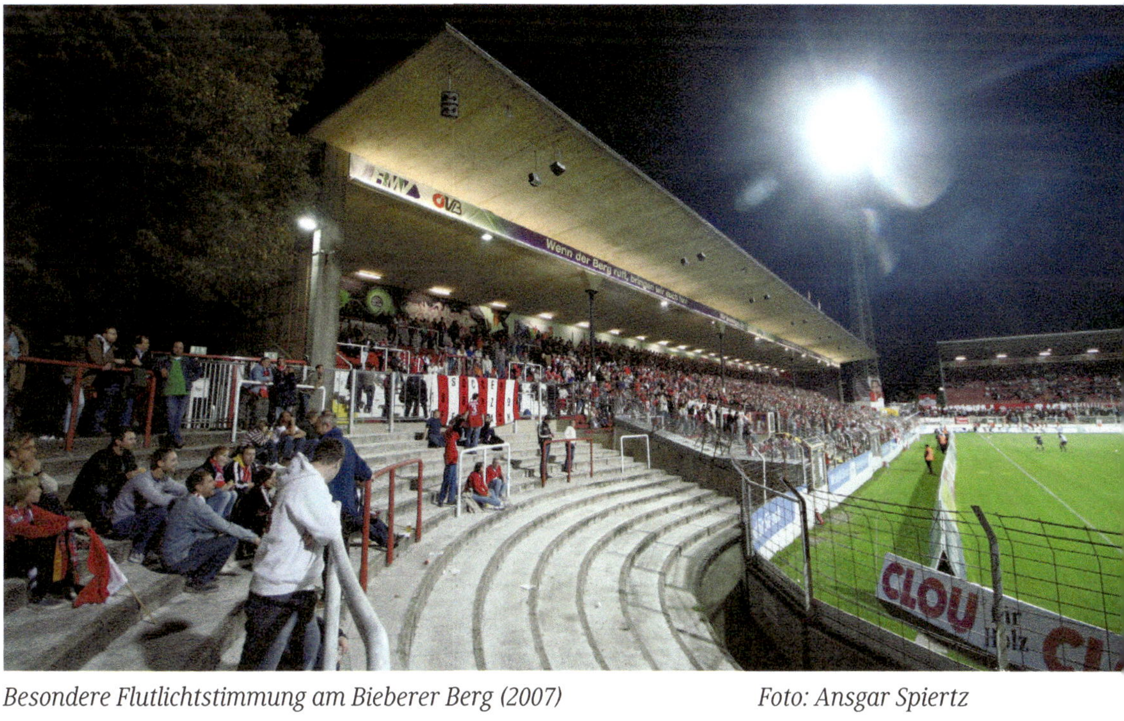

Besondere Flutlichtstimmung am Bieberer Berg (2007) *Foto: Ansgar Spiertz*

Die einzelnen Tribünen stammten aus dem 1950er- bis 1970er- Jahren. Die über 100 Meter lange Stehplatzgerade, Heimat der treuesten Fans, konnte 1952 bevölkert werden. Ab 1960 nahmen die Liebhaber des gepflegten Sitzkomforts auf der neuen Haupttribüne Platz. Die Holztribüne aus den 1920er-Jahren musste hierfür weichen. 1968 entstand für den Anhang der Gastmannschaft eine Stahlrohrtribüne hinter einem Tor. Dieser Stadionteil blieb als einziger „am Bersch" unüberdacht. Fünf Jahre später komplettierte die neue „Orion"-Tribüne auf der Südostseite für Jahrzehnte das Stadionensemble. So setzte sich der Bieberer Berg aus einem Sammelsurium an Baustilen zusammen.

Die Stehplatzgerade aus dem Jahr 1952 bildete damals ein Novum. Eine derart langegezogene überdachte Stehtribüne kannte Fußball-Deutschland bis dato nicht. In einzigartiger Weise verband sie den pragmatischen Schutz vor der Witterung mit einer exzellenten Plattform für eine stimmungsvolle Unterstützung der Anhänger. Eng zusammen und dicht am Spielgeschehen entwickelte sich am Bieberer Berg eine treue und sangesfreudige Fangemeinde. Die Atmosphäre flößte den Gegnern Respekt ein. Den einen oder anderen Punkt dürften die Kickers durch die bedingungslose Unterstützung der Fans gewonnen haben. Vor allem die letzte Viertelstunde gilt in Offenbach als sagenumwoben. Seit einer gefühlten Ewigkeit läuten einige Anhänger auf der Gegengeraden die Schlussphase des Spiels mit einer großen Glocke ein. Diese Tradition haben die Anhänger mit ins neue Stadion übernommen.

Der Bieberer Berg und die Kickers-Fans bildeten seit jeher eine kreative Symbiose. Das Flutlicht schien auf die Spieler inspirierend zu wirken. Legendäre Abendspiele, besonders im DFB-Pokal, konnten die Offenbacher für sich entscheiden. Noch heute fordern die Fans deshalb fast schon beschwörend bei schlechten Leistungen ihrer Elf „Flutlicht an!". Oft pilgerten die Besucher direkt von der Arbeit in Biebers Kneipen und von dort zum Bierchen ins Stadion.

Ein ganz besonderes Ereignis durften die Besucher am 18. Oktober 1974 miterleben. Zu dieser Zeit dominierten Bayern München und Borussia Mönchengladbach die Bundesliga. Besonders die offensive Spielweise der jungen Gladbacher Mannschaft unter Trainer Hennes Weisweiler elektrisierte die Fußballfans in ganz Deutschland. Diese Elf gastierte an diesem Freitagabend auf dem Bieberer Berg. Als klarer Außenseiter schoss Josef Hickersberger die Kickers nach nur zwei Minuten in Führung. Danach brannten beide Mannschaften ein Angriffsfußball-Spektakel der allerfeinsten Art ab. Das Spiel wog hin und her. Dreimal traf Gladbachs Allan Simonsen. 20 Minuten vor Schluss lag die Elf vom Niederrhein mit 3:2 in Führung. Dann geschah etwas, das sich bis heute in die Erinnerung vieler Kickers-Anhänger eingebrannt hat. Erwin Kostedde nahm eine Flanke von der linken Seite mit der Brust an, legte sich den Ball selbst für einen Volley-Schuss vor und hämmerte ihn an Torhüter Wolfgang Kleff vorbei in die Maschen. Sein 3:3 wählten die Zuschauer der ARD-Sportschau später zum Tor des Jahres 1974. Das 4:3-Siegtor der Kickers krönte einen für die Offenbacher wunderbaren Abend. Nicht wenige Fans hatten nach Abpfiff Freudentränen in den Augen.

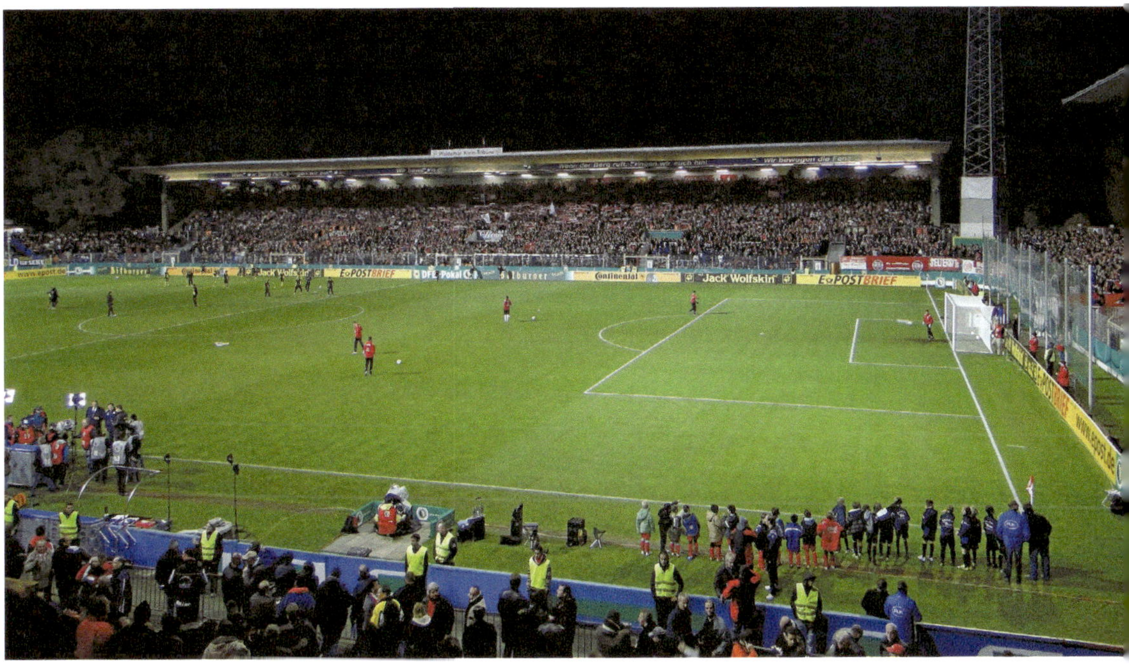

Die Stehplatzgerade aus dem Jahr 1952 (2010) *Foto: Ansgar Spiertz*

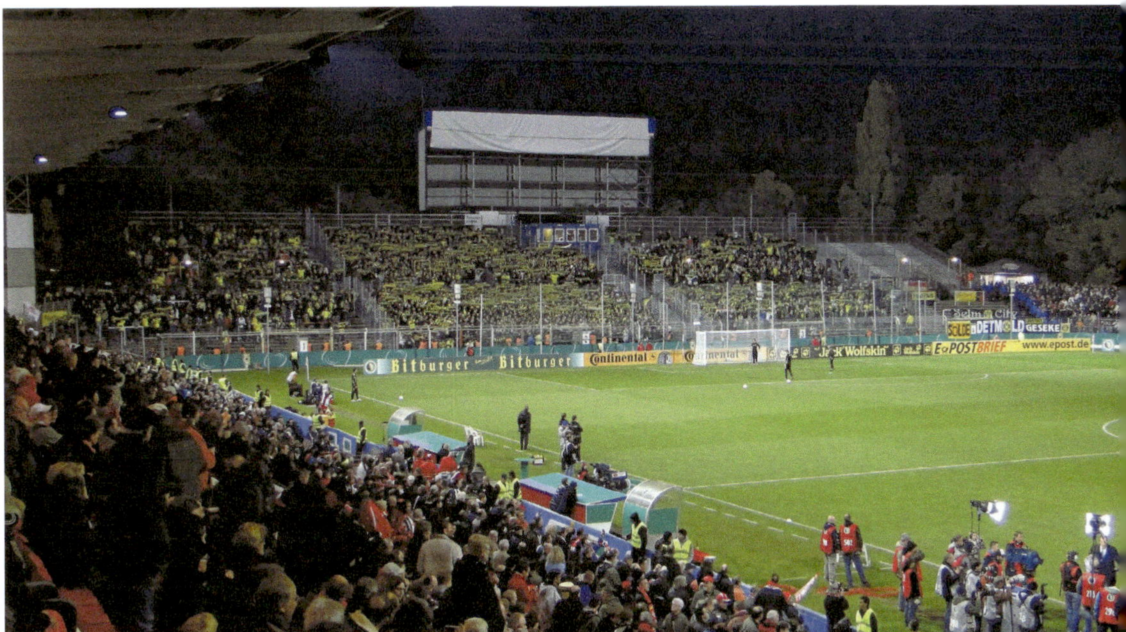

Die Stahlrohrtribüne für Gästefans beim DFB-Pokalspiel Kickers Offenbach – Borussia Dortmund am 27. Oktober 2010. Endstand 4:2 n. V. *Foto: Ansgar Spiertz*

Die Zeiten, in denen sich die Kickers in unterklassigen Ligen tummelten, brachten durchaus Vorteile mit sich. Litten die Fans auf der einen Seite unter den sportlichen Talfahrten, so konnten sie sich aus heutiger Sicht in undenkbarer Weise ungezwungen im Stadion bewegen. Recht unbürokratische Regelungen ließen eine mehr oder weniger freie Blockwahl zu.

In den 1990er-Jahren verwandelten die Anhänger die Stehplatztribüne in einen brodelnden Vulkan. Aus ihm brach alles heraus. Regelmäßig zündeten die Fans dutzende bengalische Feuer. Rotes Licht bahnte sich seinen Weg. Wie Lavaströme, die von einem Vulkan in die Tiefe gleiten, zogen sich Linien über die Stehplatztraversen. Wenig später hüllten dichte Rauchschwaden der verbrannten bengalischen Feuer den Bieberer Berg in Nebel, um kurz darauf durch das grelle Licht frisch angesteckter Feuerfackeln abgelöst zu werden. Damals glich ein Stadionbesuch einem Aufenthalt auf einem Abenteuerspielplatz. Nur wenige Regeln engten die Zuschauer in ihren Aktionen ein.

Doch auch im neuen Stadion lassen die Kickers-Anhänger den Spirit der alten Spielstätte aufleben. Als am 6. August 2014 zum ersten Heimspiel der Regionalliga-Saison gegen die Spielvereinigung Neckarelz das Flutlicht ausfiel, stimmte die Gegengerade an: „Wir haben kein Strom, wir haben kein Geld, wir sind der geilste Club der Welt". Im diffusen Halbdunkel zückten viele ihr Handy, um für etwas Licht zu sorgen. Mittlerweile stimmte das gesamte Stadion mit in den Liebesbeweis an den Club ein. Gänsehautstimmung auf dem „Bersch"!

Beim Stadionneubau berücksichtigte die Vereinsführung durchaus Faninteressen. Die imposante Gegengerade besteht weiterhin ausschließlich aus Stehtraversen. Hier können die treuesten OFC-Fans ihr Team bei moderaten Eintrittspreisen nach Herzenslust unterstützen.

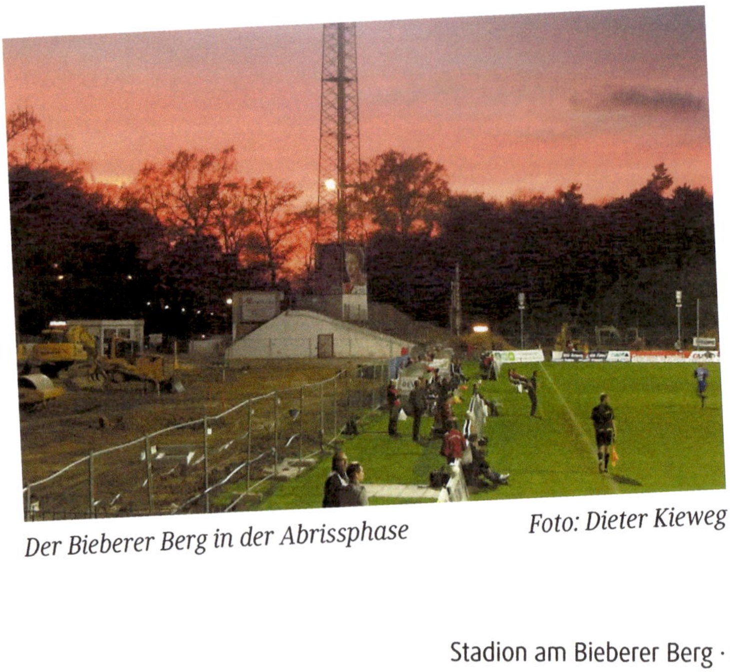

Der Bieberer Berg in der Abrissphase *Foto: Dieter Kieweg*

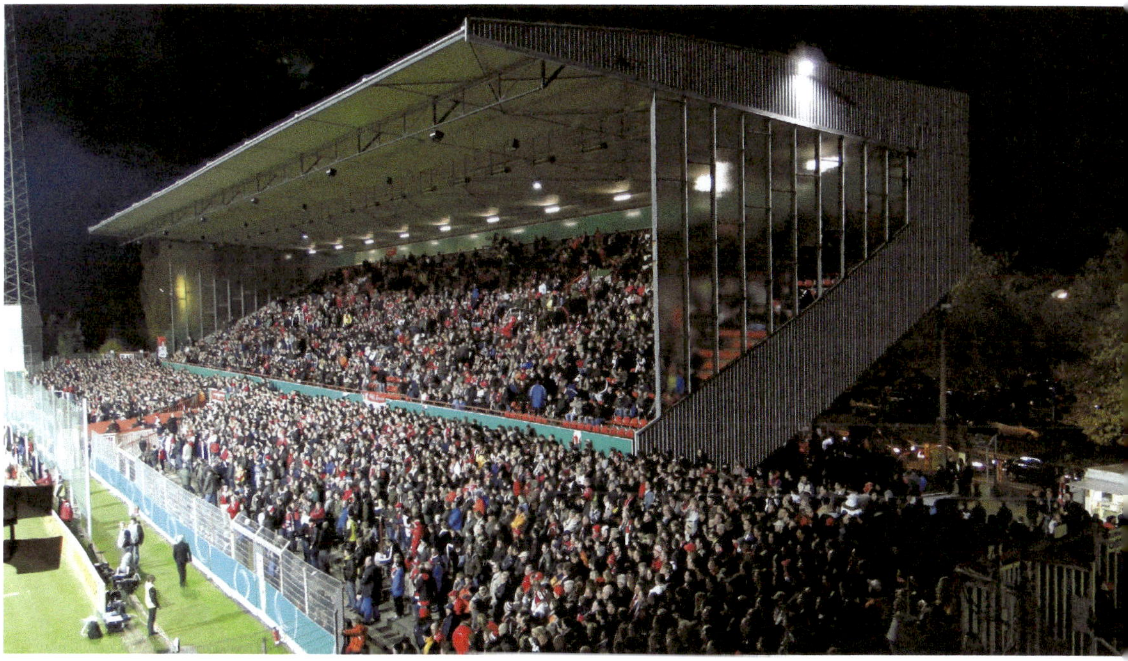

Die in den 1970er-Jahren erbaute „Orion"-Tribüne (2010) *Foto: Ansgar Spiertz*

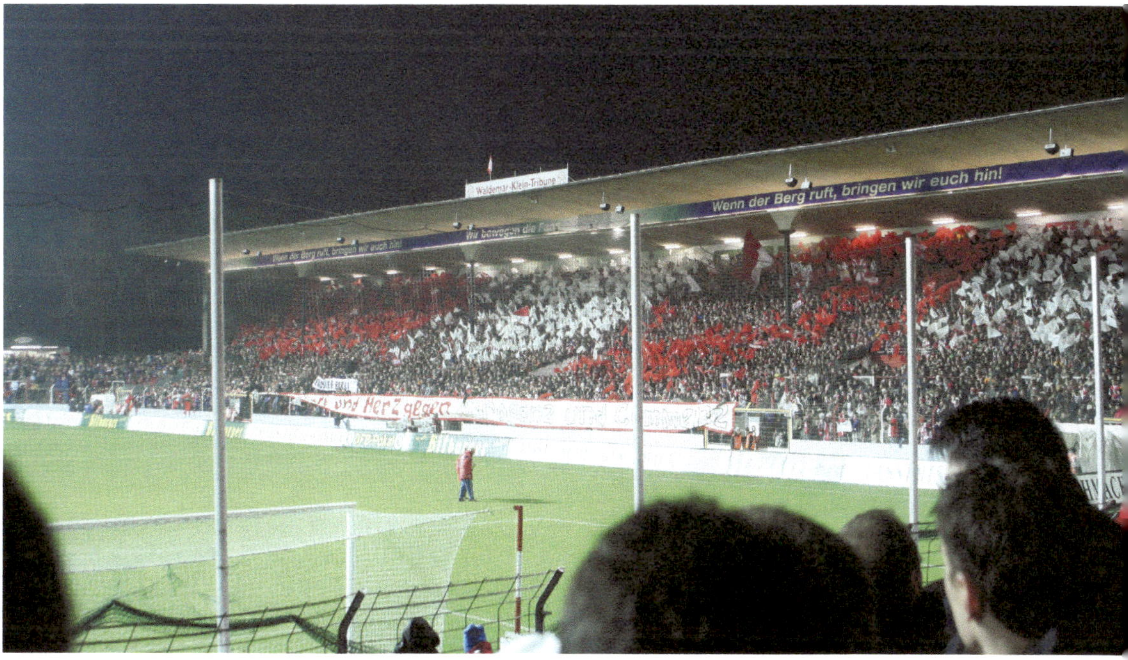

Choreografie der Kickers-Fans vor dem DFB-Pokalspiel gegen Eintracht Frankfurt (2007)
Foto: Ansgar Spiertz

Weiterführende Informationen

Ein spezielles Buch über die alte Spielstätte konnte leider nicht recherchiert werden. Deshalb sei die Jubiläumsschrift der Offenbacher Kickers erwähnt, in dem die Autoren ein Kapitel dem Stadion am Bieberer Berg widmen:
Kickers Offenbach (Hg.): Kickers Offenbach – Die ersten hundert Jahre; Offenbach 2001.

Interessante Idee: Ein OFC-Fan möchte die Atmosphäre des alten Stadions in mit einem Computerspiel bald wieder erlebbar machen. Lesen Sie mehr auf der Homepage der Offenbach-Post:
www.op-online.de/offenbach/computerspiel-ofc-stadion-3584204.html

Die Tore vom Spiel Offenbach gegen Mönchengladbach aus dem Oktober 1974:
www.youtube.com/watch?v=WL6b3n84uFc

Ausschnitte der DFB-Pokalbegegnung Kickers Offenbach – Borussia Dortmund vom 27.10.2010:
www.youtube.com/watch?v=3NH1WkBl2WI

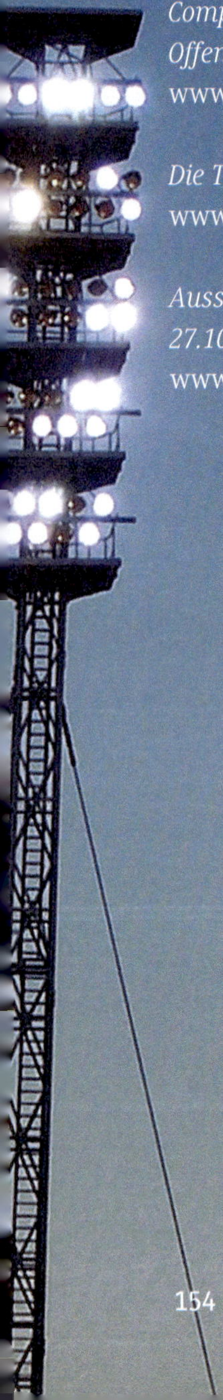

Hintergrundbild: © Verena N./pixelio.de

vfb-oldenburg.de/historie/

Oldenburg

Stadion Donnerschwee (VfB-Platz)

Fassungsvermögen:	22.000 Zuschauer (Stand: 1950)
Eröffnung:	Bau als Radrennbahn im Jahr 1884; Eröffnung als reines Fußballstadion am 7.8.1949
Umbau:	1958 (Bau der Sitzplatztribüne) 1966 (Errichtung der Flutlichtanlage)
Standort:	an der Kreuzung Wehdestraße/Donnerschweer Straße, 26123 Oldenburg
Besonderheiten:	seit September 2008 wirbt auf dem ehemaligen Spielfeld ein Supermarkt um Kunden. Das Staatstheater Oldenburg hat dem alten Stadion mit „Die Hölle von Donnerschwee" ein eigenes Theaterstück gewidmet (Uraufführung: 2011)

Besondere Spiele

National:	VfB Oldenburg – Hamburger SV 1:0 (Oberliga Nord, 16.10.1949, 20.000 Zuschauer) VfB Oldenburg – Borussia Dortmund 2:3 (DFB-Pokal 1967/68, 1. Runde, 27.1.1968, 17.000 Zuschauer) VfB Oldenburg – SC Freiburg 2:2 (letztes Spiel des VfB in Donnerschwee, 38. Spieltag, 2. Bundesliga, 16.6.1991, 8.000 Zuschauer)

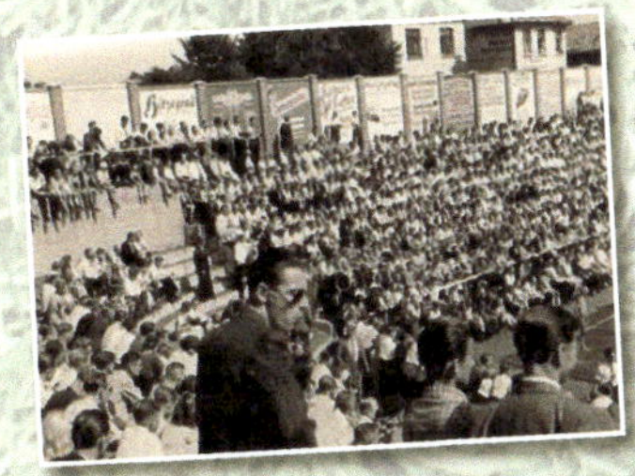

Stadioneinweihung 1949
Foto: Stadtarchiv Oldenburg

Von der „Hölle des Nordens“ zum Supermarkt

Am 16. Juni 1991 verlor der Verein seine Seele. Ein letztes Mal empfing die Elf des VfB Oldenburg einen Gegner im Stadion Donnerschwee. Nach diesem Ereignis verfiel die einstige „Hölle des Nordens“ von Tag zu Tag mehr. 2008 verschwand das Stadion für immer. Heute breitet sich ein Supermarkt auf dem ehemaligen Spielfeld aus. Auf den ersten Blick erinnert nichts mehr an die einst von gegnerischen Mannschaften gefürchtete Spielstätte. Wenn die Zuschauer erst einmal in Fahrt kamen, entfachten sie im engen Stadion eine einzigartige Stimmung. Einzig ein Gedenkstein vor dem Stadtteilzentrum Donnerschwee erinnert etwas pathetisch an längst vergessene Zeiten:

„Hier auf dem Donnerschwee war einst der VfB-Platz, als „Hölle des Nordens“ ein Fußball-Stadion mit Seele.“

Was machte das Stadion so besonders? Wann wurde die Atmosphäre zur Hölle? Welche Seele ist gemeint? Diese Fragen könnten Zeitzeugen beantworten, die sich in früheren Jahrzehnten im sagenumwobenen Stadion tummelten.

„Das ist ja gar nichts hier. Völlig langweilig“, grantelte Uwe Klimaschefski. Überraschung, Unverständnis und ein Anflug von Wehmut schwangen in seiner Stimme mit. „Klima“ ärgerte sich nicht etwa über die fehlende Animation im Urlaubshotel auf den Malediven. Vielmehr leitete der Trainer von Blau-Weiß 90 Berlin mit diesen Worten die Pressekonferenz nach dem Zweitligaspiel beim VfB Oldenburg ein. Er musste einfach sofort seine Verwunderung über die merkwürdige Atmosphäre im Marschwegstadion in Oldenburg zum Ausdruck bringen. Denn bisher rutschten die Gegner meist nervös auf den Sitzen des Mannschaftsbusses hin und her, wenn sie sich der Spielstätte des VfB näherten. Doch ab der Saison 1991/92 trug der VfB seine Heimspiele nur noch im Marschwegstadion und nicht mehr im Donnerschweer Stadion aus. Von nun an trennte eine breite Tartanbahn die Zuschauer vom Spielgeschehen. Sichtlich enttäuscht beendete Berlins Trainer sein Statement zur Begegnung mit dem Hinweis auf die Vergangenheit. Im alten Stadion hatte er das Gefühl, die Zuschauer säßen auf der Torlatte. Alles war eng und laut.

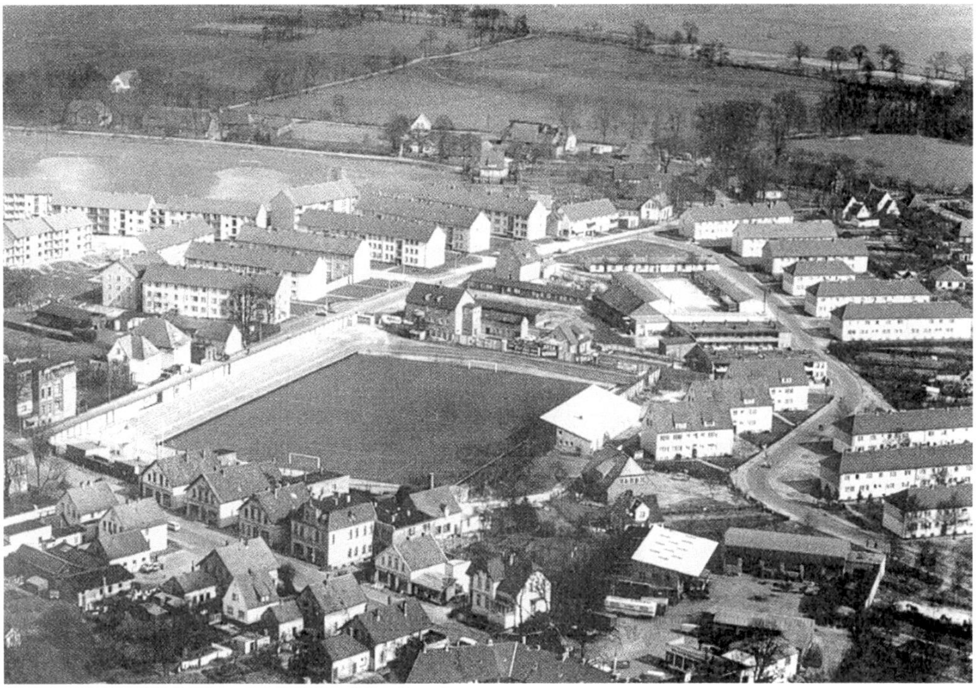

Gesamtansicht der Stadionanlage 1960 *Foto: Alt-oldenburg.de*

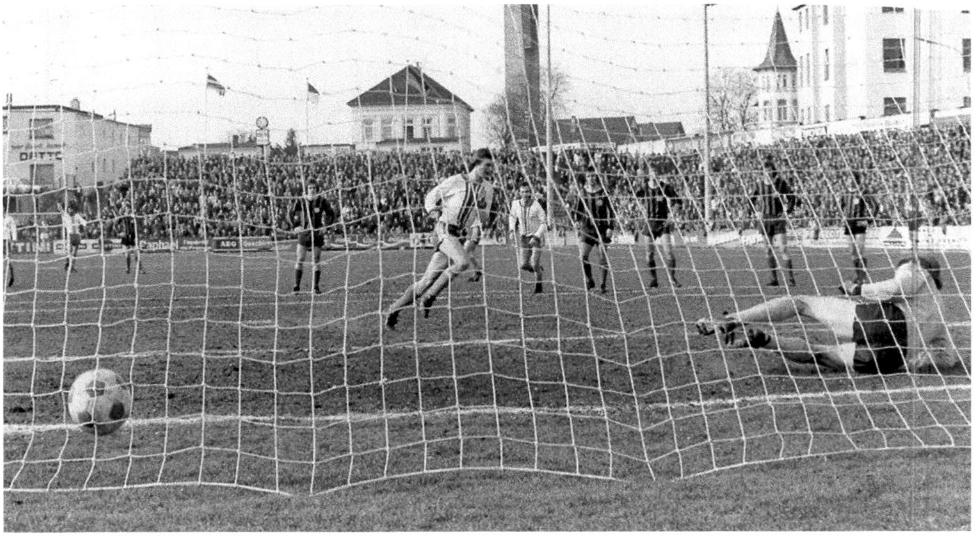

Elfmetertor im März 1975 *Foto: Nordwest-Zeitung, Oldenburg*

Diese beiden Adjektive charakterisieren die Stimmung früherer Tage recht genau. Da ist sich Horst Hollmann sicher. Er muss es schließlich wissen. Der VfB-Platz bot ihm mehr als 30 Jahre lang mehr als nur einen Arbeitsplatz. Als Journalist und späterer Leiter der Sportredaktion der Nordwest-Zeitung verband ihn weit mehr mit der alten Spielstätte. Einerseits regierte eine ganz eigene Dynamik und Stimmung im Stadion. In ruhigen Momenten konnten die Spieler auf dem Feld jedes Wort eines Zuschauers hören. Nahmen andererseits die Emotionen der Besucher an Fahrt auf, explodierte die Atmosphäre in Kürze. Ein Hexenkessel entwickelte sich in einem stark ansteigenden Spannungsbogen. Die Geräuschkulisse kulminierte in der eines landenden Düsenjets. Alles geschah innerhalb weniger Minuten.

Eine solche Explosion entfachten die Anhänger des VfB am 27. Januar 1968. Die Elf von Borussia Dortmund machte sich an diesem Wintertag auf dem Weg ins gefürchtete Stadion Donnerschwee. In der ersten Runde des DFB-Pokals empfing der VfB den Europapokalsieger von 1966. BVB-Trainer Heinz Murach hatte seine Mannschaft zur Vorbereitung auf das DFB-Pokalspiel ins Trainingslager nach Bad Zwischenahn zusammengetrommelt. Im idyllischen Hotel am Meer sollten Libuda, Assauer, Held und Co. Kraft tanken. Nichts durfte dem Zufall überlassen werden, galt Oldenburg doch damals als heißes Pflaster. Die Oldenburger machten ihrem Ruf alle Ehre. Scharen von Fußballanhängern zogen weit vor dem Anpfiff in den Stadtteil Donnerschwee. Völlig überforderte Kassierer schwitzten in ihren Häuschen. Am Ende quetschten sich 17.000 Besucher in den kleinen, engen VfB-Platz. Von überall her wollten die Oldenburger einen Blick auf das Spielfeld erhaschen. Unzählige Köpfe reckten hinter den Fenstern der umliegenden Häuser hervor. Dutzende kaperten das Dach der Geschäftsstelle, um später wenigstens einige Spielszenen verfolgen zu können. Mehrere Hebebühnen außerhalb der Stadionmauern fungierten als Tribünenersatz. Die Vorfreude stieg im Minutentakt.

Der Anpfiff ertönte. Die Anhänger spürten, dass der BVB sehr schwer in die Partie fand. Anfeuerungsrufe hallten durch das kleine Stadion. VfB-Stürmer Erwin Jung ließ sich von der heißen Atmosphäre anstecken. Er brachte seine Elf mit zwei Toren kurz vor der Pause sensationell in Führung. Der zweitklassige Underdog führte gegen die europäische Spitzenmannschaft nach 45 Minuten mit 2:0. Das Publikum tobte. Euphorisch trieben die eng zusammenstehenden Besucher ihre Elf zu Beginn der zweiten Hälfte nach vorne. „Diese Stimmung werde ich niemals vergessen. Oftmals hatten die Zuschauer ihren VfB lautstark und sehr stimmgewaltig unterstützt. Was sich aber an diesem Abend abspielte, übertraf alles. Die 17.000 Oldenburger schienen wie ein Mann hinter ihrer Mannschaft zu stehen. Jeder rief, schrie, brüllte. Das Publikum trug die Mannschaft. Die Stimmung war der Wahnsinn. Der Begriff der ‚Gänsehautstimmung' traf niemals vorher und nachher besser auf ein Spiel des VfB zu als an diesem Winternachmittag", schwärmt der damalige Sportreporter Hollmann.

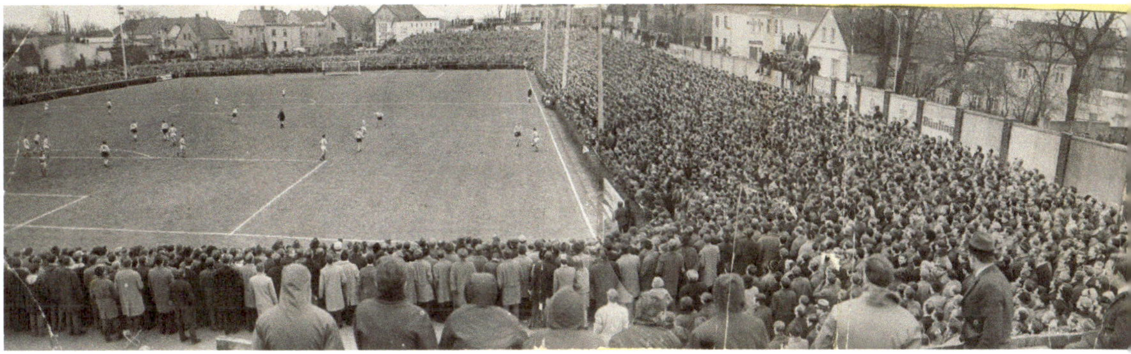

DFB-Pokal 1968: 17.000 Oldenburger sorgen für einen Hexenkessel.
Foto: Nordwest-Zeitung, Oldenburg

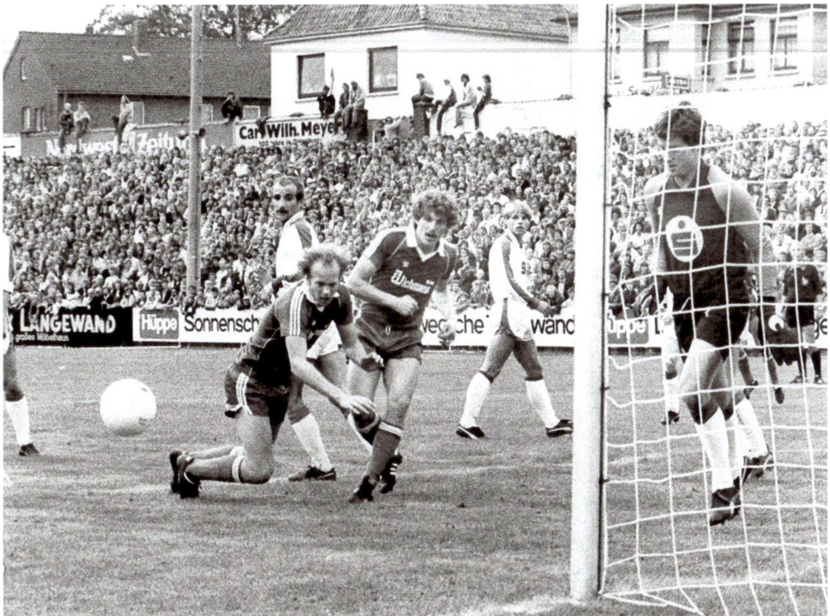

August 1980: Erneut 17.000 Zuschauer freuen sich über ein 2:0 gegen Hertha BSC
Foto: Nordwest-Zeitung, Oldenburg

Die Borussen spielten jedoch ihre Routine aus. Dribbelkünstler Reinhard „Stan“ Libuda verkürzte in der 67. Minute. Kein Wunder, denn ein zeitgenössischer Spruch besagte doch: Keiner kommt an Gott vorbei, außer Stan Libuda! Zehn Minuten später traf Siggi Held zum Ausgleich. Die Zuschauer zitterten. Noch fünf Minuten, nur noch vier Minuten bis zum Schlusspfiff. Die Spannung erreichte ihren Höhepunkt. Plötzlich riss der schrille Pfiff des Schiedsrichters Ewald Regely alle Oldenburger aus ihren Träumen. Drei Minuten vor dem Ende entschied er auf Elfmeter für den BVB. Routiniert traf Wolfgang Paul zum 3:2. Die Oldenburger feierten die Spieler dennoch frenetisch. Vereint standen die Zuschauer auf den Traversen in der Überzeugung, einen magischen Fußballabend erlebt zu haben.

Ein Stimmungsbild der etwas anderen Art bot sich gut 20 Jahre später. Längst hatte das Stadion den Ruf der „Hölle des Nordens“ erlangt. Dank des begeisterungsfähigen Publikums, das ihren VfB so liebte und deshalb die Mannschaft Saison um Saison antrieb, mussten die Gegner meist neben der Elf noch gegen den 12. Mann, die Zuschauer, anrennen. Die ließen keinen Versuch und Trick unversucht, um ihren Spielern zum Sieg zu verhelfen. Natürlich strömten nicht immer so viele Zuschauer wie an jenem magischen Abend im Januar 1968 zum VfB-Platz. „Es gab eine imaginäre Grenze. Wenn weniger als 2.000 Zuschauer kamen, fanden Rufe eines einzelnen Zuschauers von jedem im Stadion Gehör. Das galt selbstverständlich auch für die Akteure auf dem Rasen“, schmunzelt das Urgestein des Oldenburger Sportjournalismus Horst Hollmann und fährt fort: „An jenem Nachmittag füllte sich das Stadion nur schleppend. Es ging familiär zu“. Das sollte sich ein cleverer VfB-Fan zu Nutze machen.

Kurz vor der Winterpause der Zweiligasaison 1990/91 kämpfte der VfB gegen den Abstieg. Jeder Punkt zählte. Als Abstiegskonkurrent reiste Fortuna Köln mit seinem charismatischen Präsidenten und Mäzen Hans Löring – auf kölschem Platt einfach „Der Scheng“ genannt – am 16. Dezember 1990 nach Donnerschwee. Der Empfang gestaltete sich aber eher als nordisch kühl. „Du bist der schlechteste Torwart der Liga. Du musst doch deine Hände einsetzen. Ein Torhüter ohne Hände bist du“. Mit dunkler Stimme empfing ein VfB-Anhänger Fortunas Keeper Frank Agaciak. Der Zuschauer hatte sich direkt hinter dem gegnerischen Tor postiert. In seiner Stimme lag etwas Beschwörendes. Nicht laut, aber penetrant redete er auf den Schlussmann der Kölner ein. Die restlichen Zuschauer lachten, waren aber nicht sicher, ob der Torwartfreund ein Psychopath, Okkultist und Hobby-Hypnotiseur war oder einfach nur leicht einen Sitzen hatte. „Das war erst der Anfang. Es wird der schrecklichste Tag in deinem Leben“. Die Stimme des Torwartbeschwörers glich nun einer Mischung aus der von Klaus Kinski und Joe Cocker. Frank Agaciak schaute leicht beunruhigt hinter sich. Dann trat er die Flucht nach vorne an. Erst schritt er langsam zum Elfmeterpunkt, schaute sich abermals um.

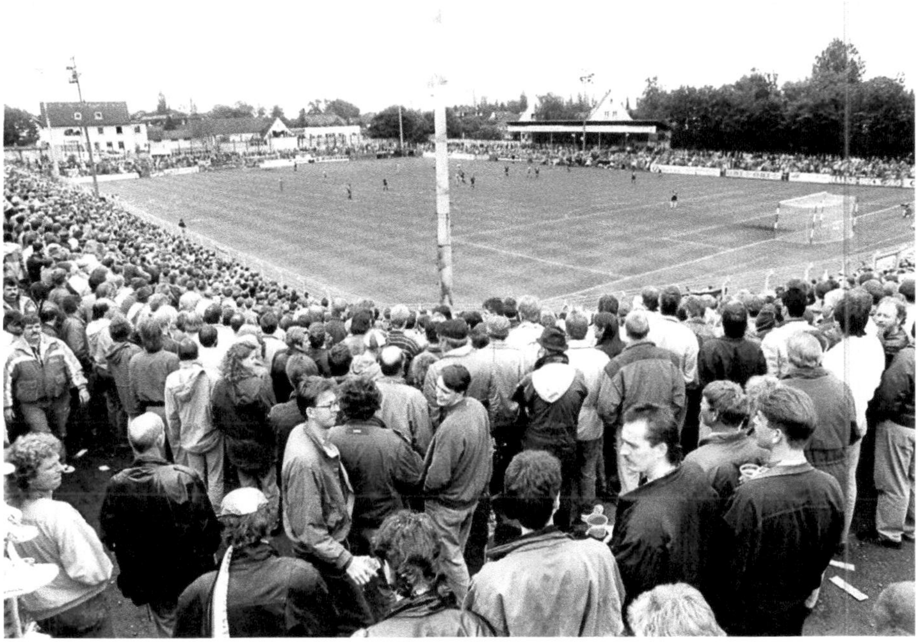

Ein Stadion fast nur mit Stehplätzen – bemerkenswert auch die charakteristischen Pfosten
Foto: Nordwest-Zeitung, Oldenburg

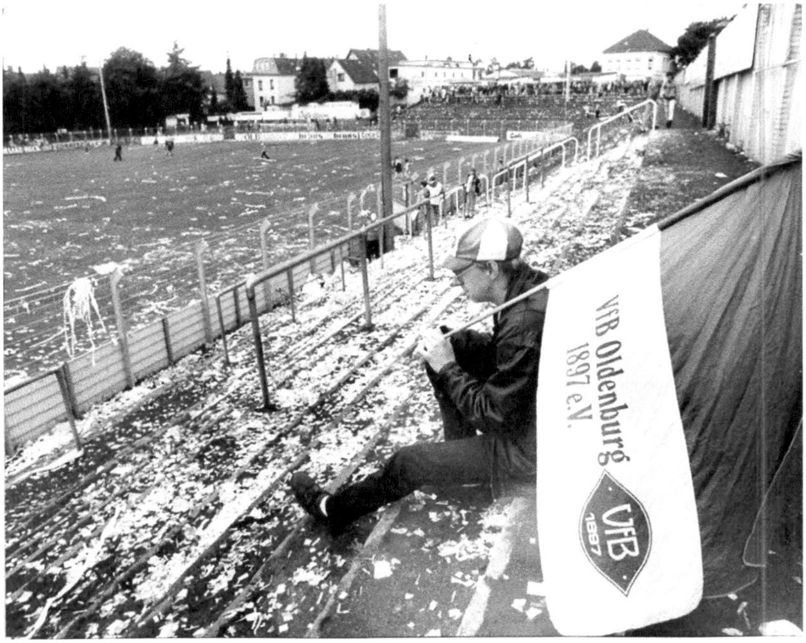

Einsamer Fan nach Spielende in der Saison 1990/91 *Foto: Nordwest-Zeitung, Oldenburg*

„Ja, das war erst der Anfang. Ohne Hände bist du", hörte er es sonor klingend hinter sich. Fast zeitgleich überschritt der verstörte Keeper die Linie des 16-Meter-Raumes. Dann schepperte es im Kasten des nicht zu beneidenden Agaciak. Nach nur 14 Minuten kassierte er seinen ersten Gegentreffer. „Das war erst der Anfang", grummelte es dem Schlussmann der Fortuna bis zur Halbzeitpause immer wieder entgegen. Frank Agaciak flüchtete danach regelmäßig in Richtung Mittelllinie. Kurz vor der Pause musste er ein zweites Mal hinter die Torlinie greifen. Entnervt brüllte er dem manischen Rufer entgegen „Ej, nun sei doch mal ruhig!". Trocken konterte der Torwartfreund „Ich sag dir, du verlierst noch die Nerven und ihr das Spiel". Er sollte Recht behalten. Der VfB sicherte das 2:0 und marschierte somit einen wichtigen Schritt in Richtung Klassenerhalt.

Der VfB-Platz gestaltete sich also auf ganzer Linie als kommunikatives Stadion. Böswilligkeiten seitens der Zuschauer oder gar Ausschreitungen kamen nie vor. Auch wenn Uralt-Präsident Hermann Spradau dem Schiedsrichter nach empfundener unterirdischer Leistung einen Schirmhieb auf den Kopf verpasste, sollte dies eine absolute Ausnahme bleiben. Neben des zum Mythos avancierten Flairs bot die Spielstätte in den Jahren nach dem Zweiten Weltkrieg einen Hort der Verständigung und des Zusammenkommens. Viele Kriegsflüchtlinge strandeten in jenen Jahren in Oldenburg, fanden dort eine neue Heimat. Der Besuch der Spiele des VfB brachte viele gesellschaftliche Schichten zusammen. Dies sollte sich in den folgenden Jahrzehnten fortsetzen. Als junger Reporter beobachtete Horst Hollmann das Phänomen. Besonders zeigte sich dies bei tristen, eher langweiligen Spielen, die Raum für einen kleinen Plausch ließen. Der junge Arbeiter unterhielt sich mit dem bis dato unbekannten Nebenmann, einem emeritierten Uni-Professor über Fußball, das Wetter oder Kommunalpolitik. So entwickelten sich Neu-Oldenburger zu Oldenburgern und ein etwaiger Standesdünkel verschwand zumindest innerhalb des Stadions. Das alte Stadion Donnerschwee wirkte als Ort der Begegnung integrativ.

Das Stadion ließ auch Platz für leicht verrückte Fußballfreunde. VfB-Fanoriginal Werner Klapp, liebevoll Klappi genannt, hob über viele Jahre vor jedem Heimspiel die Eckfahne, um darunter eine 1 DM-Münze zu vergraben. Bei einem Sieg des VfB blieb das Geldstück im Boden. Nach einer Niederlage buddelte Klappi die Münze wieder aus. Die Oldenburger ließen nichts unversucht, um den VfB in den oberen Ligen des Fußballs zu halten.

Auch architektonisch überzeugte der VfB-Platz auf eine spezielle Art. Er bildete einen wunderbaren Gegenpart zu den Einheitsarenen heutiger Tage. Schon das Betreten durch den Haupteingang hatte etwas Erhabenes. Wie in einem Theater fiel das Auge der Betrachter hinab in Richtung Bühne. Die Zuschauer blickten auf den tief liegenden Platz herab. Auf der linken Seite ragte die Gegengerade empor. Die Stufen reichten ganz nah an das Spielfeld heran. Dieses kompakte, enge Ambiente suchen die Oldenburger Fußballfans heute vergeblich.

Wie so häufig im Fußballgeschäft, besiegelten auch ökonomische Gesetzmäßigkeiten den Fortbestand des traditionsreichen Stadions im Stadtteil Donnerschwee. Der Verein konnte die Unterhaltskosten nicht mehr tragen. Das Terrain bot lukratives Bauland. Trotz massiver Gegenwehr der Fans konnte der Verkauf des Grundstücks nicht verhindert werden. Früher pulsierte in diesem Stückchen Donnerschwee das Leben. Heute steht an der Stelle des alten Stadions ein riesiger Parkplatz mit zwei seelenlosen Supermarktbauten. „Das Stadion hätte unter Denkmalschutz gehört", meint Horst Hollmann. Recht hat er, doch jetzt ist es zu spät.

Weiterführende Informationen

Ein Aufsatz über das Stadion Donnerschwee findet sich in folgendem Buch:
André Pingel: VfB Oldenburg/Altes Stadion. In: Mareike Witkowski (Hg.): Oldenburger Erinnerungsorte; Oldenburg 2011.

Ein Kapitel widmet der Autor in seinem umfassenden Werk der alten Oldenburger Spielstätte:
Werner Skrentny (Hg.): Das große Buch der deutschen Fußballstadien; Göttingen 2010. S. 297 f.

TV-Bericht der Begegnung VfB Oldenburg gegen Arminia Bielefeld (Aufstiegsrunde zur 2. Bundesliga) vom 6.6.1990:
www.youtube.com/watch?v=KQuQ6HS9JEg

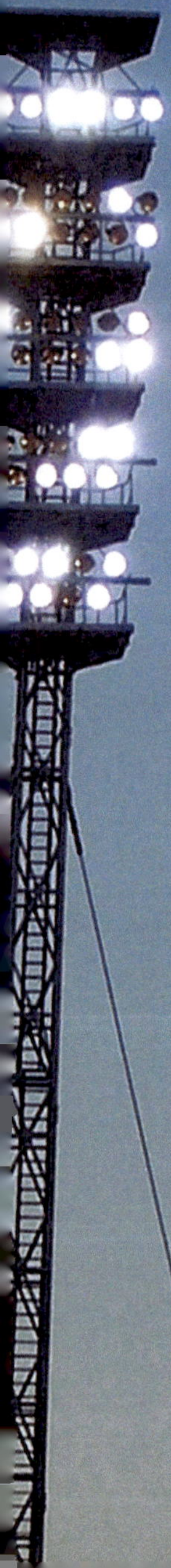

Hintergrundbild: © Verena N./pixelio.de

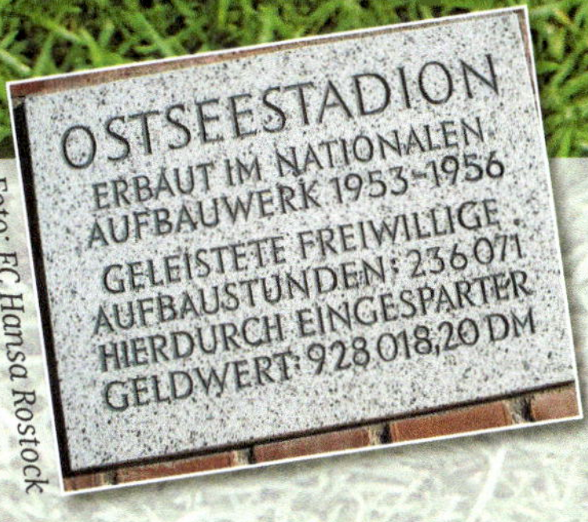

Foto: FC Hansa Rostock

www.fc-hansa.de/historie.html

Rostock

Ostseestadion

Fassungsvermögen: 30.000 Zuschauer (Stand: 1988)

Eröffnung: 27.6.1954

Umbau: In den 1960er-Jahren wurden Umbau- und Renovierungsmaßnahmen vorgenommen (z. B. Überdachung der Tribüne)

In den 1970er-Jahren wurden eine Anzeigentafel installiert und die 1978 die architektonisch herausragenden Flutlichtmasten angebracht.

Modernisierungsmaßnahmen sind zuletzt Anfang der 1990er-Jahre durchgeführt worden.

Abriss: 2000

Standort: Kopernikusstraße 17, 18057 Rostock

Besondere Spiele

National: Hansa Rostock – 1. FC Nürnberg 4:0 (erstes Bundesligaspiel und Hansa-Tabellenführung, 1. Spieltag Bundesliga 1991/92, 3.8.1991, 13.000 Zuschauer)

Hansa Rostock – Eintracht Frankfurt 2:1 (letzter Spieltag Bundesliga 1991/92, 16.5.1992, 25.000 Zuschauer)

International: Hansa Rostock – Inter Mailand 2:1 (2. Runde des Messepokals, 12.11.1969, 30.000 Zuschauer)

Hansa Rostock – FC Barcelona 1:0 (1. Runde des Europapokals der Landesmeister, 2.10.1991, 8.500 Zuschauer)

Länderspiele: DDR – Polen 0:1 (erstes Länderspiel der DDR-Elf in Rostock, 26.9.1954, 30.000 Zuschauer)

Fußball im Windkanal

Das alte Ostseestadion als Strandperle zu bezeichnen, wäre wohl etwas vermessen. Obwohl der Weg zum Ostseeufer nach Warnemünde kaum mehr als 10 Kilometer beträgt. Vielmehr versprühte das weite Rund, durch das nicht selten eine steife Brise zog, den rauen Charme des hohen Nordens. Die schnörkellose Bauweise, anfangs noch gänzlich ohne Überdachung der Tribünen, trug ihren Teil zu diesem Gesamteindruck bei.

In den frühen 1950er-Jahren rief der junge DDR-Staat die Rostocker auf, sich aktiv am Bau des neuen Stadions zu beteiligen. Tausende Bürger folgten dem Aufruf. So ebneten sie den Weg für eine erfolgreiche Zukunft des Rostocker Fußballs. Die ganz großen Erfolge feierten die Fans aber erst knapp vier Jahrzehnte nach der Stadioneröffnung. In der letzten Saison der DDR-Oberliga errang Hansa den heiß begehrten Meistertitel. Und das sollte sich als wahrer Glückstreffer herausstellen. Zum einen qualifizierte sich die Elf von Trainer Uwe Reinders für die erste „gesamtdeutsche" 1. Bundesliga. Zum anderen empfing der FC Hansa den FC Barcelona im Europapokal der Landesmeister – bis heute einer der Höhepunkte der Vereinsgeschichte.

Es schlug die große Stunde des Ostseestadions. Wissenschaftlich nicht belegt, aber von einigen Fußballkennern so empfunden, sollte dem maroden Stadion eine ganz besondere Rolle zufallen. Aus der Not heraus entwickelte das baufällige Stadion eine – zumindest gefühlte – Tugend. Nach einer langen Anreise erwartete die Profis aus dem Westen eine Mischung aus Gefriertruhe und Windkanal, gespickt mit einer Brise Jugendherbergsambiente. Die erfahrenen Fußballer hatten sich bislang eher in vollklimatisierten Wohlfühloasen auf die Bundesligaspiele vorbereiten können. Jetzt mussten sie den Kulturschock erst einmal verarbeiten. Die Liste der gestrauchelten Top-Clubs, die sich auf dem Rasen des Ostseestadions versuchten, ist lang. Gleich im ersten Bundesliga-Heimspiel der Vereinsgeschichte katapultierten sich die Hanseaten mit einem 4:0-Erfolg über den 1. FC Nürnberg an die Tabellenspitze. Nachdem die Mannen um den filigranen Mittelfeldmann Juri Schlünz bei den Bayern in München gewannen, schickten sie Borussia Dortmund mit 5:1 zurück ins Ruhrgebiet. In den folgenden Monaten traten auch Traditionsteams wie Borussia Mönchengladbach, Bayern München und Schalke 04 ohne Punkte die lange Heimreise an. Der „Wir ärgern euch mit einem maroden Stadion"-Effekt hielt jedoch nicht ewig. Schon in der ersten Saison ging Hansa am Ende die Puste aus und der Abstieg war perfekt. Aber noch heute dürfte wohl der eine oder andere Ex-Fußballprofi nachts aus seinem Alptraum erwachen und sich freuen, statt in den Katakomben des Ostseestadions im eigenen warmen Bett zu liegen.

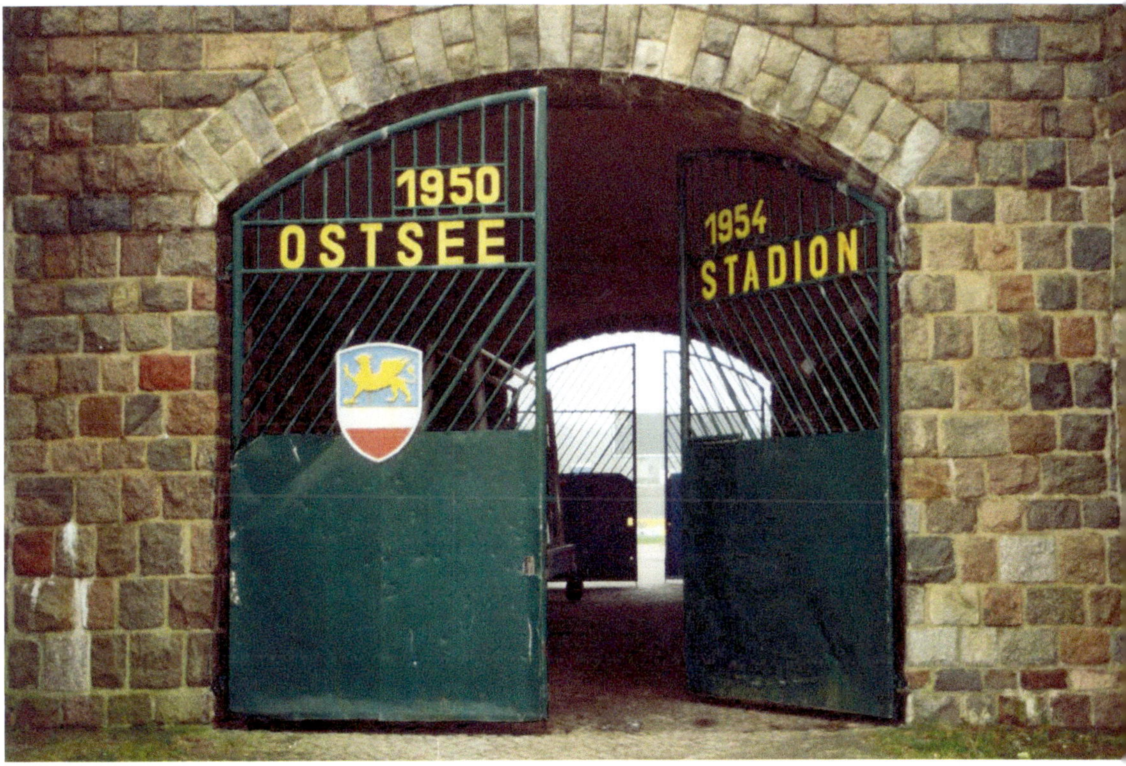

Das sog. Marathontor am Ostseestadion *Foto: F.C. Hansa Rostock*

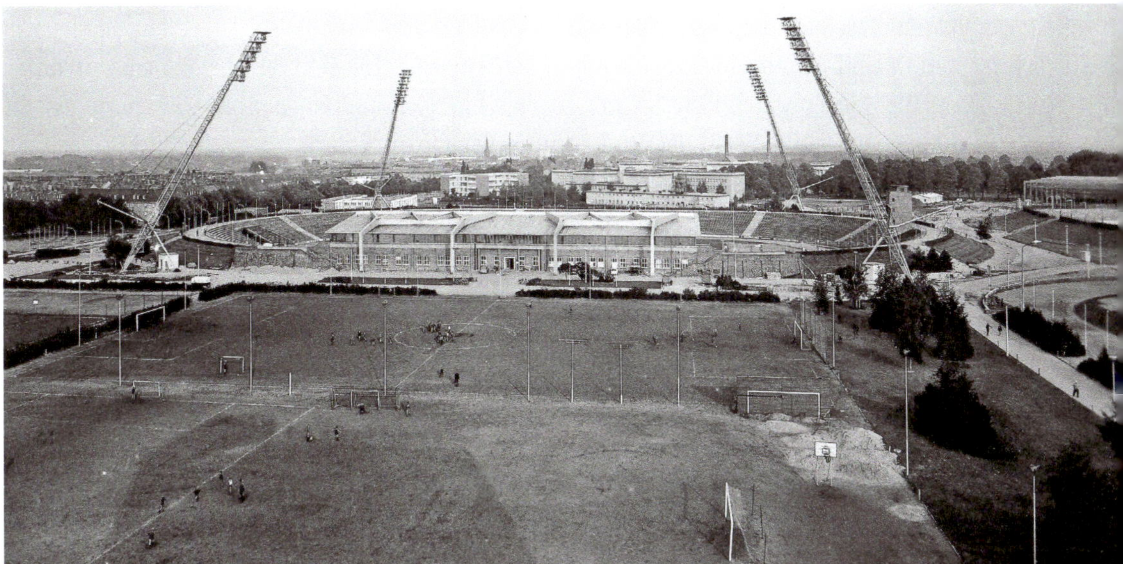

Das Ostseestadion mit vorgelagerten Sportplätzen 1970 *Foto: F.C. Hansa Rostock*

Interview mit Juri Schlünz

Das alte Ostseestadion diente ihm für mehr als drei Jahrzehnte als zweites Wohnzimmer. Von den Katakomben bis zum Tribünendach kannte er jede Betonfuge. Seit 1968 tummelte sich Juri Schlünz auf dem Gelände in und um die Spielstätte. Es folgten 406 Pflichtspiele für Hansa Rostock. Der Mittelfeldakteur prägte die Bundesligamannschaft in den 1990er-Jahren und sorgte für Spitzenfußball an der Ostsee. Für den Verein hat er seither so ziemlich jedes Amt übernommen. Als Co-Trainer, Cheftrainer und Scout bis hin zum Mitglied des Vorstands engagierte sich das Urgestein für seinen Club. Heutet leitet Schlünz die Nachwuchsakademie des FC Hansa, ist in der Stadt und der Region der Inbegriff für Bodenständigkeit und Vereinstreue und genießt nach wie vor höchste Wertschätzung bei den Anhängern.

Herr Schlünz, an welche Momente im Ostseestadion erinnern Sie sich besonders gerne zurück?

Ein erstes prägendes Ereignis erlebte ich als 12-Jähriger. Wir bestritten mit der Jugendmannschaft von Hansa ein Vorspiel der ersten Mannschaft. Das große Rund füllte sich nach und nach mit Zuschauern. Da habe ich beschlossen: „Da willste auch mal in der Oberliga-Mannschaft vor vielen Besuchern spielen." Von diesem Zeitpunkt an war das mein großes Ziel.

Später konnte ich mich in der Juniorenmannschaft etablieren. Zu den Spielen der Nachwuchsoberliga der ehemaligen DDR reisten wir quer durch die Republik. Die Begegnungen waren dieselben wie in der Oberliga und fanden vor den Spielen der ersten Mannschaft statt. Mein Debüt absolvierte ich mit 18 Jahren gegen Lok Leipzig. Ich glaube wir trennten uns 2:2. Dieses Match löste bei mir enorme Energien und einen großen Ansporn aus. Sie merken, auf einmal sind die Erinnerungen wieder da. Es war für mich ein sehr positives Erlebnis. In dem Moment ging für mich ein Traum in Erfüllung.

Sie beschreiben ganz frühe Ereignisse in Ihrer Karriere. Ein späterer Höhepunkt dürfte das Europapokalspiel gegen den FC Barcelona gewesen sein.

Natürlich. Ich denke, die beiden Begegnungen waren bisher das Highlight in der Vereinsgeschichte des FC Hansa. Das Hinspiel in Nou Camp gestaltete sich allein schon durch die Kulisse und das Stadion für uns Spieler zum Erlebnis. So etwas hatten wir alle bis dahin noch nicht gesehen. Leider lief bei der Organisation des Rückspiels nicht alles wunschgemäß. Kartenpreise bis zu 100 DM verschreckten die Fans. In der Nachwendezeit konnte sich die Tickets kaum jemand leisten. Am Ende fanden kaum 10.000 Besucher den Weg ins Ostseestadion. Das finde ich heute noch schade.

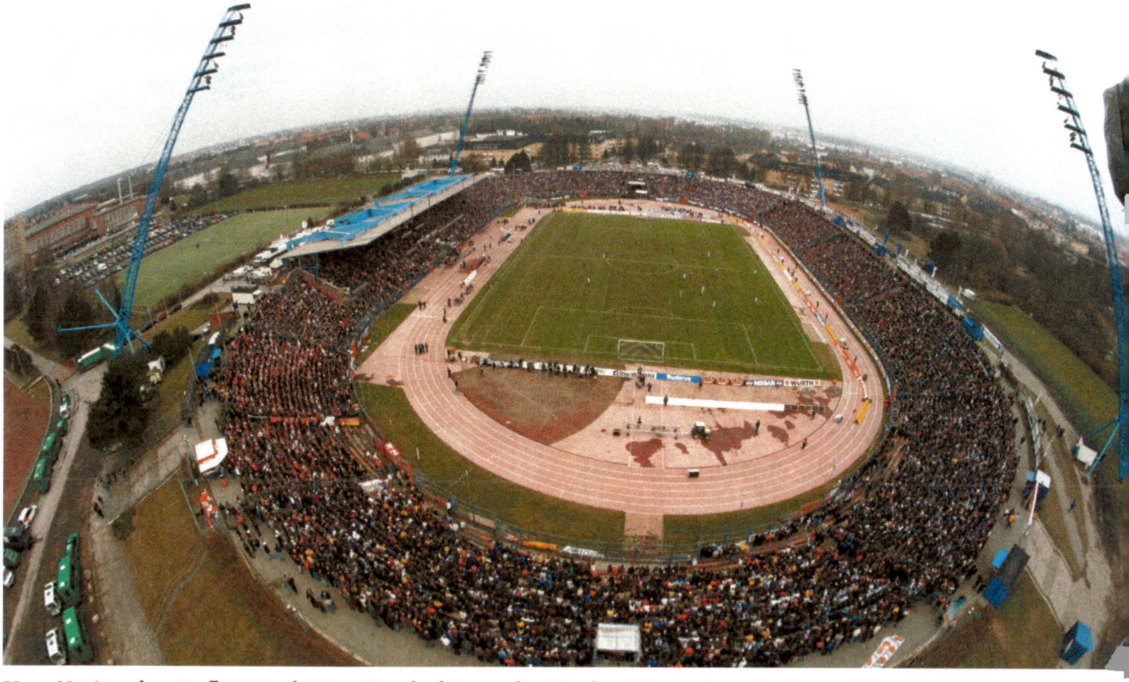

Vom Nationalen Aufbauwerk zum Bundesligastadion (Februar 1999) *Foto: imago/Baering*

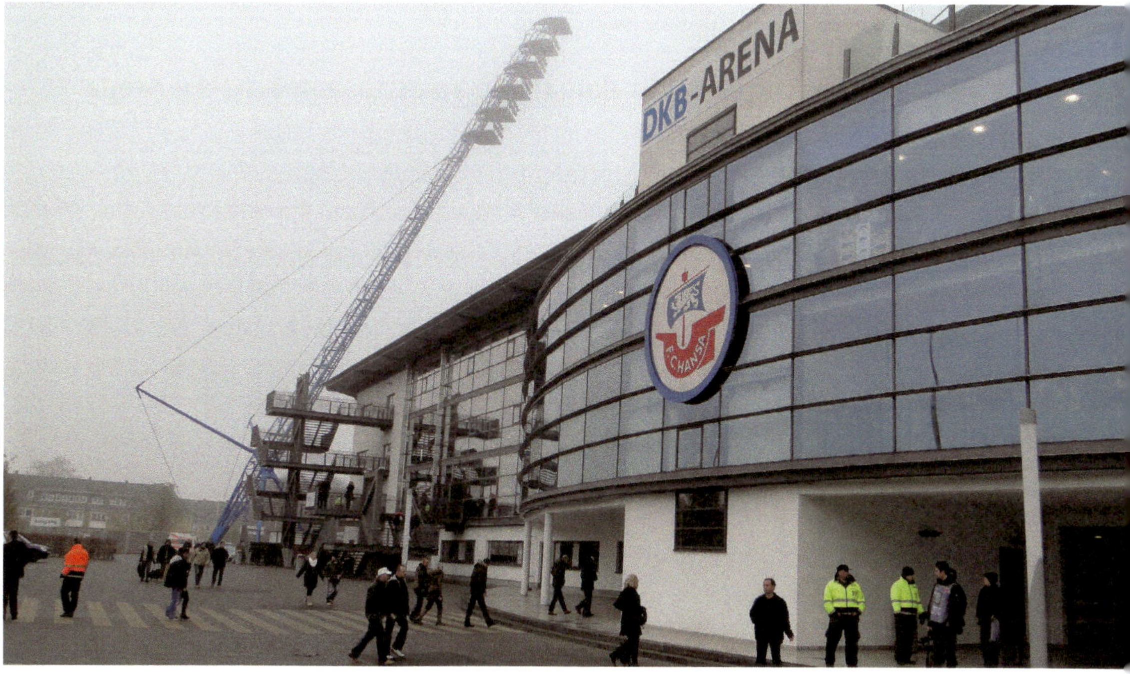

Nur die Flutlichtmasten erinnern noch an das alte Ostseestadion (2011) *Foto: Ansgar Spiertz*

Welchen Stellenwert messen Sie dem Stadion in den Jahren der Bundesligazugehörigkeit des FC Hansa zu?

Wir Spieler wuchsen ja mit dem mehr oder weniger maroden Charme des Ostseestadions auf. Auf Druck des DFB ließen die Vereinsverantwortlichen hier und da Instandhaltungsmaßnahmen durchführen. Im Großen und Ganzen bestach das Stadion aber durch eine einfache Ausstattung und fehlende Annehmlichkeiten im Kabinenbereich. Da staunte mancher altgediente und verwöhnte Bundesligaprofi. Einfache Duschen, immer etwas zu kühl, und ein manchmal zugiger Wind in den Katakomben setzten dem ein oder anderen wohl zu. Auf dem Spielfeld im weitläufigen Stadion erwartete die Mannschaften auch meist ein strammer, kalter Wind. Hier an der Ostsee ist das halt so.

Sie meinen, das alte Stadion trug zu ihren Heimsiegen bei?

Na ja, die Atmosphäre war nicht gerade einladend. Auch heute noch erzählen mir Gegenspieler von damals, wie ungern sie im Ostseestadion gespielt haben. Unser alter Kasten hat denen ziemlichen Respekt eingeflößt. Und bevor der Gegner das Stadion betrat, haben wir manchmal auch noch das ein oder andere Fenster in der Gästekabine geöffnet. *(Schlünz lacht)*

Aber natürlich unterschätzten uns die Gegner damals auch, als wir in die 1. Bundesliga aufstiegen. Jedes Heimspiel bedeutete für uns Hansa-Akteure einen enormen Ansporn. Wir wollten den Zuschauern etwas bieten. Und die meisten Teams und Spieler kannten wir bis zu dem Zeitpunkt nur aus dem Fernsehen.

Welche Unterschiede zur damaligen Spielstätte macht die Arena heute aus?

Jedes Stadion hat seine Zeit. Mein Vater hat noch mitgeholfen, dass Ostseestadion in den 1950er-Jahren aufzubauen. Ein ähnlicher Stadiontypus stand mit dem Ernst-Grube-Stadion in Magdeburg. Toll war zu meiner Zeit die Anfeuerung der Fans aus dem Mittelblock heraus. Das vermittelte eine einzigartige, tolle Stimmung. Aber in den Katakomben ließ sich auch mal die eine oder andere Ratte blicken. Deswegen rumgejammert haben wir Spieler nie.

Weiterführende Informationen

Eine sehr knappe Zusammenfassung der Stadionhistorie – inklusive Fotomaterial – bietet der FC Hansa Rostock auf seiner Internethomepage:
www.fc-hansa.de/historie.html

Für fotoaffine Leser bietet sich folgendes Werk an:
Björn Achenbach: Hansa ist mein Leben: 50 Jahre F.C. Hansa Rostock; Rostock 2014.

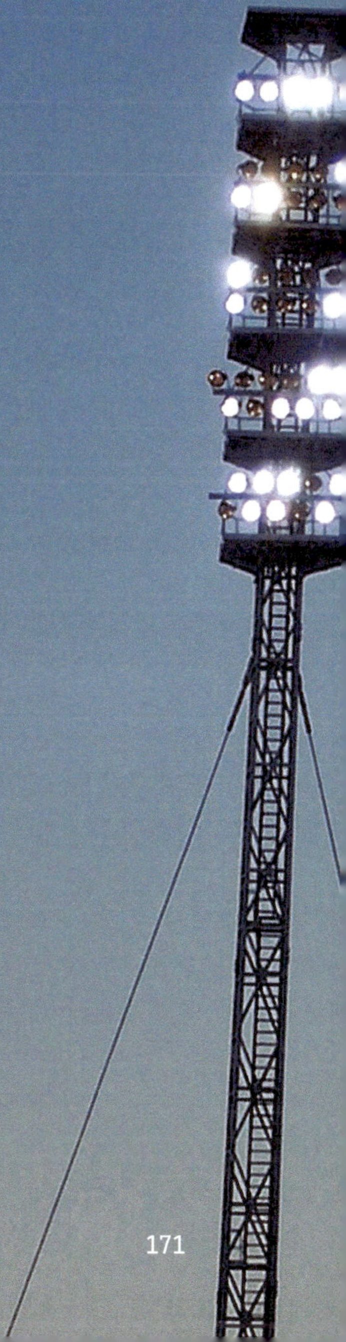

Das Leben ist ein Auswärtsspiel

Der Fußball-Roman nicht nur für Amateure

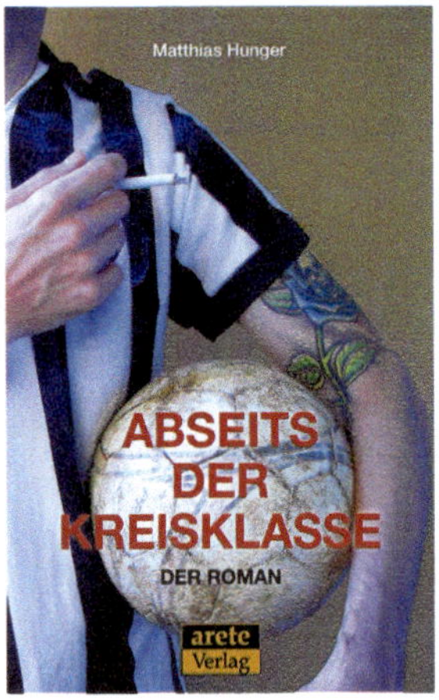

Matthias Hunger
Abseits der Kreisklasse
Der Roman

216 Seiten, kartoniert, 12 Fotos

Arete Verlag
ISBN 978-3-942468-40-4
11,00 € inkl. MwSt.

Benedikt Klein ist ein halbwegs talentierter Kicker und durchaus zufrieden mit seinem Leben. Doch dann verliert er erst seine Freundin und schließlich auch noch die Kapitänsbinde an seinen ärgsten Widersacher in der SG Noris Schweinau. Von nun an erscheint „Bene" das Leben als ein Auswärtsspiel, bis er eine unerwartete Entscheidung trifft …

In „Abseits der Kreisklasse" geht es um Freundschaften, Träume, Liebe, das Älter- und Erwachsenwerden und natürlich um Fußball. Kurz: um die kleinen Niederlagen im Leben und die großen Siege auf dem Platz. Oder ist es doch eher umgekehrt?

„Wer Fußball liebt, der wird auch das Buch mögen. Und wer mit Fußball eher weniger anfangen kann, der liegt dennoch mit dieser Lektüre richtig. … Prädikat: sehr lesenswert!" (Nürnberger Nachrichten)

„Alltagsgeschichte pur vom Nürnberger Autor" (Zeitspiel)

„Es muss nicht immer der Große Fußball sein. Es muss nicht immer der Große Liebesroman sein. Es kann auch mal Kreisklasse und die Große Liebe der Vorstadt sein. Wie das auf sympathisch-fesselnde Art und Weise geht, zeigt Matthias Hunger in seinem Roman ‚Abseits der Kreisklasse'." (Der tödliche Pass)

Arete Verlag • Osterstraße 31-32 • 31134 Hildesheim • www.arete-verlag.de

Tupperware und Torflaute

Preisgekröntes „Believe in the Sign“ erstmals auf Deutsch erschienen

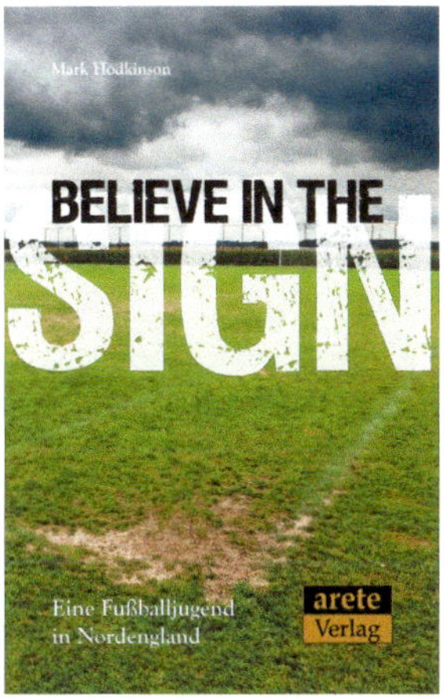

Mark Hodkinson
Believe in the Sign
Eine Fußballjugend in Nordengland

192 Seiten, kartoniert

Arete Verlag
ISBN 978-3-942468-10-7
12,95 € inkl. MwSt.

Believe in the Sign beschreibt eine gottverlassene Ecke Englands, in der nichts los ist – und doch alles passiert. Es sind die Erinnerungen eines normalen Durchschnittsjungen, der halbwegs glücklich aufwachsen könnte, wenn er nicht einer perversen Leidenschaft erlegen wäre: der masochistischen Hingabe an den hoffnungslosen Fußballclub AFC Rochdale, der seit 35 Jahren ununterbrochen in der vierten Liga, der „Rochdale Division“ spielt. Schlaglichtartig wird das Aufwachsen in den 1970ern and 1980ern beleuchtet: verrückte und traurige Kinder aus zerbrochenen Familien, jugendliche Absturzparties und Pubschlägereien, lange existenzielle Märsche entlang der Autobahn, Elton Johns Auftreten mit de, FC Watford. Draußen schleicht sich unterdessen die Zukunft ein: die Fabriken schließen, die Supermärkte schießen aus dem Boden, Schulabgänger hängen herum und die Mütter halten Tupperware-Parties, um irgendwie die Raten für den ersten Farbfernseher zusammenzukratzen. Und der AFC Rochdale verliert auch das nächste Heimspiel …

„Hodkinson is the authentic voice of the real football fan - Hornby is a relative lightweight in comparison.“ (4-4-2 Magazine)

„Hodkinson schneidet Fußball und Leben schnell und gekonnt gegeneinander“ (11 Freunde)

„Bislang habe ich ‚Fever pitch‘ verschenkt, wenn ich jemanden mit der wunderbaren Welt des Fußballfans vertraut machen wollte. Fortan werde ich ‚Believe in the Sign‘ verschenken.“ (Fußballglobus.de)

Arete Verlag • Elisabethstraße 31-32 • 31135 Hildesheim • www.arete-verlag.de

Wenn Netzer zaubert und Effe predigt

Zeitreisen auf den Bökelberg

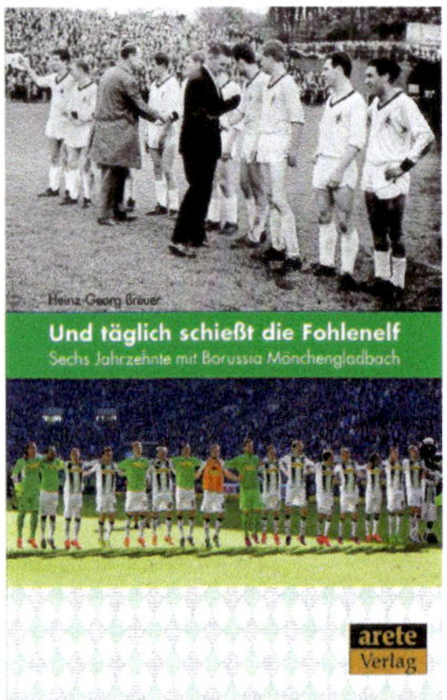

Heinz-Georg Breuer
Und täglich schießt die Fohlenelf
Sechs Jahrzehnte mit
Borussia Mönchengladbach

168 Seiten, kartoniert

Arete Verlag
ISBN 978-3-942468-68-8
16,00 € inkl. MwSt.

16. Mai 1965: Ein Zwölfjähriger erlebt, wie Borussia Mönchengladbach Meister der Regionalliga West wird und kurze Zeit später in die Bundesliga aufsteigt.

16. Mai 2015: Auf den Tag genau 50 Jahre später sieht der Junge von damals, wie Borussia Mönchengladbach mit einem 2:0 bei Werder Bremen erstmals in die Champions League einzieht.

Der Autor hat Borussia Mönchengladbach in sechs Jahrzehnten erst als jugendlicher Fan, dann als Journalist und schließlich als Beobachter aus der Ferne begleitet. Er erzählt als Insider von der legendären Fohlenelf unter Hennes Weisweiler, vom „Geizhals Grashoff", einer abenteuerlichen Busfahrt zum UEFA-Pokalspiel nach Magdeburg, vom jugendlich-streitbaren Lothar Matthäus, dem Abschied vom Bökelberg und dem wundersamen Aufstieg unter Lucien Favre.

Mit einem Vorwort von Sigmar Gabriel.

„… eine interessante Zeitreise, vor allem für Borussen aus der Kategorie Ü-40. Sie werden einige Dinge wiederfinden, die sie mit ihrer eigenen Geschichte als Gladbach-Fan in Verbindung bringen."
(torfabrik.de)

„… Geschichten gibt es zuhauf, aber eben nicht nur Fußball, sondern auch jede Menge Zeitgeschichte. Breuer funktioniert eben nicht eindimensional." (Goslarsche Zeitung)

Arete Verlag • Elisabethstraße 31-32 • 31135 Hildesheim • www.arete-verlag.de

Von Auba bis Zorc und AC/DC bis Zappa

Ein Fußball-Entwicklungsroman

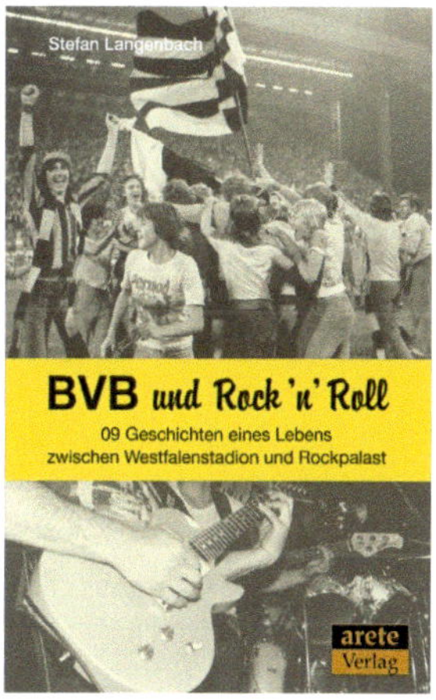

Stefan Langenbach

BVB und Rock 'n' Roll

09 Geschichten eines Lebens zwischen Westfalenstadion und Rockpalast

192 Seiten, kartoniert

Arete Verlag
ISBN 978-3-942468-66-4
12,95 € inkl. MwSt.

Jetzt auch als Hörbuch mit über 6 Stunden Spielzeit!
ISBN 978-3-942468-74-9

Als der siebenjährige Tom 1975 zum ersten Mal ein Spiel des BVB im Westfalenstadion erlebt, ist er so fasziniert, dass die Borussia zu seiner ersten großen Liebe wird.

Wenige Jahre später knallen Deep Purple und Queen in das Leben des Schülers und fortan lässt ihn auch die Rockmusik nicht mehr los.

BVB und Rock 'n' Roll – zwei Leidenschaften, die das Leben des Protagonisten prägen. In neun Geschichten und anhand von neun realen Spielen Borussia Dortmunds werden das Aufwachsen und Erwachsenwerden Toms erzählt. Neun Kapitel, die ein Fan- und Musikerleben von 1975 bis 2015 mit Höhen und Tiefen beschreiben und sich zu einem bizarren Finale verdichten.

„Geschichten übers Erwachsenwerden mit dem handfesten Charme des Ruhrpott-Fußballs." (Bonner General-Anzeiger)

„Eine Fanleidenschaft, wie sie sicherlich viele Menschen, die bereits in der mittleren Lebensspanne angekommen sind, auf ganz ähnliche Art und Weise erlebt haben dürften. Und das macht das Werk eben durchaus auch für Nicht-BVB-Anhänger lesenswert." (ruhrbarone.de)

„Durchaus raffiniert ist das Konstruktionsprinzip, das von neun Spielen ausgeht, die in der Geschichte des BVB überdurchschnittliche bis überragende Bedeutung besitzen." (11Freunde)

Arete Verlag • Elisabethstraße 31-32 • 31135 Hildesheim • www.arete-verlag.de

Da, wo der Fußball in seinem Revier ist

„Fußball leben im Ruhrgebiet“ – eine Zeitreise für Nostalgiker

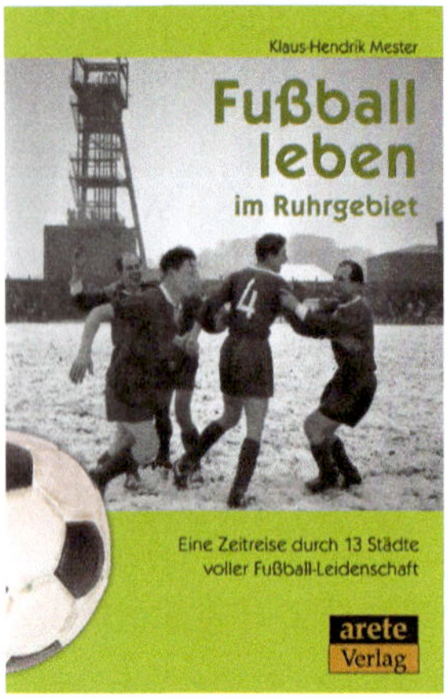

Klaus-Hendrik Mester

Fußball leben im Ruhrgebiet

Eine Zeitreise durch 13 Städte voller Fußball-Leidenschaft

144 Seiten, kartoniert

Arete Verlag
ISBN 978-3-942468-18-3
10,90 € inkl. MwSt.

Wer weiß schon, dass das erste Live-Spiel im deutschen Fernsehen Hamborn 07 gegen FC St. Pauli lautete, Schwarz-Weiß Essen am „dritten Weihnachtstag“ 1959 DFB-Pokalsieger wurde und „Atom-Otto“ Luttrop per Zeitungsannonce zum 1. FC Mülheim kam?
Klaus-Hendrik Mester hat für dieses Buch dreizehn Städte besucht und mit zahlreichen prominenten und weniger prominenten Zeitzeugen von Marcel Radecanu, Ennatz Dietz, Frank Goosen und Sönke Wortmann bis zu Hermann Winzler von den Sportfreunden Katernberg und Fritz Hesse von Westfalia Herne gesprochen. Herausgekommen sind liebevolle Vereinsporträts mit überraschenden Geschichten zu VfL Bochum, Wattenscheid 09, VfB Bottrop, Borussia Dortmund, MSV Duisburg, Hamborn 07, Schwarz-Weiß Essen, Rot-Weiss Essen, SF Katernberg, Schalke 04, Westfalia Herne, DSC Wanne-Eickel, SV Sodingen, Spvgg. Herten, Lüner SV, TSV Marl-Hüls, 1. FC Mülheim, Rot-Weiß Oberhausen und Spvgg. Erkenschwick. Sie alle zeigen, dass im Ruhrgebiet der Fußball trotz aller Kommerzialisierung noch immer leidenschaftlich gelebt wird und zwar von der Champions League bis zur Kreisklasse.

„Man muss die Leute aus dem Ruhrgebiet eben einfach erzählen lassen. Heraus kommt ein sehr unterhaltsames Buch zum Schmökern.“
(11 Freunde)

„Eine schöne, kleine Leseempfehlung für alle Freunde des Ruhrgebiets-Fußballs.“ (Ruhrbarone.de)

„Das Buch kann die Augen öffnen für die Faszination Ruhrgebiet und das Leben dort mit dem Fußball.“
(Schalke Unser)

„Mester ist der Schiffskapitän der Zeitmaschine, die den Leser durch insgesamt 13 Städte schippert.“
(Deutsche Akademie für Fußballkultur)

Arete Verlag • Elisabethstraße 31-32 • 31135 Hildesheim • www.arete-verlag.de